같은 재료 다른 음식 한·중·일 음식문화사

종횡무진 밥상견문록

같은 재료 다른 음식 한·중·일 음식문화사

종횡무진
밥상견문록

초판 1쇄 발행 | 2017년 8월 31일
초판 2쇄 발행 | 2017년 9월 08일

지은이 | 윤덕노
펴낸이 | 박영욱
펴낸곳 | 깊은나무

편 집 | 허현자 · 김상진
마케팅 | 최석진
디자인 | 서정희 · 민영선

주 소 | 서울시 마포구 월드컵로 14길 62
이메일 | bookrose@naver.com
네이버포스트 | m.post.naver.com ('깊은나무' 검색)
전 화 | 편집문의: 02-325-9172   영업문의: 02-322-6709
팩 스 | 02-3143-3964

출판신고번호 | 제313-2007-000197호

ISBN 978-89-98822-38-5 (03380)

이 도서의 국립중앙도서관 출판예정도서목록(CIP)은 서지정보유통지원시스템
홈페이지(http://seoji.nl.go.kr)와 국가자료공동목록시스템
(http://www.nl.go.kr/kolisnet)에서 이용하실 수 있습니다.
(CIP제어번호: CIP2017018111)

같은 재료 다른 음식 한·중·일 음식문화사

종횡무진 밥상견문록

윤덕노 지음

깊은나무

　예전 중국에 살 때 산둥성을 자동차로 여행한 적이 있다. 여행 도중 한 편으로 놀라고 다른 한편으로 흥미롭게 느꼈던 것 중 하나가 중국 촌구석에 우리에게 익숙한 지명이 꽤 많다는 사실이었다. 지금 일일이 다 기억나지는 않지만 도로 표지판에서 대구(大邱)도 보였고, 대전(大田)이라는 지명을 본 기억도 있다. 음식도 마찬가지였다. 도시 식당에서 사 먹는 음식 말고 시골에서 먹는 중국 가정식(家常菜)을 먹으며 중국인도 이런 것을 먹는구나 싶은 음식이 꽤 있었다. 여러 측면에서 우리와 비슷한 부분이 많다고 생각했다.

　그럼에도 베이징 특파원으로 중국에서 살고 일하며 보고 느꼈던 중국은 우리와는 참 많이 다른 나라였다. 외국이니 우리와 다른 것이야 당연하겠지만 한국과 중국의 직접적 비교가 아닌 미국 연수시절 경험했던 미국과 일본과의 비교를 통해 본 중국은 우리가 아는 중국과는 또 다른 부

분이 많았다. 개인적인 느낌으로 중국인의 사고방식이나 생활방식이 아시아라기보다 오히려 유럽과 닮은 부분이 적지 않아 혼란스러워했던 경험이 있다.

일본에서는 살아본 적도 없고 단지 몇 차례 여행 경험과 책에서 읽고 연구한 부분만으로 일본에 대해 이러쿵저러쿵 느낌을 말하기가 조심스럽다. 일본 역시 우리와 닮은 점이 많지만, 분명 우리와 다른 문화와 정서를 갖고 있다. 그런데 한국과 일본을 비교할 때 중국을 곁들여서 보면 미처 생각지 못했던 흥미로운 사실을 발견하게 된다. 중국에서 일본 사람, 일본 특파원들과 접하면서 했던 생각이다.

이야기가 옆길로 많이 샜지만 굳이 예전의 느낌을 다시 꺼내 말하는 이유는 흔히 한국과 중국, 한국과 일본을 비교할 때 느끼지 못했던 점을 한중일 세 나라를 동시에 들여다보면 새롭게 보이는 부분이 있더라는 말을 하고 싶어서다.

음식문화도 마찬가지가 아닐까 싶다. 한중일 세 나라 음식은 서로 비슷한 것 같으면서도 다르고, 또 다른 음식인 것 같으면서도 닮은 부분이 많다. 각 나라의 음식이 독자적으로 발달한 것 같으면서도 서로 영향을 주고받았기 때문인데, 그런 면에서 한중일 세 나라 음식을 동시에 비교해 보는 것도 나름 의미가 있다. 하나만 놓고 보거나 두 나라 음식만을 놓고 보았을 때 그리고 세 나라 음식을 동시에 놓고 그 음식문화를 바라봤을 때 느낄 수 있는 부분이 또 다를 수 있다.

　적절한 비유일지 모르겠으나 남의 눈 티끌은 보여도 내 눈 속 대들보는 못 본다는 말이 있다. 우리가 미처 몰랐던 우리 음식문화는 비슷한 음식을 먹는 중국과 일본을 통해서 재조명할 수 있고, 반대로 별생각 없이 먹는 중국, 일본 음식을 우리 것과 비교하면서 의미를 찾을 수도 있지 않을까 싶다.

　이 책은 그런 의미에서 접근했다. 비슷한 음식과 음식문화 혹은 비슷한 음식 재료지만 한국과 중국, 일본에서는 어떻게 먹고 어떤 시각으로 바라보는지, 뿌리가 같거나 비슷한 음식과 문화가 각각의 나라에서는 어떤 이유로 어떻게 발전했는지, 그리고 공통점은 무엇이고 차이점은 무엇인지를 가능하다면 서로 묶어서 비교해보자는 것이 이 책을 쓴 이유다.

　한중일 음식문화를 전체적으로 비교해서 패턴을 찾는 것도 방법이겠지만, 미시적으로 개별 음식 하나하나를 들여다보는 것도 세 나라 음식문화를 비교하는 데 의미가 있지 않을까 싶다.

　이야기를 하다 보니 거창하게 의미를 부여한 느낌이 없지 않다. 사실

진짜 의도는 그렇게 대단한 것이 아니라 우리가 익숙한 한중일 음식에 얽힌 재미있는 스토리를 찾아서 비교해 보자는 것이다.

덧붙여 독자 여러분과 이 책이 나오기까지 많은 도움을 주신 분들께 지면을 빌어 감사의 마음을 전한다.

윤덕노

목차

저마다 오랜 역사와 문화적 자존심을
자랑하는 한국, 중국, 일본.
고유한 문화적 색채만큼이나 까다롭고
개성 강한 세 나라의 미각을 모두 충족시켜주는
음식 재료와 요리가 있다.
하지만 재료를 다루고 요리를 만드는 방식은
각자의 개성이 담겨 있다.
이러한 음식과 요리를 발달시킨
각 나라의 문화에는 어떤 특성이 담겨 있을까?

Part 1

● ● ● ● ● ●

까다로운 세 개의 미각이 인정한 불멸의 맛

조선 임금도, 중국 성현도, 일본 대장군도
즐겨 먹은 뜻밖의 별미

'물에 만 밥'

귀한 손님에게 대접했던 별미 중 별미, '물에 만 밥'

더운 여름날, 찬물에 보리밥 말아 풋고추를 고추장이나 된장에 찍어 먹어 보았는가. 그 자체가 별미다. 추운 겨울에는 뜨거운 물에 찬밥 말아 김장김치 쭉쭉 찢어서 얹어 먹는 맛도 특별하다. 조금 고급스럽게 먹자 면 물에 만 밥에 보리굴비 가닥가닥 찢어 고추장에 찍어 얹어 먹으면 아 예 밥도둑이 된다. 물에 말아 먹는 밥은 가장 소박한 식사법이지만 맛만 큼은 유별날 정도로 맛있다.

다만 어디서 대놓고 먹기에는 조금 민망할 수 있는 식사법이다. 점잖 은 자리에서 다소 어려운 관계에 있는 사람과 먹을 수 있는 식사는 아니 다. 그저 편하게 먹을 때 혹은 급하게 밥을 먹어야 할 때, 아니면 제대로 반찬을 차려서 먹을 상황이 아닐 때 또는 대충 끼니를 때워야 하겠는데 찬거리가 마땅치 않을 때 밥을 물에 말아서 반찬 하나를 놓고 훌훌 떠먹는다. 그러니 아무리 맛있어도 물에 말아 먹는 밥은 집에서 혼자 먹을 때 먹는 방법이지 공개적으로 남들과 먹을 수 있는 밥은 아니다.

대충 때우는 식사법 같지만 물에 밥을 말아 먹는 식사법에도 음식문화가 있다. 특히 몇 가지 흥미로운 것은 첫째, 물에 밥 말아 먹는 것은 우리나라만의 음식문화가 아니라는 사실이다. 사실 밥 문화권에서는 공통적으로 있는 식사 습관이다. 중국, 일본 사람들도 대충 먹을 때는 물에 밥을 말아서 먹는다. 우리는 맹물에 밥을 말지만 중국과 일본은 주로 찻물에 마는 차이가 있을 뿐이다.

또 한 가지, 중국에서도 점잖은 자리에서는 찻물에 밥을 말아 후루룩 먹지 않는다. 다만 일본은 조금 다른 것 같다. 찻물에 말아 먹는 밥이 아예 요리로 발전했다. 오차즈케(お茶漬け)가 그것이다. 음식점에서도 별도 메뉴로 팔고 심지어 컵라면처럼 인스턴트식품으로까지 발전했다. 한국과 중국에서는 대충 먹는 밥이지만 일본에서는 요리로까지 발달한 이유가 무엇일까?

두 번째 흥미로운 사실은 물에 만 밥이 지금은 끼니를 때우기 위해 후다닥 대충 먹는 음식이지만 옛날에는 허드레 음식이 아니었다는 사실이다. 역시 한국과 중국, 일본의 공통된 현상이다.

40일 넘게 점심을 수반(水飯)으로 때운 조선의 임금

지금과 달리 옛날에는 손님이 왔을 때 물에다 밥을 말아 내놓았어도 전혀 흉이 되지 않았던 모양이다. 임금을 비롯해 대갓집의 양반들도 수

시로 물에다 밥을 말아 먹었고, 손님이 왔을 때에도 물에 만 밥을 대접했다. 지금보다 훨씬 더 격식을 따졌을 것 같은 옛날 문헌에 물에 밥을 말아서 먹고 또 대접을 했다는 기록이 많이 보인다.

예를 들어 고려 말기의 대학자인 목은(牧隱) 이색(李穡)이 젊었을 무렵의 일이다. 촉망 받는 젊은이였던 이색은 개각으로 새로운 인사들이 재상으로 임명되자 그들의 집으로 인사를 다닌다.

여러 사람을 찾아다니며 인사를 했지만 만나지 못한 사람도 적지 않았다. 그런데 윤영평(尹鈴平)의 집에 갔을 때는 그가 마침 외출하지 않고 집에 있어 술과 밥을 차려주어 먹고 나왔다고 했고, 이정당(李政堂)의 집에 갔을 적에는 물에 만 밥을 얻어먹고 돌아왔다고 자신의 문집에 적어놓았다.

영평(鈴平)과 정당(政堂)은 모두 벼슬 이름인데 정당은 고려시대 왕명과 조칙의 선포를 담당하는 문하성(門下省) 종2품의 벼슬이다. 지금 관직으로 차관보 정도에 해당하는 고위 공무원이다.

이색은 또 문집에다 "어제는 광평시중(廣平侍中)은 만나 뵙지 못했고 철성시중(鐵城侍中) 댁에서는 수반(水飯)을 먹었다. 박사신(朴思愼)의 집에서 또 수반을 먹었고 임사재(林四宰)의 집에 가서 성찬을 대접 받았다"고 했다.

시중이면 정승에 해당하는 벼슬이니 지금으로 보면 장관급의 벼슬이다. 정승 집에 인사를 하러 갔다가 수반(水飯), 그러니까 물에 말아서 내온 밥을 얻어먹고 돌아왔다는 것인데 지금 기준으로 보면 이상하기 짝이 없다. 천하에 별 볼일 없는 사람이 인사를 핑계로 고위직에 있는 사람의 집을 찾아갔다가 따뜻한 밥도 얻어먹지 못하고 기껏 물에 만 밥을 얻어 먹고 돌아온 꼴이니 문전박대 중에서도 이런 천대가 없다.

목은 이색은 젊었을 때부터 장래가 촉망되는 인재였다. 그래서 고위 공직자로 임명된 사람들에게 인사를 다닐 정도로 교분이 두터운 사이였을 것이다. 그런데 지금 기준으로 보면 아무리 스스럼없는 사이라고 해도 물에 만 밥을 내놓을 수는 없는 법이다.

유추해보면 예전에는 물에다 밥을 만 수반이 요즘처럼 대충 끼니나 때우는 허드레 음식이 아니었던 것이다. 왕이나 재상의 밥상에도 물에 만 밥이 자주 보이니 지체 높은 사람들이 평소에 먹는 제대로 된 식사였다. 때문에 손님이 왔을 때 가볍게 내놓는 밥상이고, 때로는 식사 시간이 되지 않았을 때 부담 없이 먹는 별식이었다.

심지어 임금도 물에 만 밥을 먹었다. 조선의 임금은 가뭄으로 흉년이 들면 먼저 반찬의 가짓수를 줄이고 물에다 밥을 말아 들면서 솔선수범하며 절약하는 모습을 보였다.

조선의 9대 임금 성종은 무려 40일 동안 계속해서 물에 만 밥을 먹었다. 성종이 왕위에 오르고 이듬해인 1470년에 심한 가뭄이 들었다. 가뭄이 갈수록 심해지자 성종은 5월 29일에 교지를 내려 이제는 대비전과 대전 그리고 왕비가 있는 중궁전을 비롯해 각 궁전의 낮수라는 반드시 '물에 만 밥(水飯)'만 올리라고 했다. 물에 밥을 말아 간단하게 식사를 하기 시작한 지 사흘이 지나자 신하들이 성종에게 건강을 해칠 수 있으니 이제는 물 만 밥을 그만 드시라고 간곡하게 청한다. 그리고 6월 1일자 기록에는 수라상의 반찬을 줄인 지가 이미 오래됐고 또 낮에는 물에 만 밥으로만 수라를 드셨으니 선왕들도 그 정도까지는 하지 않으셨다며 그만 중지할 것을 요청한다. 뿐만 아니라 찬 음식은 속에도 좋지 않으니 계속해서 밥을 찬물에 말아서 드시면 비위를 상할까 걱정된다며 제대로 된 수라를 드시라고 간청했다.

성종은 신하들의 요청에 세종 때에는 비록 풍년이 들었어도 물 만 밥을 수라상에 올렸는데 지금처럼 가뭄이 든 때에 물에 밥을 말아 먹는다고 해서 무엇이 해롭겠냐며 신하들의 요청을 물리친다. 7월 8일이 되자 정승과 승지들이 또 간청을 한다. 비가 내려 가뭄도 어느 정도 회복이 되었으니 반찬을 원래대로 회복시키고 물 만 밥은 그만 드시라는 간청이다. 그러자 성종은 반찬 수를 줄인 것이 반드시 가뭄 때문만은 아니었으며 지금도 수라상에 반찬이 남아돈다고 말하면서 낮수라 때 밥을 물에 말아 먹는 것은 더운 날씨에 오히려 알맞은 일이라며 신하들의 청을 또 물리쳤다.

7월 8일이면 가뭄을 이유로 5월 29일에 각 궁전의 낮수라는 반드시 물에 만 밥으로 올리라고 명령을 한 지 꼭 39일이 되는 날이다. 성종실록에는 더 이상 물에 만 밥에 대한 이야기가 나오지 않아 얼마나 더 오래 지속됐는지는 알 수 없지만 최소한 40일 정도를 점심식사 때면 찬물에다 밥을 말아서 들었다는 이야기다. 백성들에게 모범을 보이려는 성종의 의

지가 대단했다.

중국과 일본에서 음식점 메뉴로 대접받은 어엿한 요리

중국은 고대부터 물에 밥을 말아 먹는 문화가 있었다. 한자에서도 그러한 음식문화를 확인할 수 있다. 한자 중에는 손(飧)이라는 글자가 있다.

옥편에는 보통 '저녁밥 손'이라고 풀이해놓았지만 '물에 만 밥'이라는 뜻과 '물은 밥'이라는 뜻도 있다. 이렇게 아예 물에 만 밥이라는 뜻을 나타내는 글자가 있었던 것을 보면 옛날 중국 사람들은 물에 밥을 말아서 먹었던 경우가 많았던 것으로 보인다.

실제로 공자도 물에 밥을 말아서 들었다. 《예기(禮記)》에 공자가 "계씨(季氏)와 식사를 할 때 사양하지 않았으며 고기는 먹지 않고 물에 만 밥을 먹었다"고 나온다. 그러니 약 2500년 전 춘추시대의 중국에서는 다른 사람과 식사할 때 물에다 밥을 말아서 먹는 것이 식사예법에 어긋나지 않았다는 뜻이다.

당나라와 송나라 때에도 물에 밥을 말아 먹는다는 기록이 많이 보인다. 당나라가 멸망한 후인 10세기 무렵의 후당(後唐) 때 사람 유숭원이 쓴 〈금화자잡편(金華子雜篇)〉에 저녁밥을 먹기 전에 점심으로 수반 몇 수저를 떴다는 기록이 있다. 여기서 점심은 오찬이 아니라 정식으로 식사를 하기 전에 가볍게 먹는 간식이라는 뜻이니 물에 밥을 말아서 가볍게 요기를 했다는 의미다.

900년 송나라 무렵에는 물 만 밥이 아예 식당 메뉴로 등장했던 모양이

18
종횡무진 밥상견문록

다. 당시 송나라의 수도인 개봉의 생활을 묘사한 맹원로의 〈동경몽화록
(東京夢華錄)〉에는 야시장에서 물에 만 밥과 구운 고기와 마른 육포를 팔
고 있다는 기록이 보인다. 송나라 사람들은 저녁 무렵이면 시장에 나와
서 물에 만 밥에다 육포나 고기반찬을 얹어 먹으며 하루를 마감했던 것
으로 보인다.

송나라를 이은 원나라 때의 〈이윤경신(伊尹耕莘)〉이라는 희곡에도 물
에 말아서 먹는 밥에 반찬으로 오이를 반으로 잘라 장(醬)에다 찍어 먹으
면 가슴이 다 시원하다는 대사가 보이니 옛날 중국에는 물에 밥 말아 먹
는 문화가 일반적이 아니었나 싶다.

일본 역시 진작부터 물에 밥 말아 먹는 식사습관이 있었던 것으로 보
인다. 우리나라 고려 때인 11세기 후반의 일본 설화집인 《금석물어(今昔
物語)》에 물 만 밥에 대한 일화가 나온다.

이 무렵 일본에 너무 살이 쪄서 고민인 귀족이 있었다. 의사가 체중을
줄이는 방법으로 물에 밥을 말아 먹는 한편으로 반찬의 가짓수를 줄여
살을 빼라고 권했다. 아무래도 밥과 반찬을 덜 먹을 테니 체중이 줄어들
것이라는 충고였다.

귀족이 의사의 말에 따라 마른 생선 한 가지를 반찬 삼아 찻물에 밥을
말아 먹었다. 그 결과 살이 훨씬 더 쪘다. 물에 말아 먹는 밥이 너무나 맛
있어서 과식을 했기 때문이다.

옛날 일본에서는 주로 상류층에서 물에 만 밥을 많이 먹었던 모양이

다. 임진왜란 직전에 일본을 통일한 장군 오다 노부나가가 즐겨 먹었던 음식도 물에 만 밥이었다. 간소한 음식인 데다 빨리 먹을 수 있어 전쟁터로 나가기 전에 훌훌 먹고 떠났다고 하는데, 간편하기도 하지만 다른 한편으로는 그만큼 맛이 있었기 때문일 것이다.

일본에서 찻물에 만 밥, 오차즈케가 아예 요리로 발전한 것은 임진왜란 이후인 에도시대 중반부터라고 한다. 이전까지는 주로 상류층의 기호품이었던 차가 서민들도 마실 수 있을 정도로 일반화되면서부터인데 19세기의 일본 산업발전이 결정적인 역할을 했다.

당시 상점에서 일하는 하인들은 하루 종일 바쁘게 일을 해야 했기에 밥 먹는 시간조차도 줄여야 했다. 때문에 상점 주인들은 종업원들이 식사를 빨리 마칠 수 있도록 밥에 찻물을 부은 후 한두 가지 반찬을 곁들여 내왔다. 오차즈케가 개화기 일본 산업의 발달과 함께 서민들의 패스트푸드로 자리 잡게 된 것이다. 당시 에도의 거리에는 찻물에 만 식사인 오차즈케를 파는 음식점이 거리에 즐비하게 늘어서 있었다고 전해진다. 한국이나 중국과 달리 일본에서 지금도 오차즈케가 음식점 메뉴로, 그리고 즉석식품으로 만들어 팔 정도로 인기를 끌게 된 배경이다.

'물에 만 밥'이 대접을 받았던 비밀

지금은 일본을 제외하고 한국과 중국에서 물에 만 밥은 집에서 대충 끼니를 때울 때 먹는 식사이지, 집 밖에서 그리고 점잖은 자리에서 먹는 제대로 된 식사는 아니다. 그런데 옛날에는 왜 한국과 중국, 일본에서 모두 물에 만 밥이 상류층에서도 즐겨 먹는, 그래서 손님을 접대할 때 내놓아도 전혀 손색이 없는 식사로 대접받았던 것일까?

다양한 원인이 있겠지만 직접적으로는 밥 자체에서 이유를 찾는다. 옛날에는 솥에 지은 밥을 밥통에 옮겨서 먹는 것이 일반적이었다. 쌀도 지금처럼 품질이 개량되지 않았을 뿐만 아니라 밥을 따뜻하게 보관하는 기술이 떨어졌기에 시간이 지나면 밥이 식을 수밖에 없었다. 식은 밥은 수분이 감소하고 굳어지는 녹말의 노화현상이 두드러지면서 식감이 떨어진다.

식은 밥을 맛있게 먹기 위해서는 다시 덥히는 중탕을 하지 않는 한에는 뜨거운 물을 부어 밥을 데우거나 아니면 찬물이라도 부어서 수분을 새롭게 보충하는 방법이 있다. 요즘은 한 번 지은 밥을 갓 지은 밥처럼 먹는 방법 중 하나가 밥을 냉동 보관했다가 해동하는 것인데, 냉장고가 없던 옛날에는 뜨거운 물로 덥히거나 찬물로 수분을 보충하는 방법을 활용했던 것이다. 옛날 한국과 중국, 일본에서 모두 물에 만 밥이 발달했던 까닭이다.

밥상 위의 금기와 욕망

복어

목숨 걸고 먹어도 아깝지 않은 맛

복어는 한국과 중국, 일본 세 나라에서 모두 즐겨 먹는 생선이다. 알다시피 맛있는 고급 생선이지만 장미의 가시처럼 복어에도 치명적인 독이 있다. 때문에 손질을 제대로 하지 못했던 예전에는 복어를 잘못 먹어 목숨을 잃는 사람이 한둘이 아니었다.

"죽느냐 사느냐, 그것이 문제로다."

셰익스피어의 희곡에서 덴마크 왕자 햄릿이 절규한다. 그는 아버지를 죽이고 어머니와 결혼한 숙부에 대한 복수를 놓고 선택의 갈림길에서 고민한다. 어머니를 위해 소극적인 자세로 현실을 회피할 것인지, 아니면 아버지를 위해 적극적으로 복수할 것인지에 대한 갈등이다.

"먹어야 할까, 말아야 할까?"

기가 막히게 맛있지만 독이 있어 자칫 생명을 잃을 수 있는 복어를 놓고 한중일 삼국의 시인과 선비, 심지어 무사들까지도 수백 년 동안 망설이면서 심각하게 갈등했다. 그까짓 사소한 음식에 대한 욕심으로 자칫 생명을 잃을지도 모르는 어리석은 도박을 할 것인지, 아니면 지레 겁을 먹고 하늘나라 신선이 먹는다는 천하제일의 진미를 맛보지 못한 채 평생을 아쉬워하며 살 것인지를 고민했다.

하지만 복어를 대하는 한중일 세 나라 국민의 자세에는 조금씩 차이가 있었다. 일반화된 국민성인지 개인적인 성격의 차이인지는 확실치도 않고 분명하게 단정할 수도 없지만 어쨌든 복어를 대하는 삼국의 서로 다른 개성을 엿볼 수 있는 것 같아 흥미롭다.

복어는 지금도 고급생선으로 꼽히지만, 옛날 사람들은 복어가 위험했던 것에 비례해 복어에 대해 환상을 품었다. 최고의 미식가로 꼽히는 송나라 시인 소동파는 복어를 먹으며 "목숨과 바꿔도 좋을 만큼의 맛있는 음식"이라고 호들갑을 떨었다.

우리도 마찬가지다. 《동국세시기(東國歲時記)》에는 미나리 넣고 끓인 복어국을 진미라고 평가했는데, 복어의 독이 무서운 사람들은 도미로 대신 탕을 끓여 먹는다고 했다. 생선의 제왕이라는 도미조차 복어와 비교하면 대용품에 불과했던 것이다.

낭만파 시인들은 죽을 각오를 하고라도 천하제일의 맛에 도전해야 한다고 주장했지만 실용적인 실학자들은 사소한 것에 쓸데없이 목숨 걸지 말라며 복어를 경계했다.

다산 정약용은 복어는 독이 있으니 젓가락을 대기도 전에 소름부터 돋는다며 멀리했고, 정조 때의 실학자 이덕무 역시 복어가 세상에서 가장 맛있다고는 하지만 잠깐의 기쁨을 얻겠다며 음식 따위에 목숨을 걸지 말라고 타일렀다. 심지어 이덕무의 집안에는 "북한산 백운대에 오르지 말고, 복어국을 먹지 말라"는 가훈까지 전해 내려왔다. 자극에 빠지지 말고 담백하게 생활하라는 의미다.

그런데 복어가 과연 목숨을 걸고 먹을 만한 가치가 있는 별미일까? 함부로 단정 지어 말할 수는 없겠지만, 그 정도는 아닌 것 같다. 그런데 옛날 사람들은 왜 그렇게 복어 맛에 빠져 지냈던 것일까?

역설적으로 치명적인 복어 독 때문이 아니었을까 싶다. 복어 피와 알에는 테트로도톡신이라는 치명적인 독이 있어 잘못 먹으면 죽을 수도 있다. 이렇듯 금지된 것에 대한 욕망이 식욕을 더욱 자극했을 수 있다. 예컨대 복어 알은 치명적인데, 소금에 절여 10년을 숙성시킨 복어 알젓은 별미 중 별미로 꼽힌다. 독성이 제거되는 것이 아니라 약해졌을 뿐인데도 미식가들은 입안이 얼얼해지는 그 맛을 즐겼다.

"사느냐 죽느냐"라는 햄릿의 실존적 고민에 못지않게 "먹어야 하나, 말아야 하나"라는 원초적 갈등도 뿌리가 깊다. 위험을 감수하고 원하는 것을 얻을 것인지, 순간의 욕망을 버리고 소중한 가치를 우선적으로 지킬 것인지의 갈등이다.

"죽고 싶으면 조선에 가서 싸우다 죽어라."

임진왜란이 일어나기 직전, 전쟁을 일으킨 주범 도요토미 히데요시(豊臣秀吉)가 노발대발하며 불같이 화를 냈다. 조선을 공격하러 떠나기도 전에 죽어가는 사무라이와 병사들이 속출했기 때문이다. 이유는 바로 복어 때문이었다.

임진왜란이 시작된 해인 1592년 히데요시는 조선 침략을 위해 일본 전국에서 16만 명의 병력을 끌어 모아 시모노세키 항구로 집결시켰다. 열도 구석구석에서 사무라이들이 병사를 이끌고 모여들었는데, 그중에는 바닷가에서 멀리 떨어진 산골 출신들도 많았다. 때문에 바다생선을 먹어보지 못한 자도 많았고, 복어에 치명적인 독이 있어 잘못 먹으면 즉사한다는 사실을 모르는 병사도 적지 않았다.

시모노세키는 지금도 일본에서 복어가 가장 많이 잡히는 지역으로 유명하지만 약 420년 전, 임진왜란이 일어났을 무렵에도 복어 산지로 명성을 떨쳤다. 때문에 병사들은 값싸고 맛있는 복어를 먹으면서 독이 들어 있는 내장과 알까지도 멋모르고 끓여 먹었다.

히데요시는 전쟁에 나가기도 전에 병사들이 함부로 복어를 먹고 죽어나가자 화가 치밀었다. 전쟁을 앞두고 병력손실을 우려해야 할 정도였다. 자칫 조선 출병에 차질이 생길지도 모를 일이었다.

보고를 받은 히데요시는 결국 복어금식령(河豚食禁止令)을 발표했다. 당시 병사들은 대부분 글자를 몰랐기에 복어 그림을 그린 후 복어를 먹으면 엄벌에 처한다는 지시사항을 적은 말뚝을 곳곳에 세워 놓았다. 덕분에 복어 먹고 죽는 병사들은 줄었지만, 그로 인해 일본인들은 무려 300년 동안 복어를 제대로 먹을 수 없었다.

임진왜란이 끝난 후에도 복어금식령이 풀리지 않았기 때문이다. 전쟁이 잦은 일본에서는 자칫 복어를 먹다가 사무라이가 사망하면 전력에 차질이 빚어질 수 있었다. 때문에 영주들은 계속 사무라이들이 복어를 먹지 못하도록 막았다.

그러나 맛있는 음식을 향한 인간의 원초적 욕망을 끝없이 누르기란 쉽지 않다. 위로는 영주인 다이묘에서부터 아래로는 하급무사인 사무라이까지 몰래 복어를 먹다 죽는 사람이 있었다. 시모노세키의 조슈(長州)라는 곳의 영주가 복어를 먹다 죽었다. 이 사실을 안 막부에서는 솔선수범을 보여야 할 영주가 복어금식령을 어겼다는 이유로 하사했던 토지를 모두 몰수했고, 녹봉을 다시 거두어들인 것은 물론, 자녀들은 상류층의 신분을 빼앗아 서민으로 만들었다.

그러다 보니 사무라이들은 복어 먹는 것을 수치로까지 여겼다. 자신의 목숨은 주군을 위해 바치라고 있는 것인데 전쟁터가 아니라 복어를 먹다 잘못 중독이 되어 죽는 것은 사무라이에게는 부끄러운 일이라는 것이다. 복어 한번 먹은 벌치고는 가혹하지만, 사무라이들은 이렇게 복어를 먹으면 안 된다는 자기합리화의 명분을 만들어낸 것이다.

하지만 이후에도 일본에서 끊임없이 복어를 먹지 말라고 다그친 것을 보면 모든 사람들이 착실하게 복어를 먹지 말라는 명령을 따르지는 않았던 모양이다. 일본인들이 메이지유신의 정신적 지도자라고 말하는 요시다 쇼인(吉田松陰)은 19세기 말인 근대에 이르러서도 복어 식용을 비판하는 글을 쓰면서 복어를 먹지 말자고 했다.

복어 중독 사고가 끊임없이 벌어지자 1872년 도쿄의 니치니치신문(日日新聞)에는 복어식용을 금지해야 한다는 기사가 실리고, 1882년에는 일본 정부도 "복어를 먹으면 구류 또는 벌금형에 처한다"는 법령까지 만들어 발표했다.

뒤집어 말하자면 어떤 이유가 됐든 상부에서 아무리 복어를 먹지 말라고 하고 처벌을 내려도 일반인들은 복어를 먹었다는 이야기다. 처음에는 병력손실을 이유로, 전쟁이 끝난 후에는 국민들의 안전을 이유로 금지했지만 맹목적인 금지가 원천적 욕구를 이기지 못했던 것이다.

'복어 코드'로 풀어보는 한중일의 근대사

일본에서 복어금식령이 해제된 것이 1892년이다. 임진왜란의 주범 도요토미 히데요시가 복어금식령을 내린 지 300년이 지나고 나서야 복어의 내장을 제거해 판매하는 조건으로 취식을 허락한 것이다. 복어금식령이 해제된 배경에는 안중근 의사의 총에 맞아 죽은 한일합병의 원흉 이토 히로부미와 관련이 있다. 일본의 복어 금식과 해금이 모두 우리나라와 관련된 인물이 작용하고 있다는 사실이 특이하다.

일본 초대총리가 된 이토 히로부미가 1888년 시모노세키를 방문했다. 히로부미는 춘범루(春帆樓)라는 여관에 머물렀는데 마침 바다에 거센 폭

풍우가 불었다. 배들이 출항하지 못해 싱싱한 생선이 떨어지자 여관 주인이 할 수 없이 금지된 생선인 복어를 요리해 총리에게 대접했다. 복어를 맛보고 감탄한 이토 히로부미가 현의 지사에게 요청해 춘범루에서는 특별히 복어를 요리해 팔 수 있도록 조치를 했다고 한다. 일본에서 복어 해금이 이뤄진 첫 음식점이 바로 춘범루다.

일본 최초의 복어 요리전문점이라는 춘범루는 또 우리나라는 물론이고 근대 역사와 관련이 있는 장소다. 중국과 일본이 싸운 청일전쟁의 결과, 청나라가 패배하고 맺은 조약이 시모노세키조약이다. 일본 이토 히로부미와 청나라 이홍장(李鴻章)이 조약을 체결한 장소가 바로 춘범루다. 청나라는 이 조약에서 조선이 완전한 자주 독립국임을 확인하고, 요동반도와 타이완, 펑후 섬 등을 일본에 양도했다. 일본이 한반도를 자신의 세력권에 넣고 요리해도 청나라에서 간섭할 수 없다는 근거를 만든 것이다. 복어 한 마리에 이렇게 한중일 근대사의 갈등이 담겨 있다.

신선의 입맛을 훔친 최고의 식재료

버섯

불로초의 묘약, 인류에게 환상을 심어준 마법의 식물

추억의 게임 '슈퍼마리오'의 주인공 '마리오'는 버섯을 먹으면 체격이 두 배로 커지면서 천하무적으로 변신한다. 한 주먹에 단단한 벽돌을 박살 내고 장애물과 부딪쳐도 바로 죽지 않는다. 다만 평소의 마리오로 되돌아올 뿐이다. 평범한 마리오를 슈퍼마리오로 바꾸는 것은 버섯이다.

슈퍼마리오 게임 원작자는 왜 마리오가 버섯을 먹으면 슈퍼파워를 발휘하는 것으로 스토리를 구성했을까? 딸기나 사과 같은 달콤한 과일도 있고, 초콜릿이나 에너지 바도 있는데 왜 엉뚱하게 버섯을 신통력 발휘의 원천으로 삼았을까?

원작자가 의도를 밝히지 않았으니 정확한 배경은 알 수 없다. 별다른 의미가 없는 우연의 산물일 수 있다. 하지만 다른 한편으로 보면 원작자가 의식적으로든 혹은 무의식적으로든 버섯에 대해 인류가 품고 있는 원형(archetype)이 투영된 결과일 수도 있다. 문화인류학적으로 사람들이 먼 고대에서부터 품어왔던 버섯에 대한 환상이 슈퍼마리오에 반영된 것일 수도 있다.

동서양을 막론하고 고대에는 버섯을 불로초에 버금가는 묘약, 신선이 되는 지름길, 먹으면 신이 되는 식품이라고 믿었다. 사람들은 버섯에 대해 왜 이런 환상을 품었을까?

여러 학설이 있지만 고대 인도의 종교의식에서 마시는 음료인 소마(Soma)에서 비롯됐다는 해석도 있다. 소마는 독버섯에서 추출한 즙으로 만든 음료다. 마시면 환각상태에 빠지면서 마치 자신이 신이 된 것과 같은 느낌이 든다는 고대 힌두교 경전 《리그베다(Rig veda)》에 나오는 음료다. 신의 음료인 소마는 중국과 로마, 동서양으로 퍼지면서 독버섯 대신 옛날 사람들이 귀하게 여겼던 식용버섯으로 대체된다. 이 과정에서 버섯은 신이 먹는 식품이라는 환상이 만들어졌다는 것이다. 어떤 버섯을 먹어야 신이 되는지는 나라마다 다르다. 자연환경의 차이에 따라 특산 버섯도 다르고 좋아하는 버섯도 다르기 때문이다.

신선이 안 되고 싶은 이의 입맛도 다시게 한 '잇 아이템', 송이버섯

우리나라에서는 송이버섯을 먹으면 신선이 된다고 했다. 그만큼 옛날부터 송이를 좋아했기에 신선을 통해 송이버섯 예찬론을 펼쳤다.

신선(神仙)은 누구인가? 흰 수염을 길게 늘어트린 채 구름 타고 다니는 초월적 존재로 그려지기도 하지만 세속적 지위와 명예를 벗어 던지고 부귀영화와 생사를 초월해 자연과 벗하며 사는 수양 깊은 인간적 면모를 갖춘 인물로 묘사되기도 한다. 일종의 도사(道士)다.

당나라 때 '시선(詩仙)'이라 불렸던 이태백에 버금간다는 고려의 시인 이규보가 신선이 되는 지름길을 알려줬다. 송이버섯을 먹으면 된다는 것이다. 초월적 존재의 신선이라면 모르겠지만 세속을 초월해 자연과 벗하며 근심걱정 없이 사는 사람이 신선이라면 이규보가 시에서 노래한 것처럼 송이버섯을 먹으면 충분히 신선이 될 수 있다. 송이가 특별한 버섯이기 때문이다.

고려 말기의 충신으로 유명한 목은 이색은 송이버섯이 처음에는 땅의 힘을 빌려 생겨나지만 바람소리를 듣고 맑은 이슬만 먹고 자라는 고고한 식물이라고 노래했다. 때문에 송이버섯을 먹으면 그 향기가 온몸으로 퍼져 기운이 평온해진다고 읊었다. 마치 어린 시절, 사랑하는 연인은 절대 화장실 따위는 가지 않을 것이라고 믿었던 것과 비슷하다. 우리 조상들은 이렇듯 송이버섯에 대해 몽환적인 환상을 품었다.

우리나라에서는 왜 송이버섯을 최고로 여겼을까? 《동의보감(東醫寶鑑)》에서는 송이버섯이 깊은 산속 늙은 소나무 아래에서 소나무의 기운을 받아 자라기 때문에 나무에서 자라는 버섯 중 으뜸이라고 설명한다.

소나무가 무엇이기에 소나무 기운을 받은 버섯이 버섯 중 으뜸이고 또 그런 송이버섯을 먹었다고 신선이 될 수 있다는 것일까? 그 이유를 소나무를 뜻하는 한자 '송(松)'에서 찾을 수 있다.

소나무 '송'자는 나무 목(木) 변에 벼슬 공(公)으로 이루어져 있다. 송나라 학자인 왕안석이 이 글자를 풀이했다. 소나무는 모든 나무의 으뜸이기에 나무 중에서는 가장 높은 공(公)의 벼슬에 해당되므로 송(松)이라는 글자가 만들어졌다는 해석이다.

이런저런 이유로 우리나라에서는 예로부터 소나무가 절개의 표상이었고, 십장생 중 하나로 꼽히며 장수의 상징이 되었다. 일본은 한술 더 떠서 아예 신들이 소나무에 깃들어 산다고 믿었다.

송이버섯은 이런 소나무의 기운을 받아서 자라니 맛이 향긋하고 풍미가 뛰어나다는 것인데, 특히 살아 있는 소나무 뿌리에서만 자라기 때문에 더욱 인체에 유익하다고 여겼다. 이슬만 먹고 사는 요정처럼 소나무 정기를 먹고 큰다는 송이버섯이니 이런 버섯을 먹으면 육신은 물론이고 정신까지도 정화될 것이라고 여겼던 것 같다.

송이버섯을 신선의 음식으로 생각할 정도였으니 송이를 얼마나 귀하게 여겼을지 어렵지 않게 짐작할 수 있다. 지금도 자연산 송이버섯은 값이 비싸서 마음 놓고 먹기가 쉽지 않은데 조선시대에도 송이버섯을 구하기가 쉽지 않았던 모양이다. 임금님조차도 제철이 아니면 송이버섯을 마음대로 먹을 수 없었다. 그런 만큼 송이버섯이 나오는 마을의 관리들은 송이버섯 관리에 각별히 주의를 기울였다.

영조 때 수라상에 송이버섯이 달랑 세 송이 놓였다. 모처럼 맛있는 송이버섯을 본 영조가 대비전에도 송이버섯을 올렸냐고 묻자 수라간 나인이 아직 철이 아니기 때문에 양이 많지 않아 대비전에는 미처 올리지 못했다고 대답했다. 그러자 영조가 대비께서도 드시지 못하는 송이버섯을 어찌 자신이 먹을 수 있겠냐며 수라상을 물렸다. 임금조차도 함부로 먹지 못할 정도로 제철이 아니면 송이가 귀했다.

지방 수령들은 송이버섯을 관리하는 데 온 신경을 쏟았다. 조선 후기 국정을 기록한 《비변사등록(備邊司謄錄)》에는 경종 때 강원도에서 제때 송이버섯을 진상하지 못한 수령을 파직해야 할 것인지를 놓고 갑론을박 다툼을 벌이는 내용이 수록돼 있다. 송이버섯을 제때 올려야 하는 지방 수령은 가뭄이 들거나 다른 이유로 송이버섯이 보이지 않으면 꽤나 애를 태웠던 모양이다. 자칫하면 벼슬이 날아갈 수도 있었기에 송이버섯을 진상할 무렵이면 매일 버섯이 나오는 땅을 살피는 것이 일과가 됐다.

《승정원일기(承政院日記)》에는 고종 때 충청감사가 송이버섯 나오는 철이 됐지만 매일 땅을 살펴봐도 송이가 보이지 않으니 기일에 맞춰 진상하기 어렵겠다며 미리 죄를 청하는 장계를 올렸다. 이런 장계를 세 번씩이나 올린 것을 보면 충청감사 업무 중에서 송이버섯 구하는 일이 꽤나 중요한 일이었던 모양이다.

가을철 일본 사람들의 침샘을 자극한 송이버섯

송이버섯 좋아하기로는 일본인을 빼놓을 수 없다. 세상에서 송이버섯이 제일 비싸게 팔리는 곳도 일본이다. 일본 사람도 국산을 좋아하는 만큼 질 좋은 일본산 송이버섯이 1킬로그램에 2000달러 이상의 가격으로 팔린 적도 있다. 송이 한 개 무게를 대략 100그램으로 계산하면 개당 20만 원을 넘는 셈이다.

일본 사람들은 왜 이렇게 송이를 좋아할까? 우리도 마찬가지지만 일본 사람들 역시 송이 향기가 좋다고 한다. 때문에 송이를 먹을 때도 송이버섯의 향기를 최대한 느낄 수 있도록 찜이나 송이밥으로 먹는 경우가 많다.

같은 버섯이라도 서양 사람들이 송이버섯 향기에 질색하는 것과는 대조적이다. 우리가 먹는 송이버섯은 학명이 '*Tricholoma matsutake*'다. '마츠다케(matsutake)'는 일본말로 송이버섯이라는 뜻이다. 일본말이 정식 학명으로 채택되기 전에는 '*T. Nauseosum*'이라고도 불렸다. 주로 스웨덴이나 노르웨이를 비롯한 북유럽에서 발견되는 송이버섯인데 유전적으로 우리가 먹는 송이버섯과 같은 종류라고 한다. 그런데 이 옛날 학명이 재미있다. 영어로 구역질 난다는 뜻의 단어 'nausea'와 라틴어 뿌리가 같다. 토하고 싶을 정도로 구역질 나는 냄새가 나는 버섯이라는 의미다.

한국인이나 일본인은 송이버섯 냄새가 소나무의 정기를 받아 머리를 맑게 하고 심지어 신선이 될 수 있을 정도로 향기롭다고 느끼는 반면에 북유럽 사람들은 송이버섯 냄새를 맡으며 군인의 양말 냄새, 몇 개월 동안 목욕하지 않은 사람 냄새를 떠올린 모양이다. 그래서 송이버섯의 학명까지도 구역질 나는 냄새가 풍기는 버섯이라고 이름 지었으니 모든 것이 마음먹기 나름(一切唯心造)이라는 불가의 가르침이 송이버섯 냄새에서도 예외가 아니다.

어쨌거나 일본 사람들은 언제부터 송이버섯이라면 사족을 쓰지 못할 정도로 좋아하게 된 것일까? 옛날 일본에서도 송이버섯이 무척 귀했던 것으로 보인다. 주로 귀족들이 먹는 버섯이었다. 일본 역시 고대에는 버섯이 왕에게 바치는 식품이라고 《일본서기(日本書紀)》에 기록되어 있다. 물론 버섯 종류는 정확하게 나와 있지 않다.

우리나라와의 임진왜란이 끝난 후에 시작되는 일본의 에도시대 이전까지만 해도 송이버섯은 주로 귀족들의 식품이었다. 일본은 지금도 가을이면 우리의 '밤 줍기 대회'처럼 송이버섯 따기 행사를 하는데 에도시대 이전 귀족들이 계절의 행사로 송이버섯을 땄던 것에서 비롯됐다고 한다.

하지만 에도시대 이후부터는 일반 대중도 송이버섯을 즐겨 먹을 수 있을 정도로 송이버섯이 널리 퍼졌다. 특히 18세기 무렵의 일본 요리책인 《본조식감(本朝食鑑)》에는 송이버섯과 표고, 느타리, 팽이버섯 등 열 종류의 버섯이 기록돼 버섯에 대한 지식이 널리 퍼지면서 서민들도 먹을 수 있을 정도로 송이버섯이 보급됐다. 옛날 일본에는 소나무가 무성한 야산이 많았기 때문에 송이버섯이 귀하지 않았다고 한다. 가을철 송이 수확기가 되면 송이버섯을 가득 실은 특별 화물열차가 송이열차(松茸列車)라는 이름으로 운행됐을 정도다. 1932년 9월 23일자 오사카 아사히신문에는 '드디어 움직이는 송이열차, 금년에는 풍작이어서 헐값'이라는 기사가 보인다.

이 무렵 일본의 송이버섯 채취량은 1920년대 중반 약 6000톤에서 1941년에는 1만2000톤까지 늘어났다. 2010년 채취량이 140톤에 불과한 것과 비교하면 약 100배에 조금 못 미치는 수치다.

그래서 예전 일본에서는 서민의 가을 미각을 일깨우는 음식으로 송이버섯을 꼽았다고 하는데 지금 일본에서 서민들 주머니 사정으로는 마음껏 송이버섯 먹기가 쉽지 않다. 일본 사람들이 송이버섯에 집착하는 이유가 흘러간 세월에 대한 그리움 때문이 아닐까 싶다.

신령스러운 영지버섯, 가장 많이 사랑받은 표고버섯

중국에서는 영지가 신령스러운 버섯이었다. 알려진 것처럼 진시황은 늙지도 죽지도 않겠다며 어린 소년과 소녀 3000명을 뽑아 불로초를 구해 오라고 동쪽 삼신산으로 보냈다. 불로초 탐사의 책임자는 서복(徐福)이라는 술사였다. 《사기(史記)》를 비롯한 역사책에는 불로초를 찾아 떠난 서복이 돌아오지 않은 것으로 나오지만, 민간에 전해지는 전설에서는 이야기를 살짝 변형시켰다. 서복이 다시 돌아오기는 왔다는 것이다. 하지만 거액의 돈을 쓰고도 불로초를 구하지 못했으니 곧이곧대로 보고했다가는 목이 열 개라도 남아나지 못할 것이 뻔했기에 대신 다른 약초를 바쳤다. 동쪽 봉래산에서 신선을 만나기는 만났는데 불로초는 구하지 못하고 대신 신선이 먹는 음식이라며 내놓은 것이 영지버섯이었다. 신선이 백년을 살아도 얼굴이 발그레한 어린아이 같은 것은 바로 영지를 먹었기 때문이라는 것이다.

옛날부터 영지버섯을 신령스러운 버섯으로 여겼지만 정작 중국 사람들이 가장 좋아하는 버섯은 표고버섯이다. 중국이나 홍콩, 타이완 등지를 여행하면 관광상품 중에 말린 표고버섯을 볼 수 있다. 왜 하필 표고버섯일까? 버섯이라는 단어에서도 그 증거를 찾을 수 있다. 중국어로 버섯을 향기로울 향(香)자에 버섯 고(菇)자를 써서 "샹구(香菇)"라고 한다. 모든 종류의 버섯을 가리키는 일반명사지만 특별히 표고버섯을 말할 때도 같은 단어를 쓴다. 표고버섯이 버섯의 대표이기 때문이다.

그런 만큼 표고버섯은 역대 중국 황제의 밥상에서 빠지지 않았던 요리다. 명나라 태조 주원장(朱元璋)이 특히 표고버섯을 좋아했다고 하는데 관련된 일화가 전해진다.

명나라 건국 후 얼마 되지 않아 심한 가뭄이 들어 주원장이 기우제를 지냈다. 몇 달 동안 기도를 올리며 제대로 먹지를 못하자 주원장의 기력이 떨어졌다. 이때 주원장을 도와 명나라를 세운 유백온이 고향인 절강성의 용천(龍泉)에서 가져온 표고버섯으로 요리를 한 다음 고향에서는 먹으면 100살까지 산다는 장수요리(長壽菜)라며 주원장에게 바쳤다. 요리를 맛본 주원장이 그 맛에 감탄해 즐겨 먹고는 기력을 회복했다는 것이 명나라 궁중요리에서 비롯됐다는 표고버섯 볶음(炒香菇)이다.

청나라 궁중요리 중에도 유명한 표고버섯 요리가 있다. 청나라의 전성기를 이룩한 건륭황제의 잔칫상에 놓였다는 향심압(香蕈鴨)이라는 요리다. 향심(香蕈)은 표고버섯을 뜻하는데, 표고버섯을 귀하다는 겨울 죽순과 오리고기 또는 닭고기와 함께 조리한 음식명이기도 하다. 중국 사람들이 좋아하는 죽순, 그것도 구하기 어렵다는 겨울 죽순을 제치고 표고버섯을 요리 이름으로 삼은 것을 보면 중국인들이 얼마나 표고버섯을 좋아하는지를 짐작할 수 있다.

때문에 중국인들은 표고버섯을 "버섯의 황후"라고 부르는데, 곰곰이 생각해보면 중국의 표고버섯에는 몇 가지 특이한 부분이 있다. 보통 어느 나라에서나 버섯은 신의 음식이라고 말한다. 송이버섯은 신선의 음식, 영지버섯은 신령스러운 버섯이고 불로초에 버금간다고 여기며, 서양에서도 네로황제는 양아버지가 황제버섯을 먹고 죽어 신이 된다고 말했다. 하지만 중국에서 표고버섯은 송이버섯보다도 더 귀하게 여기고 아예버섯을 총칭하는 일반명사로 사용할 정도로 좋아하면서도 신이 먹는 버섯이라는 소리는 하지 않는다.

짐작컨대 걸핏하면 신과 연결 짓기 좋아하는 옛날 중국 사람들이 표고버섯을 신의 음식이라고 하지 않았던 이유는 아마 진작부터 표고버섯을 인공 재배했기 때문이 아닐까 싶다. 13세기 초 송나라 때 문헌인 〈용천현지(龍泉縣志)〉에 표고버섯 인공재배에 관한 기록이 있다고 하니 표고버섯은 일찌감치 인간의 손을 타면서 신들이 먹는 음식의 지위를 내려놓게 된 것이 아닐까 싶다.

천 번 보충하고 만 번 보충해도,
음식으로 보충하는 것만 못하다.
_중국속담

몸과 마음을 어루만진 영원불멸의 '힐링푸드'

전복

'멸망' 노이로제에 걸린 왕이 먹은 유일한 음식

전복은 '힐링푸드'다. 아픈 사람이 먹고 치유하는 음식이다. 몸이 아플 때도, 마음이 아플 때도 전복은 탁월한 치유효과를 보인다. 과학적으로는 모르겠지만 역사적으로 수많은 임상사례가 있다. 그것도 한국과 중국, 일본이 공통적이다. 한중일 삼국에서는 왜, 그리고 어떻게 전복을 먹고 아픈 상처를 어루만졌을까?

전복 먹고 스트레스를 풀었던 대표적인 인물은 1세기 한나라 때의 왕망(王莽)이다. 사실 널리 알려진 인물은 아니지만 역사적으로 나름 의미가 있는 사람이다. 한나라를 전한(前漢)과 후한(後漢)으로 갈라놓았기 때문이다. 비유해 말하자면 망해가는 한나라에 충격을 주어 새로 거듭나게 만든 계기를 제공했다.

한나라는 기원전 206년, 유방이 항우와 싸워 이겨 세운 나라다. 200년

쯤 지속되다가 서기 9년, 왕망이 정변을 일으켜 신(新)나라를 세우면서 멸망했다. 왕망은 스스로 황제의 자리에 올라 약 16년 동안 나라를 유지하다 서기 25년, 한나라 왕조의 후예로 광무제가 된 유수에 의해 망했다. 신나라가 망하고 다시 한나라가 일어선 것인데, 앞의 한나라와 구분해 후한이라고 부른다.

겨우 16년 동안 집권한 것에서 짐작할 수 있듯이 왕망은 신나라 황제에 등극한 후 전전긍긍하면서 하루도 편한 날이 없었다. 궁궐을 차지하고 황제의 자리에 오르기는 했지만 제대로 황제로 인정받지 못했기 때문이다. 예전 한나라 신하들은 반발했고, 여기에 더해 전란으로 먹고 살기 힘들어진 백성들이 곳곳에서 민란을 일으켰다. 언제 황제의 자리에서 쫓겨날지 모르는 상황이었으니 근심걱정으로 하루하루를 떨면서 보냈다.

얼마나 스트레스를 받았는지 한나라 역사를 기록한 《한서(漢書)》〈왕망열전(王莽列傳)〉에는 술이 없으면 잠을 이루지 못했고 다른 음식은 먹지 못하고 오직 전복만을 먹었다고 나온다.

왜 전복만을 먹었을까? 왕망이 살았던 1세기 기준으로 전복은 최고의 산해진미였다. 맛 좋고 몸에도 좋지만 전복이 왕망의 마음에 위안을 줄 만큼 귀했기 때문이다.

전복이 얼마나 귀했는지는 그 후의 역사기록에서 찾아볼 수 있는데, 먼저 3세기 무렵인 중국 삼국시대 조조와 관련된 일화에서 전복의 가치를 엿볼 수 있다.

《삼국지(三國志)》의 주인공인 조조는 셋째 아들인 조식을 무척 사랑했다. 조조가 사망하자 당대의 명문장가였던 조식이 아버지를 추모하는 글을 지어 바쳤다. '구제선주표(求祭先主表)'라는 글이다. 여기서 조식은 아버지 조조가 전복을 무척 좋아했다는 사실을 회고하면서 아버지를 위해 자신이 서주(徐州) 자사로부터 전복 200개를 얻었다고 자랑한다. 전복을 좋아했던 조조의 제사상에 올려놓을 전복이다.

그런데 삼국을 통일하기 직전으로 천하의 권력을 휘어잡은 조조의 셋째 아들이 전복을 준비하면서 200개씩이나 구했다고 적은 이유가 무엇일까?

당시에는 전복이 그만큼 귀했다는 뜻이다. 전복을 양식하는 지금도 전복이 값싼 해산물은 아니지만, 옛날 중국에서 전복 구하기는 하늘에서 별 따기였던 모양이다. 조식이 전복을 얻었다는 서주 지역은 지금 상하이와 인접한 장쑤성 일대다. 바닷가에 접해 있는 지역인데도 전복 200개 마련하기가 쉽지 않았으니 전복이 얼마나 희귀식품이었는지 짐작할 수 있다.

전복이 얼마나 비쌌기에 왕과 부자들이 호들갑을 떨었을까 싶지만 옛날 전복의 가격은 상상을 초월했다. 5세기 무렵에는 전복 수십 마리만 있어도 팔자를 고칠 정도였다. 일화가 있다.

남북조시대 송나라의 장군이자 황제의 사위로 저언회라는 인물이 있었다. '표기장군(驃騎將軍)'이라는 높은 벼슬에 올랐지만 청렴결백해서 가난을 면하지 못했다. 어떤 사람이 저언회에게 전복 30개를 선물했다.

선물 받은 전복을 본 부하가 장군의 가난한 살림을 안타까워한 나머지 한마디 거들었다. 30개의 전복을 팔면 10만 냥의 거금을 만들 수 있으니 먹지 말고 팔아서 살림에 보태 쓰라고 귀띔한 것이다. 그 말을 들은 저언회가 이렇게 말했다.

"나는 전복을 음식으로만 여겼지 재무로 보지 않았네. 전복을 팔아 돈으로 바꿀 수 있다는 사실을 알았다면 선물로 받지도 않았을 것이네. 내비록 가난하지만 어찌 선물을 팔아서 돈을 벌겠는가?"

그러고는 전복 30개를 친지와 부하들과 함께 모두 나누어 먹었다. 남조시대의 역사를 기록한 《남사(南史)》〈청백리열전(淸白吏列傳)〉에 나오는 이야기다. 참고로 저언회가 사망했을 때 집 안에 재산은 한 푼도 없이 책 수천 권만 남았다고 한다.

5세기 무렵에 전복 30개 값이 10만 냥에 이르렀다니 400년 전인 1세기 때 왕망의 시대에는 전복이 훨씬 더 비싸고 귀했을 것이다. 그러니 왕망이 다른 음식은 다 삼키지 못해도 전복을 먹으며 곧 빼앗길 부귀영화에 대한 미련을 달랬던 것이 아닌가 싶다.

조선 임금의 마음을 달래준 힐링푸드

조선의 임금도 전복으로 스트레스를 풀었다. 역대 조선 임금 중에서 가장 오래 산 왕이 18세기 때의 영조다. 환갑만 맞아도 오래 살았다며 성대하게 잔치를 열던 시대에 여든세 살까지 살았으니 상당히 수를 누린 것인데, 영조의 장수에는 전복도 한몫 거들지 않았나 싶다.

영조는 어렸을 때부터 건강의 최대 적이라는 스트레스에 시달렸던 군주다. 어머니가 천한 무수리 출신이었기에 왕자의 신분이면서도 신분적 열등감에 빠져 살아야 했고, 노론과 소론의 당파싸움으로 동궁시절부터 왕권은 물론 생명의 위협까지 받았다. 게다가 왕위에 오른 후에는 형인 경종을 독살했다는 소문에 시달렸고, 아들인 사도세자를 뒤주에 가둬 죽게 했으니 현대의 사극에서 어떻게 평가하건 아버지로서 괴로움도 만만치 않았을 것이다.

삶 자체가 스트레스 덩어리였을 것 같음에도 불구하고 조선 임금 중에서 누구보다도 오래 산 비결로 많은 사람들이 영조의 식습관을 꼽는다. 주로 소박한 음식으로 간소하게 식사를 했다는 것인데, 그럼에도 긴장하며 살았던 탓인지 자주 복통에 시달렸고 소화를 시키지 못해 수라를 들지 못하는 경우도 많았다. 《승정원일기》에는 이럴 때 영조의 짧은 입을 달래준 것이 전복과 송이버섯 그리고 고추장이었다고 나온다.

영조의 장수 비결이 무엇이라고 꼭 집어 말할 수는 없다. 굳이 음식에서 찾자면 전문가들이 지적하는 것처럼 소박한 음식으로 소식을 했다는 사실을 꼽을 수 있을 것이고, 순간이나마 좋아하는 음식으로 스트레스를 풀었기 때문일 수도 있다. 전복과 송이버섯, 고추장으로 잠깐이나마 지친 몸과 마음을 치유한 것이 아닐까 싶다.

사실 전복 덕분에 마음의 위안을 얻은 사람이 한두 명이 아니다. 조선시대 세종과 문종, 두 부자 역시 전복으로 부자의 정을 돈독하게 다졌다. 《문종실록(文宗實錄)》에 관련 기록이 실려 있다.

문종이 동궁 시절, 세종이 수라를 전혀 들지 못할 정도로 몹시 아팠다. 문종이 밤새 곁에서 지키며 음식시중까지 들며 전복을 직접 잘라 아버지께 드리니 다른 음식은 전혀 먹지 못했던 세종이지만 그 전복만큼은 먹고 기운을 차렸다. 세자가 어렸을 때 따 온 앵두를 먹으며 "세자가 직접 따 준 앵두가 어찌 다른 앵두와 맛이 같을 수 있겠냐"며 즐거워했을 정도로 '아들 바보'였던 세종이다. 그러니 세종이 입에 넣은 음식은 전복이 아니라 아들의 마음이었을 것이다.

화가 났을 때나 슬플 때는 음식을 먹지 말라는 것이 양생(養生)의 기본이다. 식사를 할 때는 마음이 즐거워야 한다. 기뻐서 웃는 것이 아니라 웃기 때문에 즐거워지는 것처럼 좋아서 음식이 맛있는 것이 아니라 맛있는 음식이 답답하고 우울한 기분을 풀어줄 수도 있다. 역사적으로 전복이 그런 역할을 하지 않았나 싶다.

힐링푸드 이면에 감춰진 말 못할 희생

세상 모든 일에는 빛이 있으면 어둠이 있다. 최고 권력자들의 스트레스를 풀어줄 수 있을 만큼 전복이 귀하고 비쌌다는 이야기 속에는 전복 따는 어부와 해녀들의 고단한 삶이 고스란히 담겨 있다.

조선시대 성리학의 대가인 송시열이 전복 따는 과정을 남긴 기록을 보면 안타깝다 못해 처절할 정도다. 어민들이 전복을 채취할 때는 목숨을 아랑곳하지 않고 깊이가 100길이나 되는 바닷물에 몸을 던져 들어가 무서운 교룡이나 고래와 같은 동물로부터의 위험도 무릅써야 했다는 것이다. 지금과 달리 바다가 살아 있을 때이니 전복 따라 물속에 들어갔다가

상어나 고래로부터 공격도 많이 받았던 모양이다. 생명을 무릅쓰고 바다에 뛰어들었지만 재수가 좋아야 한두 개를 따 올 뿐이고 재수 없으면 빈손으로 나오게 되고, 더 재수가 없으면 사람마저 나오지 못하는 경우가 허다하다고 적었으니 옛날에는 진짜 목숨 걸고 전복을 채취했다.

그러다 보니 세종 때 판중추부사를 지낸 기건(奇虔) 같은 사람은 아예 전복을 먹지 않았다. 제주 목사 시절에 백성들이 전복을 따느라고 고생하는 것을 보고는 차마 먹을 수 없었기 때문이다.

전복이 힐링푸드가 되는 이유는 단지 비싸고 귀해서가 아니라 전복 따는 사람들의 희생이라는 가치가 있었기 때문이 아닌가 싶다. 옛날 사람들에게는 전복이 그만큼 귀했기 때문에 전복 하나를 먹으며 스트레스를 풀고 마음의 위안을 얻을 수 있었겠는데, 현대인도 역설적으로 전복 덕분에 스트레스를 풀 수 있다.

현대인이 받는 스트레스 중 하나가 돈이다. 남들보다 더 빨리, 더 많은 돈을 벌고 싶기 때문인데 하루빨리 부자가 되고 싶어 안달이 나 있을 때 전복을 먹으면 조급증을 달랠 수 있다. 욕심 때문에 생기는 스트레스에도 치유효과가 나타난다.

17세기 명나라 때 발행된 〈오잡조(五雜組)〉라는 문헌이 있다. 여기에 전설 속에 등장하는 산해진미는 헤아릴 수 없이 많지만 실제로 요즘 세상에서 부자들이 주로 먹는 음식은 남방의 굴, 북방의 족발, 서역의 말젖, 그리고 동방의 전복이라고 했다. 동방의 전복은 한반도 바다와 일본에서 나는 전복이다. 우리 전복이 그만큼 품질이 좋다는 이야기와 통한다.

어쨌거나 옛날 부자들이 먹었다는 진미가 지금 우리나라에서는 말젖을 제외하면 누구나 쉽게 먹을 수 있는 것들이다. 그러니 현대인은 식탁에서만큼은 이미 부자가 된 것이나 다름없다. 애써 남들이 먹지 않는 말젖을 먹어야겠다는 생각, 남들과 비교해 더 많이 가져야 한다는 생각만 버리면 된다.

전복에 축하와 사랑을 담아낸 일본인들의 미적 감각

일본은 선물을 할 때 포장지에 노시가미(のしがみ)라는 종이장식을 붙이는 풍습이 있다. 색종이를 긴 육각형으로 접은 것인데 일종의 선물카드와 같은 의미라고 한다. 서양에서 비롯된 선물카드에는 감사의 글이나 축하의 뜻을 적지만 노시가미는 그 자체에 축하의 뜻이 담겨 있다. 색상과 어떻게 접느냐에 따라 의미가 약간씩 달라진다고도 한다.

그런데 색종이 장식인 노시가미는 엉뚱하게도 전복과 관련이 있다. 원래는 축하의 의미로 종이 대신 마른 전복을 얇게 오려서 넣었던 노시아와비(のしあわび) 풍습이 변해서 지금은 전복 대신 색종이를 접는 노시가미로 대체됐다.

선물 포장지에 축하의 뜻을 전하는 노시가미 풍속은 왜 생겨났을까? 일본에서 전복이 갖는 의미와 관련이 있다.

한국이나 중국과 마찬가지로 고대 일본에서도 전복은 귀한 해산물이었다. 진나라의 역사가 진수가 쓴 《삼국지(三國志)》〈위서(魏書) 왜인전(倭人傳)〉에는 "왜인들은 전복을 잘 잡아서 바다가 얕고 깊음을 따지지 않고 들어가 모두 전복 따는 데 몰두한다"고 적혀 있다.

역사책 삼국지에 나오는 기록이니 시기적으로는 3세기 이전이다. 이때 일본 사람들은 깊은 바다에 들어가 전복을 채취했다는 것이니 문자 그대로 목숨 걸고 전복을 땄다는 이야기다. 그러니 일본 사람들은 전복을 신처럼 받들었던 것 같다. 깊은 바다에서 전복 하나 따 오면 횡재를 한 것과 다름없었을 테니 전복은 행운의 상징이었고, 좋은 일이 일어날 것을 미리 예고해주는 길조였다.

일본 사람들은 전복을 신에게 바치는 제물로 쓰고 축하의 선물로 보냈다. 하지만 귀한 생전복 한 마리를 통째로 보낼 수는 없었으니 말린 전복을 얇게 펴서 일부를 조금 베어내 선물에 넣어 축하의 의미로, 좋은 일이 생기라는 축원의 의미로 보냈다. 이것이 선물 포장지에 카드처럼 넣는 노시가미의 뿌리가 되는 노시아와비의 시작이었다. 노시아와비의 기록은 8세기 무렵, 우리나라로 치면 통일신라 중반에 나온 풍속서인《비전국풍토기(肥前國風土記)》에 보인다고 하니 뿌리가 꽤나 깊은 셈이다.

그러나 일본에서 행운을 기원하는 의미로 노시아와비가 유행한 것은 일본의 중세 사무라이 사회에서라고 한다. 전쟁을 하러 떠나는 출정식에서 무사들은 신에게 세 가지 음식을 바치며(三獻の肴) 싸움에 이기고 살아서 돌아오기를 기원했다. 이때 준비한 음식이 말려서 얇게 편 전복, 그리고 말린 황률(밤)과 다시마였다. 말린 전복은 적을 물리쳤다는 의미, 황률은 승리했다는 의미, 다시마는 기뻐하며 축하한다는 의미가 있다고 한다. 이렇게 전복 등을 바치며 무운을 비는 풍속이 정월 초하루나 특별

한 날 행운을 기원하는 의미로 발전했고 말린 전복을 행운의 상징으로 삼았던 것이 노시가미라는 축원의 색종이 접기로 이어졌다. 고대 일본인들이 전복을 얼마나 귀하게 여겼으면 전복을 아예 행운의 상징으로까지 삼았나 싶다.

일본에서 전복은 행운을 상징하는 동시에 짝사랑을 의미한다. 전복은 다른 조개와는 달리 껍질이 한쪽에만 있다. 이러한 생김새에서 일본 사람들은 전복을 짝사랑의 상징으로 보았다. 짝사랑의 상징은 일본 고대 시집인《만엽집(萬葉集)》에 "어부가 날마다 잡아 올리는 전복 껍질처럼 내 사랑도 날마다 짝사랑"이라는 노래에서 비롯됐다고 한다. 잡은 전복을 들여다보며 전복 껍데기 같은 '모태 솔로'의 신세를 푸념하는 어부의 모습이 눈에 선하게 그려진다.

하지만 다시 생각해보면 전복이 짝사랑의 상징이 된 것 역시 그만큼 귀했기 때문일 수도 있다. 따지고 보면 짝사랑만큼 가슴이 아린 사랑이 없고, 이루어질 수 없는 만큼 귀하기 때문이다.

배가 덜 차게 먹으면 의사가 필요 없다.
_일본속담

'유교'를 주된 이념으로, '쌀'을 주식으로 삼았다고 해서
한중일 음식과 요리가 비슷할 거라고 생각하면 큰 착각이다.
똑같은 식재료를 두고 밥상 한가운데 놓을
특별한 요리재료로 생각하기도 하고,
밥상 끄트머리에 놓을까 말까 하찮게 여기기도 했다.
똑같은 음식재료를 두고 대접이
전혀 달랐던 이유는 뭘까?
역사와 문화 속에서 답을 찾아본다.

Part 2

● ● ● ● ● ● ●

'같은 재료, 다른 음식'이 빚어낸 맛과 멋의 향연

뜻밖의 부산물을 대하는 전혀 다른 대처법

누룽지

누룽지 재활용의 역사에 담긴 한중일의 음식문화

예전 할머니들은 밥 지을 때 누룽지 때문에 골치를 앓았다. 쌀 씻어 안치고 불 때서 밥 짓는데 불을 잘못 조절하거나 뜸 들이는 시간을 제때 맞추지 못하면 밥솥에 누룽지가 한 아름 눌어붙는다. 아이들이야 맛있는 간식이 많이 생기니 신날지 모르겠지만 주부들에게 누룽지는 골칫덩어리였다. 그렇지 않아도 부족한 양식을 낭비하는 주범이었기 때문이다.

누룽지 때문에 골머리를 앓았던 것은 한국과 중국, 일본 주부 모두가 마찬가지였다. 어떻게 하면 밥이 눌어붙지 않게 조리해서 식량을 아낄 수 있을까 고민했다. 그렇지만 먹는 사람 입장에서는 또 달랐다. 예전 아이들에게 누룽지만 한 간식도 드물었다. 지금의 과자 대용이었다.

누룽지가 맛있기는 어른도 마찬가지였다. 때로는 간식으로 때로는 음식으로, 심지어 누룽지로 요리까지 만들어 먹었다. 골치 아프면서도 맛있는 누룽지의 재활용 역사가 한국과 중국, 일본의 음식문화에 고스란히 담겨 있다.

누룽지는 언제부터 먹었을까? 정확한 시기야 알 수 없지만 곡식으로 밥을 지어 먹기 시작하면서 누룽지 역시 자연스럽게 생겼을 것이다. 사실 취사도구나 밥 짓는 기술이 지금보다 발달하지 못했던 옛날에는 밥을 태우거나 눌게 만드는 일이 지금보다 잦았을 것이다. 누룽지에 관한 최초의 기록이 언제쯤인지는 알 수 없지만 기원전 7세기 이전의 《시경(詩經)》에도 누룽지와 비슷한 음식이 보인다.

한자 후(餱)가 적혀 있는데 말린 밥이라는 뜻이다. 장기 보관이나 혹은 다른 목적을 위해 일부러 햇볕에 말린 밥일 수도 있고, 아니면 눌은 밥일 수도 있다. 어쨌든 '후'라는 한자는 누룽지라는 뜻으로 해석하는 경우가 많다. 《시경》에는 누룽지 내지는 말린 밥을 부대자루나 주머니에 쌓아둔다고 표현했다. 맹자는 이를 두고 집에 머물 때는 창고에 쌓아놓고 먼 길 떠날 때는 부대자루에 담는다고 했으니 2300년 전에는 누룽지를 주로 비상식량으로 활용했던 것이 아닌가 싶다.

사실 누룽지는 위기상황에서 요긴한 식량으로 쓰였다. 5세기 무렵 중국 남조시대의 송나라 때 사람 유의경(劉義慶)이 《세설신어(世說新語)》라는 책을 썼다. 후한 말기부터 동진 때까지 살았던 유명한 사람들의 일화를 기록한 책인데 《세설신어》〈덕행(德行)〉편에 누룽지 이야기가 나온다.

동진(東晉) 말년, 그러니까 서기 약 420년 무렵에 지금의 중국 장쑤성 소주 부근인 오군(吳郡)에 진견(陳遺)이라는 관리가 살았다. 근검절약이 몸에 배어 있던 진견은 어느 날 관청의 주방에서 밥을 짓다 생긴 누룽지를 처리하지 못해 쩔쩔매는 요리사의 모습을 보았다.

마침 어머니가 누룽지를 좋아했기에 진견은 주방에서 누룽지를 가져다 어머니께 끓여 드리고 나머지는 자루에 모아서 쌓아 두었다. 그러던 중 전쟁이 일어났다. 진견은 군사를 이끌고 나서 적과 싸웠지만 전투에서 패해 포위를 당했다. 식량이 떨어져 결국은 항복을 하든지 아니면 굶어 죽게 될 지경에 이르렀다.

진견은 집에 모아 두었던 누룽지가 생각이 나서 누룽지 포대를 가져다가 병사들과 함께 씹어 먹으며 버텼다. 결국 원군이 도착할 때까지 누룽지를 먹으며 버틴 끝에 승리를 거두었다. 하찮은 누룽지를 소홀히 하지 않았던 덕분에 적군과 싸워 이길 수 있었다는 내용이다.

조선의 실학자 이익이 들려주는 누룽지 활용법

급할 때 요긴하게 쓰이기는 했지만 어쨌든 누룽지는 밥을 잘못 지어 생긴 부산물이다. 그러니 어쩌다 먹는 간식으로 맛있을지는 몰라도 제대로 대접 받는 음식은 아니었다. 실제로 옛날 할머니들은 밥을 잘못 지어 누룽지가 잔뜩 생기면 온종일 눌은밥만 먹어야 했다. 때문에 누룽지를 거들떠보지도 않았던 할머니들도 많았다. 제대로 된 밥을 먹고 싶은데 항상 눌은밥만 돌아왔기 때문이다. 그러니 이런 말까지 생겼다.

"백성에게 인심을 잃는 것은 누룽지 한 덩어리로 인한 허물 때문이다

(民之失德 乾餱以愆)."

《시경》에 보이는 글로, 음식을 쌓아놓고도 배고픈 사람들에게 하찮은 누룽지 한 덩어리를 나누어 주지 않아 민심이 떠난다는 뜻이다. 조선 후기의 실학자 이익은 《성호사설(星湖僿說)》에 관련된 해설을 곁들여 놓았다.

"내가 한번은 여종들이 제 상전을 비난하는 것을 가만히 들어보았더니 무릇 제사나 잔치가 끝난 다음에 남은 음식을 썩도록 쟁여 두면서 나누어 주지를 않는다고 두고두고 말하는 것이다."

그러면서 《시경》에 나오는 누룽지 한 덩어리에 민심을 잃는다는 구절과 같으니 반드시 기억해 두라고 당부했다.

옛날 문헌을 보면 누룽지를 하찮은 음식의 대명사처럼 사용하고 있지만, 누룽지만큼 사람들에게 사랑 받는 음식도 흔하지 않다. 맛있는 군것질거리로 좋아하기도 하지만, 누룽지는 때로는 건강식이 되기도 하고, 약으로도 쓸 수 있다.

이익의 《성호사설》에는 누룽지 관련 이야기가 많이 나온다. 이익은 누룽지를 건강식이자 선식(仙食)이라고 하면서 예를 들어놓았다. 지금의 충남 부여 근처인 임천(林川) 고을에 행각승 한 명이 살고 있었다. 평소 배꼽으로 숨을 쉬는 복식호흡을 하는 중이었는데 평생 다른 곡식은 물론 물조차 한 모금 마시지 않았다. 대신 누룽지만 먹었다. 하지만 근육과 기골이 더욱 굳건해졌다고 기록해놓았다.

이익이 《성호사설》에 적은 이야기의 요지는 음식도 절제를 하면 처음에는 배가 고프더라도 나중에는 속이 편해지기 때문에 누룽지 같은 음식도 신선이 먹는 선식이 될 수 있다는 것이다. 요즘 다이어트 하는 사람들에게 바로 적용될 수 있는 말이기도 하다.

실제로 누룽지는 소화 흡수가 잘되고 가공을 하지 않은 자연식품이어서 몸에도 좋다고 한다. 누룽지를 씹어 먹으면 아미노산이 풍부한 데다 침이 많이 분비되기 때문에 소화도 잘되고 턱 관절운동이 되어 뇌에 자극을 줘서 뇌혈관 질환도 예방할 수 있다고 한다. 《성호사설》에 나오는 행각승 이야기에 덧붙이면 그럴듯하게 들릴 수 있는 현대 과학적 풀이다.

디저트로도 먹고 약으로도 쓴, 조선의 남다른 숭늉 사랑

누룽지는 이중적이다. 환영받지 못하면서 동시에 사랑받는 묘한 존재였다. 양식을 축내는 바람직하지 못한 부산물이지만, 많은 사람들이 좋아한다. 옛날부터 한국과 중국, 일본에서 모두 골칫덩이 누룽지를 어떻게 줄이고 활용할까를 고민했다. 누룽지를 일상의 음식으로 연장시켜 가장 멋들어지게 활용한 나라는 한국이 아닐까 싶다. 누룽지로 숭늉을 만들었기 때문이다. 한국인에게 숭늉은 어떤 의미일까?

요즘은 식후 디저트로 과일이나 커피와 차를 마시지만, 예전에는 밥 먹고 난 뒤에는 반드시 숭늉을 마셨다. 그래야 식사를 끝마친 것으로 여겼다. 숭늉을 안 마시면 밥을 먹어도 먹은 것 같지 않고 속이 더부룩해서 먹은 음식도 소화를 시키지 못했다. 개인적인 경험뿐만이 아니라 조선시대 여러 문헌에 기록으로까지 남아 있다. 중국이나 일본을 다녀왔던 사신들이 하나같이 현지에서 숭늉을 마시지 못해 애를 먹었던 경험을 기록으로 남겨 놓았다.

조선 숙종 때 사신을 수행하는 서장관으로 청나라를 다녀왔던 김창업이 쓴 기행문인 《연행일기(燕行日記)》에 적힌 내용이다.

"식사는 쌀밥에 나물과 장 종류 몇 그릇이었지만 모두 먹을 만하고 수행원들도 배불리 먹었다. 나는 싸 온 밥이 있었으므로 뜨거운 물을 청하여 말아 먹었다. 승려가 미음 한 그릇을 갖다 주었는데 그 맛이 우리나라 숭늉과 같아 마시고 나니 위가 편해지고 안정되어 좋았다."

숭늉은 한국 사람에게 소화제와 다름없었다. 정조 때 서유문이 사은사 서장관으로 북경을 다녀와서 쓴 《무오연행록(戊午燕行錄)》에도 숭늉을 먹고 간신히 소화를 시켰다고 적혀 있다.

밤에 갑자기 잠이 깼는데 숨을 쉬지 못하고 등이 결려 몸이 움직일 수 없는 지경이어서 급히 주방에 일러 메밀 숭늉을 끓여 마시고 고약을 붙이니 잠을 잘 수 있었다고 한다. 체했을 때 숭늉을 마시고 체증을 내린 것으로 짐작된다.

숭늉을 한자로 쓰면 숙랭(熟冷)이다. 익힐 숙(熟)자에 차가울 냉(冷)이 합쳐진 글자인데, 누룽지 끓인 물을 식혔다는 뜻이다. 과학적으로도 숭늉에는 소화제 성분이 포함되어 있다고 한다.

솥에서 밥을 푼 후 다시 물을 붓고 데운 숭늉은 밥의 전분이 분해되는 과정에서 포도당과 덱스트린(Dextrin)이 생기면서 구수한 맛을 내게 되는

데 바로 덱스트린 성분이 소화에 도움이 된다고 한다. 숭늉에는 또 에탄올이 함유되어 있어 항산화작용을 하기 때문에 산성 체질을 알칼리성으로 중화시켜 소화에 도움이 된다. 그러니 조상들이 숭늉을 마시지 않으면 속이 더부룩하다고 했던 것이다.

실제로 소화를 시키지 못할 때는 숭늉을 약으로도 처방했는지 허준은 《동의보감》에서 누룽지 끓인 물인 숭늉이 소화를 촉진시킨다고 했다. 《동의보감》에는 한자로 '취건반(炊乾飯)'이라고 적혀 있는데 '불을 때어서 말린 밥'이니까 결국은 누룽지라는 뜻이다. 병중에는 음식을 목구멍으로 잘 넘기지 못하거나 넘겨도 위까지 내려가지 못하고 이내 토하는 병증이 있다. 열격(噎膈)이라는 병인데 이런 증상에는 여러 해 된 누룽지를 달여서 아무 때나 마시면 그다음에 음식을 먹을 수 있게 된다고 했으니 바로 숭늉을 소화제로 처방했던 것이다.

숭늉 없는 밥상에 앉은 조선 사신들의 말 못 할 고초

음식에 대한 편견은 옛날이나 지금이나 비슷하다. 숭늉도 마찬가지다. 우리는 천하별미인 숭늉을 마시지 않는 중국인을 이상하게 여겼고, 중국인들은 밥물을 마시는 조선 사람을 낯설어 했다.

조선에서는 사신들이 해마다 여러 차례 중국을 다녀왔다. 이들의 기행문 곳곳에 밥 먹고 난 뒤 숭늉을 마시지 않는 중국 사람을 낯설어 하는 장면이 보인다. 정조 2년 10월에 동지사로 한양을 떠나 이듬해 3월 돌아온 부사 이갑이 《연행기사(燕行記事)》를 쓰며 중국의 지리와 풍속을 기록했다. 이갑은 조선에서는 밥을 먹고 난 뒤에 반드시 숭늉을 마시는데 중국인은 천하의 별미인 숭늉을 마시지 않는다며 의아해했고 또 쌀뜨물을 그냥 버리는 중국의 풍습에 고개를 갸웃했다.

"중국 사람들은 먹는 밥이 한두 홉에 지나지 않는데도 혹시 독이 들어 있지 않을까 해서 쌀을 끓인 후 묵은 물을 버리고 반드시 새 물을 다시 부어 두 번 지은 밥을 먹는다."

이갑 외에도 사신으로 다녀온 적지 않은 사람들이 중국에서는 숭늉을 마시지 않는다는 사실에 새삼 놀라는 표정이다. 순조 때 동지사 겸 사은사를 수행해 서장관으로 중국에 다녀 온 김경선도 《연원직지(燕轅直指)》에 중국인은 차는 마시지만 숭늉은 마시지 않는다고 적었다.

"손님을 대접할 때 비록 반찬은 없어도 차는 반드시 권하니 마치 우리나라에서 담배를 권하는 것과 같다. 그런데 이곳에서는 주인이 권하기를 기다리지도 않고 그냥 담배를 피운다. 차를 마시는 법은 모두 음주법과 같으나 마시는 속도는 더 느려서 차 한 잔 마시는 시간이 담배 한 대 피우는 시간과 거의 맞먹는다. 대체로 차는 마시지 않는 사람이 없고 아무 때나 마시는데 냉수나 숭늉을 마시는 사람은 보지 못했다."

주인이 권하지 않았는데 함부로 담배를 피우는 모습이 신기했던 모양이다. 또한 반찬은 제대로 차리지 않아도 차는 반드시 권하는 모습 역시 우리와 다르며, 숭늉이나 냉수를 마시지 않는 것도 낯설었던 듯하다.

반면 우리나라에 온 중국 사신들은 우리나라 사람들이 밥물을 마시는 것이 신기했던 모양이다. 송나라 때의 사신이 쓴 《고려도경(高麗圖經)》에는 고려 사람들은 언제나 숭늉을 가지고 다니면서 마신다고 했다.

"이들이 들고 다니는 물그릇 모양은 머리가 길고 위가 뾰족하며 배가 크고 바닥이 평평한데 여덟 모서리로 간혹 도금한 것도 있다. 그릇 속에는 숭늉이나 끓인 물을 담는다. 나라의 관리나 귀족들은 언제나 시중드는 자를 시켜서 가까이에 숭늉 그릇을 들고 따라 다니게 한다. 크기는 같지 않고 큰 것은 두 되가 들어간다."

고려 귀족의 하인들이 숭늉 그릇을 들고 따라 다니며 차 대신 수시로 숭늉을 마시는 모습이 송나라 사신의 눈에는 신기하게 비쳤던 모양이다.

중국의 천하제일 고급요리가 된 '누룽지탕'

우리는 전통적으로 누룽지를 군것질거리로 먹거나 숭늉으로 활용하면서 건더기는 음식으로, 국물은 음료수로 활용했다. 사실 예전 할머니들은 밥 태운 누룽지를 몹시도 싫어했으니 요리로 개발하기도 싫었을 것이다.

중국은 누룽지를 아예 요리로 발전시켰다. 심지어 세상에서 제일 맛있는 요리가 누룽지탕(鍋巴湯)이라고 했다. 많고 많은 산해진미를 제쳐놓고 누룽지탕이 천하제일의 요리가 된 데는 사연이 있다.

누룽지가 제일 맛있다고 한 사람은 건륭황제로 청나라 최고의 전성기를 이끈 인물이다. 일화에 따르면 건륭제가 황제의 신분을 숨기고 강남을 시찰하다 식사 때를 놓쳤다. 준비해 간 음식이 없어 인근 농가를 찾아 먹을 것을 부탁했지만 마침 그 집에도 남은 음식이 없었다. 하지만 변장한 황제 일행이 불쌍해 보였는지 집주인이 솥에 있던 누룽지를 긁어 뜨겁게 데운 채소 국물과 함께 내놓았다. 건륭제가 국물을 뜨거운 누룽지에 붓자 타다닥 소리와 함께 누룽지의 구수한 냄새가 풍기면서 식욕을 자극했고, '시장이 반찬'이었던 덕분에 황제는 맛있게 식사를 했다. 황제는 고맙다는 인사와 함께 종이에 '천하제일 요리'라고 써서 주인에게 건넸다. 중국 음식점에서 인기 있는 누룽지탕이 만들어진 유래다. 물론 구전으로 전해지는 이야기이다.

누룽지는 옛날 중국 요리책에도 나온다. 역시 청나라 건륭황제 때 원매라는 학자가 저술한 《수원식단(隨園食單)》이라는 요리책에 누룽지를 재료로 한 요리가 보인다.

"종이처럼 얇게 만든 누룽지를 기름에 재어 구운 후 하얀 설탕가루를 뿌려서 먹으면 바삭바삭한 것이 맛이 있다. 금릉인(金陵人)이 제일 잘 만든다"고 적혀 있다. 지금의 누룽지 튀김으로 금릉은 장쑤성 난징의 옛 이름이니 중국요리 계보 중 회양요리(淮揚菜)에 속한다.

쌀떡의 보존성을 보완하다가 만들어진 일본의 쌀과자

똑같은 누룽지를 두고 한국이 가장 보편적으로 먹는 숭늉으로, 중국이 화려한 요리로 발전시킨 것과 다르게 일본은 과자를 만들었다. '쌀과자'가 그것이다. 물론 보는 관점에 따라 쌀과자가 누룽지인지 아닌지는 논란의 소지가 있을 수 있다. 밥을 짓다가 부산물로 나오는 것을 누룽지라고 한다면 쌀과자는 별도로 만든 과자이지 누룽지를 재활용한 차원은 아니기 때문이다. 요리를 만들려는 목적으로 일부러 누룽지를 만들어 재료로 활용하는 중국과도 다르다.

어쨌거나 일본에도 누룽지(おこげ)가 있다. 하지만 일본은 전통적으로 우리처럼 순수한 누룽지 자체를 그다지 즐겨 먹었던 것 같지는 않다. 일본 역시 누룽지가 생기지 않도록 밥을 짓는 것이 미덕이었을 뿐만 아니라 만들어진 누룽지도 그저 밥의 일부로 먹거나 아니면 찻물에 말아서 먹는 것이 대부분이었다고 한다.

지금 일본인들은 누룽지탕을 많이 먹는다. 심지어 즉석 누룽지탕과 자판기 누룽지탕이 있을 정도다. 하지만 이 누룽지탕은 일본 고유의 전통 음식이라기보다는 중국 누룽지탕을 응용한 것이다. 그렇다고 일본 라멘처럼 아직은 완전히 일본화한 것 같지 않다. 중국 누룽지탕 느낌이 진하기 때문이다.

일본 고유의 누룽지 요리, 누룽지가 별도 음식으로 발달한 것 중 하나가 야키 오니기리(焼きおにぎり)라고 하는 구운 주먹밥이다. 주먹밥에다 생강과 된장을 발라서 구운 것으로 겉은 바삭바삭한 누룽지를 먹는 것 같고 속은 촉촉한 주먹밥 그대로다.

누룽지 주먹밥이라고 할 수 있는 구운 주먹밥은 임진왜란 전인 전국시대에 전투식량으로 만들어진 음식이라고 한다. 병사들은 전쟁터에 나가기 전, 주먹밥을 뭉쳐 구운 후 전투식량으로 가지고 갔다. 전쟁터에서 먹는 주먹밥의 가장 큰 문제점은 덥고 습한 계절에는 금세 상해버린다는 것이다. 하지만 쌀을 구우면, 다시 말해 누룽지로 만들면 일반 쌀밥보다 오래 보관할 수 있다. 이렇게 구운 밥을 대나무 껍질이나 잎에 싸면 살균력이 높아져 더 오래 보관이 가능하다. 구운 주먹밥, 야키 오니기리가 만들어진 배경이라고 한다.

또 다른 일본 누룽지 요리는 누룽지 전병인 오고게 센베이라고 하는 과자가 아닐까 싶다. 말이 누룽지지, 쉽게 말해 쌀 전병(米菓煎餅)이다. 경단처럼 둥글게 뭉친 떡을 얇게 편 후에 구운 것이 시초라고 한다.

쌀을 주먹밥처럼 둥글게 빚으면 보존성이 떨어진다. 자신이 먹을 때도 문제가 되지만 상업적인 장사라면 이야기가 또 달라진다. 그날 만든 경단 모양의 쌀떡을 다 팔지 못하면 그다음 날에는 팔 수 없기 때문에 손해가 이만저만이 아니다. 그렇다고 정확하게 수요량을 예측해서 만든다는 것은 신이 아닌 이상 불가능하다. 쌀떡 장수가 보존성을 높이기 위해 쌀떡을 둥글고 평평하게 펴서 햇볕에 말렸다가 구운 것이 일본 전병인 쌀과자, 즉 센베이(煎餅)의 기원이다.

기본적으로 누룽지는 밥을 지을 때 생기는 환영받지 못하는 부산물이다. 이런 누룽지의 가치를 어떻게 봤느냐에 따라 한국에서는 누룽지가 국민음료인 숭늉으로, 국민 소화제로 발전했고 중국은 요리로, 일본은 과자로 발전했다.

오뉴월 이밥은 인삼밥이다.
_우리속담

사소한 관점이 갈라놓은 세 가지의 운명

조기

만성 소화불량을 겪는 조선의 임금에게 내려진 처방

조선 임금 중에서 가장 오래 산 임금은 영조다. 하지만 아이러니하게도 영조만큼 평생 동안 스트레스에 시달리며 살았던 임금도 없다. 지금 기준으로 봐도 영조가 겪었을 스트레스는 만만치 않았다. 무수리 출신인 어머니 때문에 신분적 열등감에 시달렸고, 동궁 시절에는 노론과 소론 그리고 형인 경종의 눈치를 살펴야 했다. 왕위에 오르고 나서는 아들인 사도세자를 뒤주에 가두어 죽였으니 아버지로서의 죄책감 또한 만만치 않았을 것이다.

그 때문인지 영조는 만성적인 소화불량에 시달렸던 것으로 보인다. 식사를 못 할 때면 내의원에서는 특별히 조기를 드시라고 권했다. 《승정원일기》에는 영조가 닭고기조차도 기름지고 느끼하다며 먹지 못하자 그렇다면 조기가 맛도 좋고 몸에도 유익하다며 조기를 반찬 삼아 수라를 드실 것을 원하는 장면이 보인다. 그러면서 민간에서 이 생선을 조기(助氣)라고 부르는 이유는 기운을 차리도록 돕는 생선이기 때문이라는 설명까지 곁들이고 있다.

영조가 노르스름하게 구운 조기구이를 즐겼는지 아니면 물에 만 보리밥과 함께 조기를 보리더미에 꽂아 말린 보리굴비를 고추장에 찍어 들었는지 문헌에는 요리법이 보이지 않지만, 조기와 함께 식욕을 되찾아 기운을 차린 것은 분명해 보인다.

사실 조기는 보통 생선이 아니다. 옛날 의학서에는 하나같이 개위(開胃), 즉 '위를 열어주는 생선'이라고 나온다. 막힌 위를 열어준다는 뜻이니 입맛이 없거나 소화가 되지 않을 때 속을 뚫는 것처럼 식욕을 돋우고 소화를 촉진시켜주는 생선이라는 의미다.

우리나라 최초의 식이요법 치료서는 세조 때 임금의 명을 받은 왕의 주치의였던 전순의가 펴낸 《식료찬요(食療纂要)》라는 책이다. 여기에도 소화가 되지 않을 때는 조기를 구워서 먹으면 좋다면서 음식이 얹혔을 때 조기를 말린 굴비를 먹으면 막힌 속이 뚫린다고 했다. 이를 통해 추측해보면 조기는 진작부터 왕실의 식욕촉진제 겸 소화제 역할을 했다는 사실을 알 수 있다.

옛 문헌에서는 한술 더 떠서 조기를 양인지어(養人之魚), 다시 말해 '사람을 기르는 물고기'라고 했을 정도다. 도대체 조기가 어떻게 사람을 키울까 싶지만 이유가 있다.

옛날 부녀자들은 몸이 열 개라도 모자를 정도로 바빴다. 집안일도 돌봐야 했고 농사철에는 들에 나가 농사일도 거들어야 했다. 때문에 아이를 낳아도 제대로 산후 몸조리 할 틈조차 없었다. 갓난아이를 업고 하루 종일 일에 매달리다 때가 되면 집안 어른들 식사도 차려내야 했으니 아이에게 젖 물릴 여유도 없었다.

하지만 집 안에 소금에 절인 굴비가 있으면 이야기가 달랐다고 한다. 조기 한 마리를 구워내면 저절로 밥맛이 좋아지니 특별히 따로 반찬을 준비할 필요가 없었다. 이렇게 일손을 도와주니 편하게 자리에 누워 아이에게 젖을 물릴 수 있었다. 때문에 조기야말로 어린아이를 키워주는 물고기라는 것이다. 스트레스 받아 식욕마저 잃은 왕의 입맛을 살려주고, 젖먹이 엄마가 편하게 누워 기운 차리도록 돕는 생선이니 도울 조(助)자, 조기라는 이름이 무색하지 않다.

우리나라 사람들은 조기를 얼마나 좋아했는지 조기가 네 가지 덕을 갖춘 생선이라고까지 했다. 이동할 때를 정확하게 알고 있으니 예(禮)를 갖춘 것이고, 소금에 절여도 구부러지지 않으니 의(義)를 아는 것이고, 부끄러움을 아는 염(廉)과 더러운 곳에 가지 않는 치(恥)를 갖췄으니 염치를 아는 물고기라는 것이다. 생선 한 마리 놓고 찬사가 이만저만이 아니었다.

서해를 건너 간 '짝퉁 조기' 부세의 신분 상승

중국에서 조기는 또 다른 의미를 띤다. 우리나라를 찾은 중국 관광객들의 돈 씀씀이에서도 그 의미를 찾을 수 있다. 최근 수년 동안 중국 관광객의 엄청난 쇼핑이 화제다. 한 번에 억대를 썼다는 요우커(遊客) 이야기가 심심치 않게 들린다. 돈을 쓰다 못해 별 이상한 쇼핑을 하는 사람까지 있다.

짝퉁 조기, 부세 한 마리를 81만 원에 산 관광객도 있었다. 수년 전 설날 무렵 제주도 수산시장에서 있었던 일이다. 얼핏 보면 '벼락부자 왕 서방의 돈 자랑 허세'처럼 보이지만 자세한 내막을 알고 보면 그런 것만도 아니다. 오히려 중국인의 풍속에서 중국 비즈니스를, 중국 문화를 이해하는 길을 찾을 수 있다. 왕 서방은 왜 참조기도 아닌 짝퉁 조기인 부세 한 마리를 81만 원씩이나 주고 샀을까?

우리나라 사람들은 새해가 되면 복 많이 받으시라고 인사한다. 중국도 다양한 종류의 새해 인사가 있다. 그중 하나가 '꽁시파차이(恭喜發財)'라는 말이다. 부자 되라는 뜻인데 알고 보면 참 재미있는 인사법이다. '올한 해 돈 많이 벌 것(發財)이니 미리 축하한다(恭喜)'는 뜻이다. 돈을 중시하는 중국인의 면모가 새해 인사에 여실히 드러난다.

또 다른 새해 인사도 있다. '녠녠요우위'라고 말한다. 한자로 연연유여(年年有餘)라고 한다. 풍성하고 여유로운 한 해를 보내라는 덕담이다. 음식으로 새해를 축원하는 방법도 있다. 새해 식탁에 생선요리를 차려놓고 가족과 친지들이 함께 먹으며 풍요로운 한 해를 소원한다. '녠녠요우위'와 비슷한 의미다. 새해와 생선이 어떤 관계가 있기에 생선요리를 먹으며 연연유여라는 인사를 하는 것일까?

여유롭다고 할 때의 여(餘)자와 물고기 어(魚)자는 중국말로 발음이 같다. 새해 식탁에 차린 생선요리는 곧 연연유어(年年有魚)의 의미다. 생선 요리를 먹으며 만사 여유 있고 금전적으로도 풍요로운 한 해를 소원하는 것이다.

생선이 경제적이고 정신적인 여유를 상징한다고 하지만 그렇다고 아무 생선이나 먹으며 잘살고 풍요를 누리기를 비는 것은 아니다. 지방에 따라 다소 차이가 있지만 새해에는 특별히 먹는 생선이 따로 있다.

상하이와 항저우 같은 화동지방에서는 주로 조기를 먹는다. 그중에서도 가장 인기 있는 조기 요리는 조기탕수육(糖醋黃魚)이다. 튀긴 조기에 새콤달콤한 탕수 소스를 뿌린 것으로 고소하고 새콤한 맛이 별미다. 왜하필 조기일까?

중국에서는 조기를 황어(黃魚)라고 한다. 우리는 조기가 몸에 이로운 생선, 기운을 차리는 데 도움을 주는 물고기라는 뜻에서 도울 조(助), 기운 기(氣)자를 써서 한자로 조기(助氣)라고 쓰지만 중국인들은 비늘 빛깔이 누렇기 때문에 지은 이름이다. 뿐만 아니라 우리처럼 조기와 부세를 구분하지 않는다.

상하이, 항저우 사람들이 새해에 특별히 조기를 먹는 데는 이유가 있다. 조기를 먹으면 부자 된다고 믿기 때문이다. 생선 빛깔도 누런빛이고 이름도 황어이니 조기에서 황금을 연상하는 모양이다. 조기를 먹는다는 것은 곧 황금이 입속으로 들어온다는 뜻이 된다. 때문에 중국인은 새해에 먹는 황어로는 조기보다 부세를 더 좋아한다. 부세가 조기보다 더 크고 비늘 빛깔도 누렇기 때문이다. 더 크고 반짝이는 황금을 상징하는 셈이다.

상하이 지방에서 사용하는 속어에도 이런 의미가 반영되어 있다. 금괴를 중국말로는 무엇이라고 할까? 우리처럼 금괴(金塊)라고 하면 그냥 금덩어리가 된다. 은행에서 볼 수 있는 골드 바(gold bar)는 금조(金條)라고 한다. 금 막대라는 뜻인데 이런 금 막대를 속어로는 조기(黃魚)라고 부른다.

은행 금고에 조기가 다섯 마리가 있다고 하면 골드 바 다섯 개를 은행에 보관하고 있다는 뜻이 된다. 그리고 조기나 부세를 먹는다는 것은 곧 황금이 들어온다는 의미가 된다.

중국 관광객이 제주도 수산시장에서 큼직한 짝퉁 조기, 부세 한 마리를 81만 원에 샀던 데는 다 이유가 있다. 중국 새해 풍습을 모르면 허세 가득한 행동처럼 보이겠지만 중국 문화를 이해하면 부자 되게 해달라는, 돈 많이 벌게 해달라는 간절한 새해 소원이 담긴 행동이란 걸 알게 된다. 중국 관광객을 상대하는 수산시장이라면 조기보다는 노랗고 큼지막한 부세를 많이 준비하는 게 좋겠다.

물론 중국 사람들이라고 새해에 다 조기를 먹으며 부자 되기를 빌지는 않는다. 베이징이 중심이 되는 화북지방 사람들은 새해에 조기보다는 잉어를 먹으며 한 해 큰 돈 벌기를 소망한다.

사실 바닷가에서 비교적 멀리 떨어진 화북지방에서는 바다 생선보다 민물생선을 더 많이 먹는다. 그중에서도 으뜸이 잉어인데, 중국인들이 잉어를 좋아하는 데는 맛도 맛이지만 또 다른 이유가 있다.

잉어는 한자로 리어(鯉魚)다. 이익(利益)이라는 단어와 중국어로 발음이 같다. 그러니까 잉어를 먹는다는 것은 무엇인가 이익이 되는 것을 먹는다는 뜻이다. 때문에 새해에 잉어요리를 먹으며 사업에서도 이익을 많이 내고 집안에도 이로운 일이 생기기를 비는 것이다.

울음조차 불평하는 소리를 내는 잡어

조기는 한국인에게 기운을 북돋는 생선, 입맛을 돋우어 주는 생선이고 중국인에게 부자 되는 꿈을 품도록 만들어주는 생선이다. 그렇다면 일본인에게는 어떤 의미가 있을까?

한국이나 중국과 달리 일본에서 조기는 별다른 의미가 없는 생선이다. 그저 싸구려 물고기일 뿐이다. 조기를 잡어로 취급하기 때문이다.

조기를 의미하는 일본어 이름에도 조기를 바라보는 일본인의 의식이 반영되어 있다. 일본에서 조기는 도쿄가 중심이 되는 관동지방에서 부르는 이름과 오사카가 중심이 되는 관서지방에서 부르는 이름이 서로 다르다고 한다. 옛날부터 전국적으로 부르는 통일된 이름이 없을 정도로 중요한 생선이 아니었기 때문이라는 것이다.

도쿄 등지에서는 조기를 이시모찌(いしもち)라고 한다. 머리에 돌이 들어 있어(石持ち) 생긴 이름이다. 우리나라나 중국에서 조기를 한자로 머릿속에 돌이 들어 있는 생선이라는 뜻에서 석수어(石首魚)라고 부른 것과 크게 다르지 않다.

반면 오사카를 비롯한 관서지방에서는 조기를 시로구치(シログチ)라고

부른다. 정확하게는 보구치와 백조기를 일컫는 말이고, 우리나라 사람들이 즐겨 먹는 참조기는 기구치라고 한다. 구치는 한자로 '푸념하다', '넋두리하다'라는 뜻인 구치(愚痴)라고 쓴다.

조기를 구치, 즉 '푸념하다'라는 뜻의 이름으로 부르게 된 데는 유래가 있다. 물속에 사는 생선이지만 조기는 울음을 우는 생선이다. 산란기가 되면 내장을 진동시켜 소리를 내는데 물속에서 조기가 떼거리로 "구구(ググ)" 소리를 내는 것이 일본 사람들에게는 투덜투덜 푸념하는 소리로 들렸던 모양이다. 그래서 '푸념하다', '불평하다'라는 뜻의 구치라는 이름이 생겼다. 이름 속에 일본인들이 조기라는 생선을 어떻게 바라보고 있는지, 그 생각의 일단이 반영되어 있는 듯싶다.

반대로 우리나라에서도 조기를 울음소리에 빗대어 부르는 이름이 있다. 하늘의 뜻을 아는 물고기라는 뜻인 천지어(天知魚)다. 조기 떼가 몰려오면서 시끄럽게 울어대기 때문에 생긴 이름이다. 조기는 난류성 회귀어종이어서 제주도에서 법성포를 거쳐 연평도까지 이동하는데 수 킬로미터에 걸쳐 떼로 몰려오면서 우는 소리가 천둥치는 소리와 같아서 하늘에서 조기가 간다고 알려주는 것이라 여겨 천지어라고 불렀다는 것이다. 어느 정도로 시끄러웠냐 하면 옛날 문헌에는 영광 법성포 앞바다에서는 음력 4월 무렵이면 조기 울음소리 때문에 시끄러워 잠을 이루지 못할 정도였다고 한다.

같은 조기 울음소리를 들으면서 일본 어부들은 물고기가 시끄럽게 투덜거린다고 여겼고, 조선 어부들은 하늘이 물고기 떼가 지나간다고 알려주는 소리라고 생각했다. 그 차이가 우리는 조기가 기운을 돕는 생선, 일본은 어묵 재료로나 쓰는 잡어로 나타났을 것이다. 생선 한 마리를 두고 한국과 중국, 일본 사람들이 바라보는 시각이 이렇게까지 차이가 난다.

돌아오는 한국 며느리, 질색하는 일본 며느리

전어

비단 한 필, 쌀 석 되는 내놓아야 먹을 수 있는 가을의 맛

맛은 주관적이다. 내 입맛에는 맞아도 다른 사람은 싫어하는 음식이 있다. 식구끼리도 식성이 다르고 지역에 따라 선호하는 음식이 다를 때도 있다. 더군다나 나라와 민족에 따라서는 싫고 좋은 음식이 극단적으로 엇갈릴 수도 있다. 전어가 그런 생선이다.

우리에게 전어는 가을을 대표하는 생선이다. 살이 통통 오른 전어에 소금을 뿌려 구우면 기름이 자르르 흐르는 것이 생선 굽는 냄새가 진동한다. 전어 굽는 냄새가 너무 좋아 "가을 전어 굽는 냄새에 집 나간 며느리 돌아온다"는 속담이 생겼고, 이때 먹는 전어 맛이 기가 막혀 "가을 전어는 며느리 친정 간 사이에 문 걸어 잠그고 먹는다"는 말까지 생겼다. 전어가 얼마나 맛있는지 "가을 전어 머리에는 깨가 서 말"이니 "봄 도다리, 가을 전어"라고도 했다.

우리나라 사람들이 전어를 얼마나 좋아했는지는 이름에서도 알 수 있다. 전어는 한자로 돈 전(錢)자를 써서 전어(錢魚)다. 비싼 값을 주고라도 사 먹는 생선이기 때문에 그만한 돈 값어치를 해서 돈 생선, 전어라는 것이다. 조선 정조 무렵의 실학자 서유구가 우리나라에서 잡히는 생선의 종류와 특징을 기록한 《난호어목지(蘭湖漁牧志)》에 전어라는 이름의 유래를 적어놓았다.

"전어는 고기에 가시가 많지만 육질이 부드러워 씹어 먹기가 좋으며 기름이 많고 맛이 좋다. 상인들이 소금에 절여서 서울로 가져와 파는데 신분의 높고 낮음을 떠나서 모두 좋아하므로 사는 사람이 값을 생각하지 않고 사기 때문에 전어(錢魚)라고 한다."

경제학적으로 풀이하면 가을 전어는 인기가 워낙 높아 사 먹는 사람이 많기 때문에 공급이 수요를 미처 따라가지 못했으니 부르는 것이 값이었던 모양이다. 경우에 따라서는 전어 값이 귀한 옷감이었던 비단과 맞먹을 정도로 치솟았는데, 조선시대 문헌 곳곳에 전어 값이 얼마나 비쌌는지에 대한 기록이 보인다.

선조 때 의병장으로 활동한 학자 조헌(趙憲)이 《동환봉사(東還封事)》라는 문집에 경주에서는 가을 전어를 명주 한 필을 주고 바꾸고, 평양에서는 겨울 숭어를 정포 한 필로 바꾼다고 적었다. 경주에서는 가을 전어 값이 비단 한 필의 가격과 맞먹고 평양에서는 겨울 숭어 가격이 잘 짠 무명 한 필 값에 이른다는 것이니 비싸도 보통 비싼 것이 아니다.

사실 《동환봉사》의 기록은 전어나 숭어가 맛있어서 그렇게 비싸다는 뜻으로 적은 것이 아니다. 당시 조정의 물자 수급구조가 잘못됐다는 것을 지적하기 위해 한 말이다. 옛날에는 경상도에서 전어가 많이 잡혔던 모양이다. 경주에서 전어를 진상했는데 선조 무렵에는 전어가 거의 잡히지 않았는데도 진상품목에 들어 있었다. 때문에 비단 한 필 가격을 지불하면서라도 시장에서 전어를 사다가 한양으로 진상을 해야 했다. 이런 실태에 대한 비판이다.

전어가 주로 잡히는 곳은 서해안이다. 지금도 가을철이면 여러 곳에서 전어축제가 열리는데 그중 유명한 곳이 충남 서천의 홍천항, 전남 광양의 망덕포구, 전남 보성의 율포항 등이다. 《조선왕조실록(朝鮮王朝實錄)》〈지리지(地理誌)〉 등에서 모두 특산물로 전어를 꼽았던 지역이다. 그런데 공물로 전어를 바쳤던 곳은 엉뚱하게 경상도 경주였으니, 현지에서의 전어 값이 비단 한 필 값까지 치솟았던 모양이다.

이런 잘못된 진상제도와 수급구조의 왜곡은 예외로 치더라도 실제 가을이면 전어를 찾는 사람이 많았기 때문에 값이 큰 폭으로 오르긴 올랐던 것 같다. 임진왜란 때 오희문(吳希文)이 쓴 일기인 《쇄미록瑣尾錄》에도 "듣자니 시장에서 큰 전어 한 마리의 값이 쌀 석 되 값"에 이른다고 적었다.

가을 전어의 값이 비싼 것이 이렇게 각종 기록과 일기에 수록될 정도였으니 돈(錢) 생선(魚)이라는 이름을 지을 만도 했다.

가을 전어는 값의 높낮이를 따지지 않고 살 정도였다고 하지만, 그렇다고 전어가 항상 맛있는 것은 아니다. 보통 전어는 다른 어종에 비해 단백질 함량이 높아 22.4퍼센트나 되고, 지방의 함량은 2퍼센트 내외다. 하지만 계절에 따라 성분의 함량이 달라진다. 한여름인 7~8월에는 기름기가 적고, 또 겨울에 들어서는 11월이 되면 잔가시가 억세져 먹기가 힘들어진다. 9~10월의 전어는 봄, 여름보다 기름기가 서너 배 되어 고소한 맛을 느낄 수 있어 최고로 친다.

사실 전어만큼 계절에 따라 대접이 달라지는 생선도 드물다. 가을이면 며느리를 친정에 보내놓고 몰래 먹고, 돈을 아끼지 않고 사 먹는 생선이지만 가을을 제외하면 전어는 찬밥 신세가 된다. 양력으로 8월에 잡히는 전어는 돼지나 개도 먹지 않는다고 했다. 전어가 많이 잡히는 남도의 섬 지방에서는 강아지도 전어를 입에 물고 다니며, 잡은 전어를 미처 다 처리하지 못해 밭에 거름으로 뿌렸다고 한다. 예전 미국 대륙을 개척하던 초기에 바닷가재가 너무 많아서 밭에 퇴비로 사용했다는 것과 같은 이야기다.

어원조차 부정적인 흔하디흔한 생선

전어는 회도 좋지만 구이가 특히 맛있다. 소금 뿌려 구울 때 풍기는 냄새가 얼마나 식욕을 자극했으면 집 나간 며느리도 전어 굽는 냄새에 돌아온다는 속담이 생겨났을까?

그런데 생선을 좋아하는 일본 사람들이지만 전어 굽는 냄새만큼은 질색을 한다. 일본에서도 전어는 가을과 겨울을 최고로 치는데 주로 젓갈을 담그거나 식초에 절여서 먹는다. 혹은 회와 초밥으로 먹지, 구이로는 거의 먹지 않는다. 구운 전어 냄새가 불쾌하기 때문이라는 것이다.

전어는 일본말로 고노시로(このしろ)다. 전어의 일본말 이름과 관련해 전해지는 속설이 있다. 옛날 일본 중부지방에 예쁜 외동딸을 둔 노인이 있었다. 어느 날 그 지방을 다스리는 영주가 우연히 딸을 보고는 미모에 반해 첩으로 삼으려고 했다. 금지옥엽으로 키운 외동딸을 정부인도 아닌 첩으로 시집보낼 수는 없어 부모는 딸이 병들어 죽었다며 영주를 속였다. 그러고는 영주가 보낸 사람 앞에서 죽은 딸을 화장한다면서 딸 대신에 물고기를 넣고 관을 태웠다. 이때 넣은 물고기가 바로 전어였다.

전어 타는 냄새를 맡은 영주의 신하는 정말로 딸이 죽어 화장을 했다 여기고 영주에게 돌아가 그대로 보고했다. 이 때문에 전어를 자식을 대신해 태운 물고기라는 뜻에서 고노시로(子の代)라고 부르게 됐다는 것이다.

전어를 뜻하는 일본어, 고노시로에 빗대어 만들어진 속설로 추정되지만 어원의 진위 여부를 떠나서 일본 사람들이 전어 굽는 냄새를 어떻게 받아들이는지를 확실하게 알 수 있다.

일본에서는 옛날 아이를 낳은 후 태반을 땅에 묻었는데 이때 전어를 곁들여 묻는 풍속이 있다. 일본의 풍속을 적은 책으로 1924년에 간행된 《아키다풍속문답(秋田風俗問狀答)》에는 그렇게 하면 아이가 잘 자란다고 믿기 때문이라고 풀이해놓았다. 딸을 대신해 전어를 태웠다는 전설이 아이의 태반과 함께 전어를 매장하는 풍속과 관련 있는 것이 아닐까 짐작된다.

고노시로와 관련해 일본에는 적지 않은 이야기가 있다. 옛날 일본에서 전어는 사무라이가 먹으면 안 되는 금단의 생선이었다. 에도시대에는 사무라이는 전어를 먹을 수 없다는 조례까지 있었다고 전해진다.

사무라이들이 전어는 재수 없는 생선이라고 여겼기 때문인데, 이유는 역시 '고노시로'라는 전어의 일본말 이름과 관련이 있다. 고노시로는 또 다른 말로 '우리 성(この城)'이라는 뜻도 되는데 전어를 먹는다는 말은 곧 자신이 소속된 성을 먹는다는 뜻이니 '배신을 하다' 내지는 '성이 함락된다'는 말이 된다. 그렇기 때문에 사무라이는 전어를 절대로 먹지 않았다는 것이다. 이 외에도 사무라이가 전어를 먹을 수 없는 이유가 또 있었다.

옛날 일본에서 전어는 별명이 절복어(切腹魚)였다. 배를 가르는 물고기, 다시 말해 '할복' 물고기라는 무시무시한 별명이다. 사무라이에게 할복을 명령할 때 마지막으로 먹인 음식이 바로 전어여서 생긴 별명이라고 하는데, 왜 하필 전어를 먹였는지에 대한 설명은 없다. 어쨌거나 전어를 보면 할복이 연상되기 때문에 사무라이들은 먹기를 꺼렸다는 것이다.

일본 사람들은 전어를 왜 이렇게 부정적인 시각으로 바라봤을까? 혹시 전어가 너무 흔했기 때문이 아니었을까 싶다. 우리나라 못지않게 일본에서도 전어가 무척 많이 잡혔던 모양이다.

역시 전어의 일본어인 고노시로의 어원과 관련해 설명한다. 일본에서 전어는 너무 흔한 탓에 하급 생선으로 취급받았다. 옛날 우리 어부들이 곡식이 떨어지면 밥 대신 무더기로 잡힌 청어로 죽을 끓여 먹었던 것처럼 일본 어부들도 전어를 밥 대신에 먹었다고 한다.

고노시로라는 말도 어원이 '밥 대신 먹는 생선(飯代魚)'에서 비롯됐다는

것인데, 고대 일본어에서는 밥을 '고'라고 불렀고 '시로(しろ)'는 대신하다는 뜻이니 전어를 밥 대신 먹는 생선이라는 말로 해석한 것이다.

우리와 달리 일본에서는 전어에 대한 이미지가 그다지 좋지 않은 편인이다. 일본어인 고노시로(このしろ)와 관련해서는 최악의 이미지이지만, 전어를 한자로 표기할 때는 인식이 또 조금은 달라진다.

우리는 전어를 한자로 돈 전(錢)자를 써서 전어(錢魚)로 표기하지만 일본에서는 우리나라에 없는 한자를 써서 고노시로(鰶)라고 표기한다. 물고기 어(魚)변에 제사 제(祭)자를 쓴 것에서 짐작할 수 있는 것처럼 옛날 일본에서는 전어가 가을 제사 때에 올랐던 물고기여서 생긴 이름이라는 것이다. 일본 사람들은 전어를 직접 제물로 바치진 않았지만, 제사 때 전어 젓갈을 빼놓지 않았다고 한다. 전어로 젓갈로 담갔다는 것은 장기 보관해야 할 정도로 전어가 많이 잡혔다는 뜻이다. 실제 조선시대에 일본을 다녀온 조선통신사의 기록에는 일본에서는 전어가 많이 잡힌다는 기록이 자주 보인다. 같은 물고기를 놓고 현해탄을 사이에 둔 한국과 일본의 시각이 다른 것이 흥미롭다.

반면 중국에는 전어에 관한 요리도 그다지 많지 않을 뿐만 아니라 문헌에도 전어에 관한 기록은 거의 없다. 중국어로는 전어를 '반지(班鰶)'라고 하는데 청나라 때 사전인 《강희자전(康熙字典)》에는 '지(鰶)'라는 한자에 대한 설명으로 그저 물고기의 이름이라고만 나와 있을 뿐이다. 중국에서 전어는 그다지 환영받지 못했던 생선이었던 것으로 짐작된다.

대륙과 열도 사이의 밭에서 자란 채소의 억울한 사연

가지

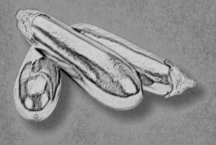

'신선들이 사는 산에서 자란 오이'로 칭송받은 채소

새해 첫 꿈으로는 아무래도 돼지꿈이나 용꿈이 좋다. 꿈에 돼지를 보면 부자가 될 것이고, 용꿈을 꾸면 소원하는 일이 이뤄지거나 출세를 할 것이다. 한국인들은 새해 꿈에서 용이나 돼지 보기를 원한다.

일본인은 또 다르다. 새해 첫 꿈에서 후지산이나 매, 가지를 보면 한 해 운수가 대통할 것이라고 믿는다. 언감생심 셋 모두는 그만두고라도 꿈에 하나만 보여도 길몽으로 풀이한다. 그런데 우리 입장에서 납득이 가지 않는 것은 가지다. 후지산이야 일본에서 가장 높은 산이니 영산(靈山)으로 여기는 것을 이해할 수 있고, 매도 새 중에서는 가장 용감하고 또 현명하니 길조라고 해석할 수 있다. 하지만 특별할 것 없는 채소에 지나지 않는 가지를 좋은 일이 생길 징조라고 믿는 것은 도대체 뜬금없다. 일본 사람들은 왜 가지를 보면 길몽이라고 해석하는 것일까?

요리 천국이라는 중국에는 가지 요리 역시 다양하다. 중국인들이 그만큼 가지를 잘 먹는다는 뜻인데, 그렇다고 다른 채소에 비해 가지를 특별히 여기지는 않는 것 같다. 하지만 옛날에는 달랐다. 중국 고문헌을 보면 가지는 보통 채소가 아니었다.

8세기 당나라 때 의학서인《본초습유(本草拾遺)》에는 가지의 별명을 낙소(落蘇)라고도 하고 곤륜과(崑崙瓜)라고도 했다. 별명에서 특별한 채소였음을 알 수 있다.

'낙소'는 떨어질 낙(落)자와 깨달을 소(蘇)자를 쓴다. 글자 뜻을 그대로 풀이하면 떨어지고 깨닫는다는 것이니 도대체 어떤 의미인지 짐작조차 어렵지만, 사실은 가지의 맛이 낙소(酪酥)와 비슷하기 때문에 생긴 이름이라고 한다.

'낙소'는 젖 낙(酪)자와 연유 소(酥)자를 쓰는데 우유와 연유라는 뜻이 아니라 지금의 치즈나 버터를 일컫는 말이다. 현대의 시각으로 보면 치즈나 버터가 별것 아니지만 옛날 우리나라나 중국에서는 임금님도 함부로 먹을 수가 없어서 약으로 쓰거나 임금이 나이 든 신하에게 특별히 하사품으로 내렸을 정도의 귀중품이었다.

특히 가지를 보고 치즈와 비슷한 맛이 나는 채소라는 뜻에서 낙소라고 적은《본초습유》는 당나라 때 나온 의학서다. 이 무렵 당은 서역과 교역하면서 실크로드를 따라 중앙아시아의 문화인 호풍(胡風)이 크게 유행할 때였다. 실크로드를 오가는 서역의 상인을 통해 들어온 치즈와 버터는 유목을 하지 않는 중국 한족에게는 쉽게 구할 수 없는 음식으로 왕과 귀족들만이 맛볼 수 있는 귀중한 식품이었다.

가지를 치즈 맛에 비유한 것을 보면 옛날 사람들은 가지 맛에서 이국적이고 독특한 풍미를 느꼈던 것 같다. 가지의 또 다른 별명인 곤륜과에도 당시 사람들이 가지에 대해 품었던 환상이 반영되어 있다.

곤륜과는 풀이하면 '곤륜산에서 나는 오이'라는 뜻이 된다. 곤륜산은 실제 존재하는 지명이 아니라 중국 신화집인 《산해경(山海經)》에 나오는 산으로 옛날 신선들이 모여 산다는 곳이다. 그러니 곤륜산에서 자라는 오이는 곧 신선들이 먹는 채소라는 의미로 가지를 신선이 먹는 식품으로 여겼던 것이다. 곤륜과라는 이름에는 또 다른 의미도 있다. 곤륜산은 실존하지 않는 산이지만, 옛날 중국에서는 서쪽인 티베트와 칭하이(青海) 사이에 있다고 생각했다. 그러니까 곤륜과는 가지가 서쪽에서 온 채소라는 의미도 포함된 별칭이다.

가지는 인도를 원산지로 보고 있다. 맛 때문인지 혹은 먼 곳에서 전해져 재배가 쉽지 않았는지 중국에 전해진 후 오랜 세월 희소가치가 높은 채소로 대접받았다. 6세기 무렵 북위의 가사협이 썼다는 《제민요술(齊民要術)》이라는 농업서 겸 요리책에 가지 심는 법과 요리하는 법이 보이는데 특이한 부분이 있다. 가지를 자를 때는 뼈로 만든 칼이나 대나무 칼로 잘라야지 쇠로 만든 칼로 자르면 가지의 절단면이 검게 변색된다고 적혀 있다. 생각해보면 가지를 얼마나 조심스럽게 정성껏 손질했는지를 알 수 있다. 당시에 가지가 그만큼 귀한 채소, 맛있고 값나가는 수입 채소였기 때문이 아닐까 싶다.

중국의 고전소설《홍루몽(紅樓夢)》에도 가지가 특별한 채소로 그려져 있다.《삼국지》,《수호지》,《서유기》와 함께 중국 4대 고전으로 꼽히는《홍루몽》은 단순한 소설 이상의 의미가 있다. 청나라의 문화와 관습이 고스란히 반영되어 있기 때문이다.《홍루몽》에서는 가지를 초별갑(草鼈甲)이라고 했다. 별갑(鼈甲)은 자라, 초(草)는 풀이니 '풀로 된 자라'라는 뜻이다. 자라는 중국 사람들이 최고의 보양식으로 꼽는 별미의 강장식품이다. 초별갑은 가지가 채소 중에서는 자라에 버금가는 최고의 요리라는 소리다.

중국 속담을 보면 지금도 가지에 대한 중국인의 시각은 크게 바뀌지 않은 것 같다. '가지메기찜에 노인이 배불러 죽는다'는 말이 있다. 주로 동북 3성에서 쓰는 말이라고 한다. 가지가 익는 계절과 메기가 살찌는 시기가 대충 일치한다. 두 가지 몸에 좋고 맛있는 음식으로 요리를 하니 입맛 잃은 노인의 식욕이 되살아난다는 말이다. 중국에서는 이렇게 가지에 대한 인식이 긍정적이다.

새해 첫 꿈에서 가지를 꼭 봐야 하는 이유

앞서 언급했듯 일본도 다르지 않다. 일본인들이 새해 꿈에 가지를 보면 좋다고 여기는 이유는 여러 가지가 있다. 일본말인 나쓰(なす)와 성취하다는 뜻의 나쓰(成す)가 발음이 같기 때문에 이러한 믿음이 생겼다는 말이 있기도 하다. 또 다른 이유로 일본에서 영웅으로 대접받는 도쿠가와 이에야스(德川家康)가 가지를 좋아했다는 역사적인 사실을 든다. 몇몇 가문은 막부를 건설한 최고 권력자인 그의 가문에 가지를 진상했다고 한

다. 그중에서도 새해를 맞아 받는 가지는 특별할 수밖에 없었다. 가지는 여름에 열매 맺는 작물이기 때문이다.

일 년 내내 하우스에서 가지를 재배할 수 있는 지금과는 달리 옛날 한겨울 가지는 특별한 경우가 아니면 맛볼 수 없는 귀한 채소였다. 때문에 몇몇 가문은 쇼군인 도쿠가와 이에야스에게 바쳤던 것이고, 이러한 역사적 사실을 토대로 새해 첫 꿈에 가지를 보면 귀한 것을 얻을 징조라고 믿게 됐다는 해석이다.

일본 속담에서도 가지를 보는 일본인의 의식을 엿볼 수 있다. '가을 가지는 며느리에게 먹이지 마라(秋茄子は嫁に食わすな)'는 말은 우리에게도 많이 알려진 속담이다. 가을 가지는 씨가 적기 때문에 자손이 끊어진다는 의미와 가지는 성질이 차갑기에 후손을 낳을 며느리가 먹으면 좋지 않다는 의미도 있다. 한편으로는 맛있는 가을 가지를 며느리에게 주기는 아깝다는 의미도 포함되어 있다고 한다.

왜 가을 가지가 맛있다고 여겼을까? 여름채소인 가지는 가을이 시작되면 벌써 귀해지기 시작한다. 위의 속담에는 구하기 쉽지 않은 채소를 며느리가 먹는 꼴이 보기 싫었던 속내가 담겨 있기도 하다. 한국이나 일본 모두 고부갈등이 만만치 않은 사실이 드러난다.

일본에서는 가지가 귀하긴 귀했던 모양이다. '부모님 잔소리와 가지 꽃은 하나도 버릴 것이 없다(親の小言と茄子の花は千に一つの無?もない)'. 이런 속담이 생긴 배경은 가지의 특성과 관련 있다. 가지는 꽃마다 열매가 달리는 비율이 높다. 귀찮고 쓸데없는 소리 같지만 구구절절 옳은 말

씀인 부모님 잔소리만큼이나 버릴 것이 없다는 소리다.

'참외 덩굴에 가지가 열리지 않는다(瓜の蔓に茄子(なすび)はならぬ)'는 속담도 있다. '콩 심은 데 콩 나고 팥 심은 데 팥 난다'는 우리 속담과 비슷한 의미다. 참외(瓜)와 대비해 가지를 얼마나 귀하게 여겼는지를 알 수 있다.

가지를 나쓰(なす)라고 하는 일본말 어원에서도 옛날 일본에서 가지가 흔한 채소가 아니었음을 짐작할 수 있다. 어원에 대해서는 여러 설이 있지만 그중 하나가 우리나라 조선 전기에 해당하는 일본의 무로마치시대에 궁궐의 궁녀들이 여름에 열매를 맺는 채소라는 뜻에서 한 말이 굳어져 생긴 이름이라고 한다. 뒤집어 보면 궁궐에서 재배했던 작물이나 궁중에서 먹었던 채소라는 말이다. 일본 속담에서 가지가 하나같이 귀한 작물로 나오는 것과도 연결이 되는 부분이다.

한반도에서 유독 찬밥 신세를 면치 못한 사연

어느 나라나 대부분 비슷하지만, 가지는 좋아하는 사람과 싫어하는 사람이 극명하게 엇갈리는 채소 중 하나이다. 중국이나 일본 그리고 서양도 예외가 아니고, 우리도 마찬가지다. 우리나라에서도 많은 사람들이 가지로 만든 음식을 좋아한다. 그런 만큼 가지는 무침에서부터 볶음, 특히 여름에는 시원한 냉국과 소박이 등등 다양한 요리법이 있다. 물컹물컹하고 맛도 없다며 가지가 싫다고 말하는 사람도 드물지 않다.

그런데 한 가지 특이한 점이 있다. 일본이나 중국 속담에서 가지는 맛있고 몸에 좋은 채소 혹은 값비싸고 소중한 채소다. 반면 우리나라 속담에서 가지는 그다지 호의적인 채소만은 아니다.

'가지 따 먹고 외수(外數)한다'는 말이 있다. 외수(外數)는 남을 속인다는 뜻이다. 이 말은 즉 남의 밭에 들어가 가지 따 먹고는 마치 자기 밭의 가지를 따 먹은 것처럼 딴전을 부린다는 뜻이다.

가지를 특별히 폄하한 것도 아니고 그렇다고 가지를 귀하게 여긴 것도 아니다. 하지만 바람직하지 않은 행동의 매개체로 가지를 끌어들였다는 점에 주목할 만하다. 가지와 관련된 다른 속담도 크게 다르지 않다.

'가지 나무에 목 맨다'는 속담도 있다. 일년생 풀인 가지에는 절대로 목을 맬 수가 없다. 죽을 만큼 힘들 때 이것저것 가릴 것 없이 그저 죽고만 싶은 심정을 표현할 때 쓰는 말이다. 뿐만 아니라 '과부는 넘어져도 가지 밭에 넘어진다'는 말이나 키 작고 뚱뚱한 사람을 비유적으로 '가지 뭉텅이 같다'고 하는 말 속에서도 역시 가지가 바람직하지 않은 비유로 사용됐다.

비단 속담뿐만이 아니다. 우리 조상들은 중국이나 일본과는 달리 가지를 그다지 대단한 채소로 여긴 것 같지 않다. 17세기 광해군과 인조 무렵에 활동한 시인 이응희(李應禧)가 〈가지〉라는 제목의 시를 남겼다.

좋은 채소를 비 오는 저녁 모종했더니(佳蔬移晚雨)

한여름이 되자 푸릇푸릇 잘도 자랐네(中夏蔚靑靑)

잎사귀 밑에 푸른 옥이 주렁주렁(葉底垂蒼玉)

가지 사이에 붉은 옥이 매달린 듯(枝間孕紫瓊)

맛이 좋아 먹으면 배가 부르고(厚味餤能飽)

Part 2. '같은 재료, 다른 음식'이 빚어낸 맛과 멋의 향연

채국을 만들어 먹으면 숙취가 깨지(流漿解舊醒)

비록 무익한 채소라고 하지만(雖云無益菜)

음식을 먹을 때 없어선 안 되지(當食用難停)

전반적으로는 가지가 음식을 먹을 때 빠지면 안 될 정도로 맛있는 채소라는 내용이지만 다른 한편으로는 가지를 '무익한 채소(無益菜)'라고 읊었다.

사실 가지는 관점에 따라 평가가 다를 수 있다. 《식품동의보감》에 따르면 가지는 영양학적으로 단백질이 1.2그램, 지질 0.4그램, 탄수화물 6.8그램 정도에 불과하다. 칼로리는 낮고 수분을 94퍼센트나 함유하고 있다. 반면 무기질과 비타민, 식이섬유가 풍부하다. 이런 성분 덕에 지금은 다이어트에 도움이 되는 '힐링푸드'로 각광을 받고 있지만, 옛날에는 맛은 있지만 영양가는 떨어지는 무익한 채소라는 소리를 들었을 수도 있다.

그럼에도 선뜻 납득하기 힘든 것은 중국에서는 가지를 풀로 만든 자라라고 했을 정도로 보양식으로 여겼고, 일본은 새해 꿈에 보면 좋을 정도로 귀하게 평가했는데, 우리는 반대였다는 것이다. 이유가 무엇일까? 혹시 중국이나 일본과 달리 옛날 우리나라에는 가지가 풍부했기 때문은 아니었을까? 쉽게 구할 수 있으니 귀한 대접을 하지 않았던 것은 아닐까?

옛 문헌을 보면 신라시대에 가지를 많이 재배했고 한반도를 통해 중국으로 전파된 가지 품종이 있었다. 조선 후기의 사학자 한치윤이 쓴 《해동역사(海東繹史)》에 관련된 이야기가 나온다.

"신라에서 한 종류의 가지(茄)가 나오는데 모양이 계란처럼 생겼다. 광택이 있으며 엷은 보라색을 띠고 있는데 꼭지가 길고 맛이 달다. 그 씨앗이 지금 중국에 널리 퍼져 있다."

한치윤이 《해동역사》에 뜬금없이 적어놓은 것이 아니고, 당나라 때 서적인 《유양잡조(酉陽雜俎)》와 송나라 때 문헌인 《본초연의(本草衍義)》를 인용해서 적어놓은 기록이다.

인도가 원산지라는 가지가 바로 옆에 있는 중국으로 직접 전해진 것이 아니라 멀리 있는 신라를 통해 전파되었다는 것이 특이하기는 하지만, 처용설화처럼 바다를 통해 인도에서 신라로 전해진 가지 품종이 중국으로 건너간 것일 수도 있다.

실제로 원나라 때 왕정이 쓴 농업서인 《농서(農書)》에 가지는 여러 종류가 있는데 그중 한 종류는 '발해 가지(渤海茄)'로 열매가 실하고, 또 다른 종류인 '번가지(番茄)'로 열매가 가늘며 또 '보라색 가지(紫茄)'도 있고 '물가지(水茄)'도 있다고 했다.

발해 가지에서 '발해(渤海)'는 알다시피 고구려가 멸망한 후에 설립된 나라 혹은 옛 고구려 영토를 말하는 지역으로 주로 우리나라를 지칭할 때 쓰는 용어이고, 번가지에서 '번(番)'은 중국에서 중앙아시아 지역인 서역의 호(胡)와 구분한 서남쪽 지역을 일컫는 지명으로 많이 쓰는 글자다.

여러 종류의 가지 중에서 한 종류가 인도에서 신라를 거쳐 중국으로 전해졌을 가능성도 배제할 수 없을 것 같은데, 어쨌거나 중국과 일본에서 귀하게 여겼던 가지를 우리는 시큰둥하게 바라봤던 이유는 너무 흔했기 때문이 아니었을까 짐작해본다.

한반도에서 쏟아낸 지독한 사랑과 냉대

명태

먹는 입과 말하는 입의 극명한 차이

명태는 이름만 얼추 쉰 가지가 넘는다. 신선도에 따라 생태, 선태, 동태로 구분하고 어떻게 말렸는지에 따라 황태와 북어로 나눈다. 계절에 따라 봄에 잡히면 춘태, 가을에는 추태가 되고, 지역에 따라 강원도에서 잡히면 강태, 북해에서 잡혔으면 원양태다. 구분하기조차도 어려울 정도로 이름이 다양한데, 최근에는 새로운 이름이 하나 더 생겼다.

금태(金太)다. 귀하기가 황금 같다는 의미다. 명태 찾기가 금덩어리 발견하는 것보다 힘들어서 금태고, 값이 금값보다 비싸서 금태가 됐다. 금태는 명태 중에서도 우리나라 동해에서 잡히는 명태를 말한다. 지금도 수산시장에 가면 쉽게 볼 수 있는 러시아산 생태나 동태는 해당되지 않는다.

명태에 금태라는 별명이 붙은 까닭은 동해에 명태 씨가 말랐기 때문이다. 남획과 지구온난화 때문이다. 오죽하면 명태에 현상금까지 붙었다. 동해에서 살아 있는 명태를 잡아오면 한 마리에 50만 원, 죽은 명태를 가져와도 5만 원을 지급한다. '동해 명태 살리기' 프로젝트의 일환으로 명태의 알과 정자를 채취하기 위해서다. 1980년대 한 해 최대 13만 톤에 이르던 어획량이 1991년에는 2만 톤으로 줄었고, 지금은 현상금까지 내걸었어도 잡히는 명태 숫자가 수십 마리에 불과하다.

돌이켜보면 황당하기 짝이 없다. 어획량이 13만 톤에 이르렀다는 숫자를 떠나서라도 명태는 한국인의 겨울철 밥상에 빠지지 않는 생선이었다. 동태찌개에서부터 북엇국, 명란젓에 이르기까지 겨울철이면 밥상에 명태 반찬 한두 가지는 반드시 놓였다.

우리나라 사람만큼 명태를 알뜰살뜰 다양하게 먹는 민족도 드물다. 몸통은 물론이고, 아가미와 내장에서부터 껍질을 벗기고 눈알까지 빼내어 요리했다. 명태 한 마리를 통째로 먹는 동태찌개는 물론이고 생선살은 별도로 발라내 전을 부쳤고 내장으로는 창란젓, 알은 명란젓, 아가미는 따로 모아 아가미젓을 담갔다. 명태 껍질 하나만 갖고도 다양한 음식을 만들었다. 명태 껍질과 함께 소고기와 두부를 넣고 끓이면 시원하고 맑은 맛이 일품인 어글탕을 만들 수 있고, 껍질만 푹 고아서 만든 명태껍질묵은 탱글탱글 씹히는 맛이 별미다. 갖은 양념으로 버무린 명태껍질 무침과 볶음은 밥반찬이면서 동시에 군것질거리였다. 심지어 명태 눈알까지 빼내어 초무침으로 만들고, 내장을 빼내 젓갈을 담근 빈자리에 갖가지 소를 넣은 명태 순대에 이르면 산해진미가 부럽지 않았다.

우리나라 사람들은 명태를 참 좋아한다. 그러기에 머리부터 꼬리까지, 그리고 껍질까지 벗겨서 살뜰하게 먹었다. 하지만 막상 명태에 대해 한마디 하라면 무슨 심술에서였는지 나오는 말이 곱지 못했다. 속담에 야릇한 심보가 고스란히 드러나 있다.

대표적인 것이 "노가리 깐다"는 속어다. 명태가 한꺼번에 많은 알을 낳는 것을 빗대어 한 말이다. 노가리는 명태 새끼다. 그렇지 않아도 명태가 주체하지 못할 정도로 많이 잡히는데 여기에 쓸데없이 새끼까지 낳았다는 소리다. 반가울 것이 하나도 없다. 그러니 속된 말로 쓸데없는 소리를 할 때 '노가리 까지 말라'고 지청구를 놓았다.

"북어 한 마리 부조한 놈이 제사상 뒤엎는다"는 속담도 있다. 옛날 제사를 지낼 때는 문중 어른들이 와서 이것저것 많은 참견을 하다 의견이 엇갈려 다툼까지 일어났다. 왕실의 삼년상 지내는 법을 놓고 당파싸움에 사화까지 일으켰을 정도니 제사상 엎는 것은 아무것도 아니었다. 하지만 제사상에 감 놔라 대추 놔라 참견하는 것도 그만한 권위와 권리가 있어야 말발이 먹힌다. 흔하디흔한 북어를, 그것도 달랑 한 마리 부조해놓고 자기 말 듣지 않는다고 제사상을 엎었으니 하찮은 것 내놓고 생색내는 정도가 지나치다는 말이다.

"명태 만지고 손 씻은 물로 사흘을 국 끓인다"고도 한다. 우리나라 최고의 구두쇠는 자린고비다. 옛날 봄철이면 흔했던 생선인 조기를 말린 굴비 먹는 것이 아까워 새끼줄로 천장에 매달아 놓고 밥 한 숟갈 떠먹고는 굴비를 바라보며 "짜다"고 외쳤다는 자린고비다.

봄에 흔한 조기보다 더 흔했던 명태 만진 손을 씻은 물도 버리지 못하고 사흘 동안 국을 끓였을 정도니 자린고비보다도 인색하기가 더하면 더했지 결코 뒤떨어지지 않는다.

쓰임새는 많지만 늘 '천하고 흔했던' 존재의 역습

알뜰살뜰 먹으면서도 이렇게 험담을 늘어놓았던 이유는 우리나라에서 명태가 지천으로 널려 있었기 때문이다. 너무나 많아서 귀한 줄을 전혀 몰랐던 것인데 옛 문헌 곳곳에서 그 흔적을 발견할 수 있다.

조선 후기의 실학자 이규경은 《오주연문장전산고(五洲衍文長箋散稿)》에 이렇게 적었다. "명태는 매일 밥상의 반찬으로 먹는데 마을의 가난한 사람들까지도 먹는다. 명태 살은 포를 떠서 제사에 쓰며 제기에 담아 제수로 놓는데 물건은 천하지만 쓰이는 것은 귀하다."

명태를 보고 너무나 많아서 천한 음식이라는 것이다. 동해안에서 잡힌 명태가 전국 팔도 방방곡곡까지 퍼지지 않았던 곳이 없었을 정도다. 정조 때의 학자인 성해응은 《연경재전집(研經齋全集)》에 겨울이 되면 철령 이남으로 명태 운반하는 방울소리가 끊이지 않는다고 했다. 바닷가에서 멀리 떨어진 산골짜기 마을에서 제사 지낼 때에도 제사상에 북어가 빠지지 않았던 이유다. 이렇게 북어가 후손에게 절 받는 생선이 됐으니 쓰임새가 귀했다는 평가는 틀린 말이 아니다.

명태가 도대체 얼마나 잡혔기에 천하다느니, 마을의 가난한 사람들까지도 먹는다느니 하며 귀한 줄을 몰랐을까?

우리나라에서는 명태가 많이 잡히긴 했다. 몇 해 전 동해안에 도루묵이 풍어여서 파도에 밀려 온 도루묵을 해변에서 손으로 주울 정도라는 뉴스가 보도된 적이 있는데, 예전 명태는 도루묵은 저리 가라고 할 정도였다. 조선 후기 실학서인《오주연문장전산고》에 그 모습이 실려 있다.

함경도에서는 명태가 바다에서 강으로까지 밀려오는데 무더기로 쌓여서 심지어 떼로 몰린 명태 등을 밟고 강을 건너는 사람까지 있다(有履魚背而渡者)고 했을 정도다. 고구려 건국신화에서는 시조인 고주몽이 쫓기다 강가에 이르자 물고기와 자라가 떠올라 다리를 만들어 그 등을 밟고 건넜다(魚鼈成橋)고 한다. 어족 자원이 풍부했던 옛날에는 생선을 밟고 강을 건넜다는 이야기가 설화에나 나오는 황당한 이야기만은 아니었던 모양이다.

조선 후기인 고종 때 이하원은《임하필기(林下筆記)》라는 문집에서 함경도 원산을 지날 때 보니 명태가 곳곳에 땔나무처럼 쌓여 있는데, 마치 한강의 장작더미보다 많아서 그 숫자를 헤아릴 수조차 없을 정도라고 했다. 원산은 옛날 명태의 집산지로 이곳에서 전국으로 명태와 북어가 퍼져 나갔던 곳이다. 원산 항구 곳곳에 산더미처럼 쌓인 명태와 북어를 실어 나르는 나귀의 방울소리가 그치지 않았다니 얼마나 명태가 많았는지 짐작할 수 있다.

명태(明太)라는 생선 이름에서도 지금은 집 나간 우리 생선의 족적을 찾아볼 수 있다. 명태의 어원에는 여러 설이 있지만 그중 하나가 낯선 물고기를 잡은 어부가 사또에게 가져와 이름을 묻자 함경도 명천(明川) 사는 태씨(太氏)가 잡았으니 명태라고 하자고 해서 명태가 됐다는 것이다. 얼핏 말 같지도 않은 이야기처럼 들리지만 지금 돌연 명태가 사라진 것처럼 옛날 갑자기 명태 떼가 몰려왔기에 생긴 어원설로 추정할 수 있다.

또 하나는 명태가 어둠을 밝히는 생선이었기에 밝을 명(明)자를 써서 명태가 됐다는 것이다. 전기가 없었던 시절, 강원도와 함경도에서는 명태 내장에서 짜낸 기름으로 등잔불을 밝혔다. 역시 명태가 얼마나 많았는지를 짐작할 수 있는 대목이다.

그런데 지금, 맛있게 먹으면서도 너무나 흔했기에 온갖 굳은 소리를 다 들어야 했던 명태가 사라졌다. 대신 금태(金太)라는 달갑지 않은 별명까지 얻었다. 속담 속에서 갖은 구박을 다 받던 명태가 한마디 하는 것 같다.

"그러게 있을 때 잘하지."

일본에서도, 중국에서도 마땅한 이름이 없는 불운의 생선

명태는 우리말이지만 동시에 국제 공용어다. 뜬금없는 소리처럼 들리겠지만, 중국에서도 일본에서도 러시아에서도 '명태'라고 부른다. 일본은 멘타이, 중국은 밍타이, 심지어 러시아에서도 민따이라고 한다.

사실 명태는 다른 나라에서도 잡히지만 특별한 이름이 없는 경우가 대부분이다. 대구 목(目) 대구 과(科)의 생선인 만큼 싸잡아 대구라고 부르거나 아니면 대구의 한 종류로 수식어와 함께 부를 뿐이다. 예를 들어 일

본에서는 명태를 스케토다라(すけとうだら)라고 한다.

'다라(だら)'는 입 큰 생선인 대구라는 뜻이다. 그렇다면 스케토는 무엇일까? 동해를 사이에 두고 우리나라와 마주하고 있는 일본 중동부의 니가타 현에 속한 사토(佐渡) 섬이 어원이라고 한다. 좌(佐)를 스케(すけ), 도(渡)를 토(と)로 발음한 것인데, 어쨌거나 스케토다라는 명태라는 고유 명칭이 아니라 사토 섬에서 많이 잡히는 대구라는 의미다. 예전 이곳에서 명태가 많이 잡혔기 때문에 생긴 이름이라는 것인데 세계지도를 펼쳐놓고 보면 우리나라에서 명태라는 이름이 생겼다는 지역인 함경북도 명천(明川)과 위도 상으로 약 2도 정도 차이가 난다.

스케토다라라는 이름 이외에는 멘타이(めんたい)라고 하는데, 발음이 비슷한 것에서 짐작할 수 있는 것처럼 명태의 일본어 발음이다. 특히 일본 사람들도 좋아하는 명란젓을 말할 때는 반드시 멘타이의 알, 즉 멘타이코(めんたいこ)라고 한다.

중국에도 명태를 부르는 특별한 이름은 없다. 명태의 중국어는 샤쉐(狹鱈)이다. 샤(狹)는 좁다는 뜻이고, 쉐(鱈)는 생선 대구를 뜻하는 한자이니 대구보다 크기가 작다는 의미에서 생긴 이름이다. 그나마도 대구라는 뜻의 한자 쉐(鱈)는 일본에서 만든 한자를 빌려다가 쓴 것이다. 중국에는 대구라는 생선이 없기 때문에 대구를 나타내는 한자가 없어 일본 한자를 가져온 것이다. 고기 어(魚)변에 눈 설(雪)자를 쓰는 이유는 대구가 엄동설한 눈이 많이 내리는 계절에 많이 잡히는 생선이기 때문이라는 설도 있고, 생선의 살이 눈처럼 하얗기 때문에 얻은 이름이라는 설도 있다. 중국에서 역시 명태를 밍타이라고도 한다. 한자 명태(明太)를 중국어 발음으로 읽은 것이다.

일본과 중국에는 왜 특별히 명태를 부르는 고유명사가 없는 것일까? 중국말에 명태에 해당하는 고유명사가 없는 부분은 이해할 수 있다. 명태는 우리나라 동해에서 일본, 오츠크 해, 베링 해와 미국 북부 알래스카의 북태평양에서 잡히는 한류성 어종이다. 중국 바다에서는 잡히지 않으니 이름조차 없는 것은 당연하다. 일본 사람들 역시 명태를 잘 먹지도 않고 명태에 해당하는 고유의 이름도 없는 것으로 봐서는 명태 어업이 제한적이었거나 운송 혹은 보관상의 문제 때문이 아니었을까 싶다.

일본에서 명태는 이름의 어원으로 보면 동해에 인접한 니가타 현에서 잡혔고 그 이북인 홋카이도에서 어획량이 많았다고 한다. 그것도 명태를 머리부터 꼬리까지 알뜰하게 먹었던 우리와는 달리 명태를 직접 먹기보다 주로 어묵을 비롯한 해산물 가공재료로 쓴 것으로 미루어 옛날에는 주요 산지까지 운송하는 데 따른 여러 문제가 있었기 때문이 아닐까 싶다. 옛날 일본 문헌에서도 명태에 관한 자료를 찾기가 쉽지 않을 정도로 일본에서 명태는 그다지 많이 먹는 생선이 아니었던 것으로 보인다.

임연수어 껍질쌈 3년에 천석꾼이 망한다.
_우리속담

굴화위지(橘化爲枳).
회수 남쪽의 굴나무를 회수 북쪽에 옮겨 심으면
탱자가 된다는 말이다.
서로 문화가 다른 국가와 국가가
맛을 받아들이는 방식도 이와 비슷하다.
원래의 맛과 향을 벗어나 새로운 맛을 찾아내고
새로운 의미까지 탄생하게 된
귀화음식의 내력을 살펴본다.

Part 3

● ● ● ● ● ● ●

새로운 미각을 일깨운 맛의 재해석

한국의 국민간식이 된 일본요리

어묵과 오뎅

풍년을 염원한 농부의 춤을 담은 요리

'어묵'과 '오뎅'의 차이는 무엇일까? 대부분 어묵은 우리말, 오뎅은 일본말로 알고 있지만 어묵과 오뎅은 엄연히 다른 음식이다.

어묵은 생선살을 으깨 전분과 섞어 반죽해 튀기거나 찌거나 구운 식품으로 일본어로는 가마보코(かまぼこ)다. 반면 오뎅(おでん)은 일본어 사전에서 간장 등으로 삼삼하게 간을 낸 국물에 두부와 어묵, 곤약, 무, 삶은 달걀 등을 꼬치에 꿰어서 끓인 음식이라고 설명한다. 오뎅에 해당되는 우리말은 어묵탕 내지 어묵꼬치다. 어묵과 오뎅에는 이렇게 분명한 차이가 있다.

굳이 어묵과 오뎅의 차이를 구분하는 의도는 음식에 얽힌 역사와 문화를 통해 우리의 생활사를 살펴보려는 의도도 있고, 또 어묵과 오뎅을 통해 우리 음식의 발달과정을 다시 짚어보자는 뜻도 있다.

열에 아홉은 무의식중에 어묵을 오뎅이라고 할 정도로 오뎅은 우리에게 익숙한 단어다. 그런데 오뎅의 어원을 살펴보면 뜻밖의 재미있는 사실을 발견하게 된다.

오뎅은 한자로 어전(御田)이라고 쓴다. 임금 어(御)자, 밭 전(田)자이니 혹시 일본의 왕실 전용농장에서 비롯된 단어가 아닐까 싶기도 하지만 전혀 관련이 없다. 사실 오뎅의 어원은 왕실 농장뿐만 아니라 어묵꼬치와도 아무런 연결고리가 없다.

오뎅은 일본어로 뎅(でん)이라고 읽는 밭 전(田)자 앞에 접두어인 오(お)자를 붙여 만든 단어다. 혹시 농부들이 밭을 소중하게 생각해 부른 말이거나 곡식이 잘 자라는 좋은 밭이라는 의미가 아닐까 싶기도 하지만 역시 아무 관계가 없다.

오뎅은 엉뚱하게 뎅가꾸(でんがく)라고 읽는 전악(田樂)에서 비롯된 단어다. 뎅가꾸는 우리의 농악과 비슷한 민속이다. 일본의 중세시대에 발달했던 농악과 춤을 가리키는 말로 일본 농부들이 풍년을 기원하며 밭에서 일할 때 노래하며 추던 춤이었다. 오뎅의 어원이 된 뎅가꾸라는 민속춤은 지금은 거의 사라졌지만, 일부 지방에서 행사용 공연은 지금도 계속된다고 한다.

그런데 왜 어묵꼬치인 음식에 농사지을 때 추는 전통 민속춤의 이름을 지어놓았을까? 일본어 유래사전을 찾아보면 그럴듯한 설명이 보인다. 꼬치에 두부를 찔러 끼워놓은 모습이 마치 옛날 일본 농부들이 풍년을 기원하며 노래하고 춤추는 모습과 비슷해서 생긴 이름이라는 것이다. 일본의 문화적 배경을 모르면 꿈에서조차도 상상할 수 없는 작명이다. 어쨌거나 어묵꼬치의 모습에서 마치 풍년을 기원하며 춤추는 옛날 일본 농부의 모습이 보이는 것 같기도 하다.

일본에서 오뎅은 언제부터 발달했을까? 임진왜란 이후인 에도시대 무렵이라고 한다. 이 무렵 간장을 이용해 국물 맛을 내는 요리법이 발달하면서 오뎅 요리가 다양해졌다고 한다. 물론 이때 오뎅을 처음 먹은 것은 아니다. 예전에도 오뎅이라는 음식은 있었다. 다만 옛날 오뎅은 지금과 달라서 어묵이 아닌 두부를 꼬치에 꿰어 된장을 발라 굽는 음식이었다. 두부에 산초가루를 으깨 만든 된장을 발라서 구웠으니 초기 일본 오뎅의 원형은 두부 산적구이에 가깝다.

생선 단백질로 만든 어묵이 발달하면서 두부와 어묵, 곤약, 무를 비롯한 다양한 재료를 꽂아 굽는 요리가 됐고, 간장이 발달하면서 간장 국물에 조리거나 삶는 요리로 진화했다.

한국화된 어묵요리의 뿌리는 조선의 연포탕?

어묵꼬치나 어묵탕은 우리도 즐겨 먹는다. 일본에서 전해졌다고 하지만 이제는 우리 고유음식이라고 해도 전혀 어색하지 않을 정도로 한국화가 이뤄졌다. 중국 음식이었던 짜장면이 지금은 우리 국민음식으로 자리잡은 것과 크게 다를 바 없다.

우리는 언제부터 어묵꼬치와 어묵탕을 먹었을까? 어묵은 일제강점기 때 부산을 통해서 널리 퍼졌다고 한다. 부산은 일본과 가까워 일본인들이 많이 살았던 데다 바닷가에 접한 도시인 만큼 생선도 풍부해 일본인들이 좋아하는 어묵공장이 많이 생겼다. 지금도 부산어묵이 유명한 이유다.

어묵과 어묵꼬치, 어묵탕이 일본의 영향을 받아 발달한 음식이라는 사실을 부정하기는 어렵다. 하지만 우리나라에 일본의 오뎅 같은 음식이 전혀 없었던 것은 아니다.

일본 전통 오뎅의 뿌리는 된장을 발라 구운 두부꼬치인데, 우리나라에도 비슷한 음식이 조선시대에 발달했다. 다산 정약용은 문집인《여유당전서(與猶堂全書)》에 친구들과 모여 두부를 꼬치에 꽂아 닭고기 국물에 지져 먹었다고 적었다. 어묵 대신 두부를 꼬치에 꽂았을 뿐 지금의 어묵꼬치와 상당히 비슷하다. 또 두부에 된장을 발라 구워 먹었다는 기록도 보이는데 일본 전통 오뎅과도 닮은꼴이다.

예전에는 이런 음식을 연포탕이라고 불렀다. 지금은 낙지국을 연포탕이라고 하지만 원래 연포탕은 두부탕이다. 조선 후기《산림경제(山林經濟)》에도 연포탕 끓이는 법이 보인다.

"두부를 잘게 썰어 한 꼬치에 서너 개 꽂아 흰 새우젓국과 물을 타서 그릇에 끓인다. 그 속에 두부꼬치를 거꾸로 담가 슬쩍 익거든 꺼내어놓고 따로 굴을 국물에 넣어서 끓인다. 다진 생강을 국물에 타서 먹으면 보드랍고 맛이 월등하게 좋다."

조선시대 연포탕은 기본적으로 이렇게 두부를 꼬챙이에 꿰어 닭고기 국물이나 새우젓 국물에 끓여 먹었던 음식이다. 일본 오뎅도 기원은 두부에 된장을 발라 꼬치에 꽂아 굽거나 간장 국물에 끓이는 요리에서 비롯됐다. 두부를 꼬치에 꽂아 굽거나 끓인다는 점, 겨울철 별미로 먹는다는 점에서 조선의 연포탕과 일본의 오뎅은 서로 닮은 점이 적지 않다.

그렇다면 혹시 조선의 연포탕과 일본 오뎅 사이에 어떤 연결고리가 있는 것은 아닐까? 관련 사실을 입증할 문헌은 없지만 두 음식이 너무 비슷하기에 자연스레 의문하게 된다. 물론 전혀 관련 없이 우연히 닮은 음식일 수도 있다.

현재의 어묵이 일제강점기 때 일본 어묵, 오뎅의 영향을 받은 것은 분명하다. 다면 일본 음식이 한국인의 국민간식으로 뿌리를 내리게 된 배경에는 조선시대부터 이어진 연포탕의 뿌리가 있었기 때문이 아닐까 싶다. 전통 연포탕이 있었기에 오뎅의 단순한 전래나 모방이 아니라 우리 특유의 어묵꼬치, 어묵탕으로 재창조가 이뤄진 것으로 보인다.

세 나라의 고유의 문화적 의미를 품게 된 어묵, 완즈 그리고 오뎅

한국과 일본의 어묵에는 분명한 차이가 있다. 우리나라에서 어묵과 어묵탕은 주로 거리음식으로 인기가 높다. 하지만 일본에서 어묵과 오뎅은 고급 요리로 발달했다. 우리나라 고급 일식집에서도 오뎅이 메뉴에 올라와 있는 까닭이기도 하다. 일본에서 어묵은 동물의 고기를 먹는 육식을 금기시했던 옛날, 사무라이들의 중요한 단백질 공급원이었다. 고기를 먹지 못하게 한 일본에서 전쟁을 해야 하는 무사계층, 쇼군(將軍) 등 지배층에게는 핵심적인 단백질 공급원 역할을 했기에 상류층 부인들이 식사를 준비할 때는 어묵 만드는 전문 요리사를 따로 두었다.

그런 역사적 배경 때문인지 일본인이 어묵을 대하는 자세는 남다른 것 같다. 사무라이 결혼식에 도미는 행운을 부르는 생선으로, 빼놓아서는 안 되는 음식이었는데 여러 이유로 도미를 준비할 수 없을 때는 어묵으로 도미 모양을 만들어놓았다. 임진왜란을 일으킨 주범인 도요토미 히데요시의 아들, 도요토미 히데요리를 비롯해 일본 지배계층이 모두 어묵을 좋아했다고 한다. 옛날 일본인에게 어묵인 가마보코는 이렇게 특별한 의미가 있는 고급음식이었다.

어묵과 어묵꼬치, 오뎅은 일본 고유의 전통 음식으로 알려져 있지만 사실 생선살을 으깨 만든 어묵은 세계 어느 나라에 가도 있다. 세계적으로 일식이 유행하면서 다양한 나라의 어묵 중에서도 일본 어묵인 가마보코와 오뎅이 유명해졌을 뿐이다.

어묵은 중국에서도 발달했다. 완즈(丸子)라고 부르는 생선완자가 바로 어묵인데, 특히 상해와 푸젠성, 광둥성 등 바닷가를 끼고 있는 지역의 생선완자 요리가 유명하다. 우리나라 전라도에서 홍어 없는 잔칫상이 서운한 것처럼 중국 푸젠성에서는 "생선완자가 없으면 잔치가 아니다(沒有魚丸不成席)"고 할 정도다.

전해지는 이야기로 생선완자가 만들어진 계기는 진시황과 관련이 있다고 한다. 진시황이 생선요리를 먹다 가시가 목에 걸리자 요리사를 처형했는데 이렇게 죽은 사람이 여럿이었다. 어느 날 또 생선요리를 만들라는 주문에 담당 요리사가 두려움에 떨면서 칼등으로 도마 위의 생선을 툭툭 내리치며 고민에 빠졌다. 그런데 생선살이 부드럽게 으깨지며 가시가 저절로 발라지는 것이 아닌가. 요리사는 생선살에 전분을 섞어 경단을 빚은 후 생선 완자탕을 만들어 올렸다. 음식을 먹은 진시황은 크게 기뻐하며 요리사에게 푸짐한 상을 내렸다.

죽을 각오를 하면 길은 역시 열리는 법인데, 요리사가 목숨 걸고 만들었다는 생선완자와 진시황 이야기는 물론 사실은 아니다. 중국인들 사이에서 속설로 떠도는 이야기지만, 이런 이야기가 만들어졌다는 것 자체가 중국인들 역시 어묵인 생선완자를 특별한 요리로 여긴다는 반증이 아닐까 싶다.

어묵이 어디서, 어떻게 발달했든 이제 어묵과 오뎅의 차이는 분명해진 것 같다. 어묵인 가마보코와 어묵꼬치, 어묵탕인 오뎅의 차이가 아니라 한국 음식인 어묵과 일본 음식인 오뎅의 차이다.

다시 말해 한국 사람이 어른 아이 가릴 것 없이 집에서, 또 거리에서 그리고 식당에서 모두가 즐겨 먹는 음식이라면 어묵이 어디서 비롯됐든 이제는 우리 음식이라고 할 수 있다. 외국 음식문화를 흡수해서 우리 것으로 소화하고 재창조했기 때문이다.

허기진 마음을 음식으로 채우는 방법

점심과 딤섬 그리고 화과자

점심은 원래 허기진 마음을 간단히 채우는
'끼니 때우기'의 일반명사.

점심이란 무엇일까? 아침이나 저녁이 아닌, 낮에 먹는 식사다. 다른 말로 표현하자면 '중간에 먹는 식사'라는 뜻인 중식(中食), '낮에 먹는 음식'인 오찬(午餐)이 여기에 해당된다. 점심은 한자로 점 찍을 점(點)자에 마음 심(心)자를 쓴다. 낮에 먹는 음식과는 전혀 관련이 없는데 왜 정오에 먹는 식사를 점심이라고 했을까?

중국에서도 점심이라는 한자를 사용하지만 중국인들은 낮에 먹는 식사를 점심이라고 하지 않는다. 점심은 다른 뜻으로 쓰인다. 보통 딤섬이라고 하는데 홍콩을 비롯한 타이완과 광둥성에서 발달해 퍼졌기에 광둥 발음으로 부른다. 베이징에서는 디앤신이라고 한다. 어쨌거나 우리가 알고 있는 딤섬을 가리키는 용어다. 사실 우리는 딤섬(Dimsum)을 중국식 만두요리로 알고 있지만 정확한 뜻은 아니다. 딤섬은 '가볍게 먹는 식사'라는 뜻이다. 그러니 만두뿐만 아니라 죽이나 꽈배기도 가볍게 먹으면 딤섬에 포함된다. 정식으로 밥과 요리를 제대로 차리지 않은 식사, 우리식으로 표현하면 분식집에서 부담 없이 먹는 음식이 딤섬이다. 우리의 점심과 중국의 딤섬, 어떤 관계가 있을까? 그저 우연히 같은 한자를 사용하게 된 것일까? 아니면 또 다른 의미가 있을까?

일본에서도 점심(點心)이라는 한자를 쓴다. 일본말로 덴싱(てんしん)이다. 주로 일본어 발음으로 중국 요리인 딤섬을 의미하지만 일본어 사전을 찾아보면 차를 마실 때 함께 먹는 가벼운 간식 내지는 과자라는 뜻이라는 풀이도 있다. 쉽게 말해 양갱이나 만쥬를 비롯한 일본의 화과자(和菓子)가 덴싱이라는 것이다.

한국에서는 낮에 제대로 먹는 식사인 점심이 중국에서는 왜 가볍게 먹는 식사가 됐고, 일본에서는 차와 함께 먹는 간식이라는 뜻이 됐을까?

무엇보다도 점심이라는 한자는 음식이나 식사와는 전혀 관계가 없다. 점찍을 점(點)자에 마음 심(心)자를 썼으니 "마음에 점을 찍는다"는 뜻이다. 먹는 것과는 전혀 연결이 되지 않는데 한국과 중국, 일본에서는 왜 점심을 모두 음식과 연결해서 사용하는 것일까?

점심이라는 용어에 대해 조선 후기의 실학자 성호 이익이 정의를 내렸다. 점심은 허기지어 출출해지는 것을 조절하는 의미라고 풀이했다. 허기지어 출출한 것은 모두 마음에서 비롯된 것이다. 그러니 가볍게 먹어 배고픈 마음이 사라지도록 만드는 것이다. 허기진 마음에 점을 찍는 것처럼 적은 양의 음식을 먹어 배고픈 생각이 들지 않도록 하는 것이 바로 점심이라는 풀이다.

"우리나라에서는 오찬을 점심이라고 하는데 많이 먹으면 점심이 아니다. 점심이라는 것은 소식(小食)의 명칭인데 오찬이라도 적게 먹으면 점심이라고 일러도 되는 것이다."

소식이 곧 점심이니 다시 말해 시장함을 달래기 위해 가볍게 먹는 것이 점심이다. 도대체 무슨 말인가 싶지만 점심의 의미를 정확히 알려면 식사의 역사부터 알아볼 필요가 있다.

조선인의 실생활에 자리 잡은 삼시 세 끼

모든 사람들이 아침, 점심, 저녁 하루 세 끼를 꼬박 챙겨먹게 된 것은 불과 100년 정도밖에 되지 않았다. 고대에는 아예 신분에 따라 식사횟수가 정해져 있었다. 황제는 하루 네 번, 제후는 세 끼를 먹었고 관리는 아무리 벼슬이 높아도 아침과 저녁 하루 두 차례 먹었다. 혹자는 임금은 하루 대여섯 번 먹었다는데 무슨 소리냐며 반문할 수 있겠지만 세월이 한참 지난 후의 일인 데다 정식 식사가 아닌 요즘말로 간식이 포함된 횟수다.

신분에 따른 식사 횟수가 정해진 것은 서기 79년 유교를 통치이념으로 정한 한나라 때의 백호관회의였다. 먹는 횟수를 정할 정도니 터무니없는 모임 같지만 전국의 유학자들이 모여 삼강오륜과 같은 사회규범을 결정한 회의다.

황제와 왕을 제외한 사람들이 하루 두 끼만 먹었던 시절, 시장기를 달래줄 가벼운 요깃거리가 필요했다. 그래서 간식으로 먹게 된 것이 바로 점심이다. 그럼 언제부터 점심을 먹기 시작했을까? 기록을 보면 대략 1200년 전 당나라 때부터다. 명나라 때 문헌인 《칠수유고(七修類稿)》에 점심이라는 단어가 처음 보인다.

"당나라 정찬이 강회유후(江淮留後)로 있을 때 집안사람이 부인의 새벽밥을 준비하니, 부인은 그의 아우를 돌아보며 말하기를, 너는 치장을 아직 마치지 못했고 나는 밥 먹을 시간이 아직 못 되었으니, 너는 점심을 하도록 하라."

지금과 달리 아침식사 전 공복을 채우는 음식을 점심이라고 했던 것이다. 옛날 사람들은 《칠수유고》의 이 글을 인용해 당나라 때에 이미 점심이란 말이 있었던 것으로 본다.

이렇듯 허기진 마음을 채우며 간단하게 먹는 것이 점심이었는데, 세월이 흐르면서 한자문화권에서 지역에 따라 읽는 방법이 달라졌고 의미까지도 차이가 생겼다. 우리말 점심은 낮에 제대로 먹는 식사라는 뜻이 됐고, 중국에서도 광둥어인 딤섬은 때와 관계없이 가볍게 먹는 식사라는 의미가 됐으며, 일본으로 건너가서는 차와 함께 먹는 화과자의 뿌리가 됐다. 그렇다면 한국과 중국, 일본에서 점심은 각각 어떻게 발전했을까?

우리나라에서 점심이 낮에 제대로 먹는 식사를 나타내는 용어로 자리 잡게 된 것은 조선시대 중후반으로 추정된다. 18세기 중반 인물인 성호 이익이 "우리나라에서는 오찬을 점심이라고 부른다"고 한 것을 보면 그 이전에 이미 점심이 낮에 먹는 식사의 의미로 쓰였을 것이다.

사실 조선시대만 해도 하루 두 끼를 먹는 것이 일반적이었다. 조선 중기 이후에는 하루 세 끼를 먹는 경우도 많았던 것 같지만, 그 이전에는 보통 두 번의 식사를 했다.

조선의 관리들은 도시락을 싸 갖고 출퇴근을 하는 것이 아니라 직장에서 식사가 제공됐는데 이긍익의《연려실기술(燃藜室記述)》에는 관에서 아침과 저녁으로 밥을 준다고 기록해놓았다. 정조 때 실학자인 이덕무도《청장관전서(靑莊館全書)》에서 사람들은 하루에 아침과 저녁으로 다섯 홉의 곡식을 먹는다고 했으니 역시 하루 두 끼 식사가 일반적이었던 모양이다.

하지만 조선 말기로 가면서는 하루 세 끼로 식사 횟수가 늘어난 것으로 보인다. 순조와 헌종 때 활동했던 실학자 이규경은《오주연문장전산고》에 쓴 〈점심변증설(點心辨證說)〉에서 점심은 원래 조금 먹는 것을 뜻하는 말인데, 지금은 오후에 먹는 식사가 양이 많으니 점심이라고 할 수 없다고 적어놓았다. 오후에 새참으로 간식처럼 먹는 것이 점심인데 그 양이 적지 않으니 새참이 아니라 제대로 된 식사라는 뜻이다. 이렇게 되면 아침, 점심, 저녁으로 세 끼의 식사를 했다는 뜻이 된다.

점심과 딤섬과 화과자, 뿌리는 하나

중국의 딤섬은 문자 그대로 가볍게 먹는 식사라는 뜻에서 시작해 지금은 아예 보통의 식사를 능가하는 별도의 요리가 된 느낌이 없지 않다. 딤섬으로 널리 알려진 홍콩 이름에서 짐작할 수 있는 것처럼 딤섬은 홍콩에서 발달해 세계로 퍼졌다. 중국이 개혁·개방으로 경제가 발전하기 전 아시아 금융의 중심지였던 홍콩에서 유행해 서양으로까지 전해졌고, 거리의 분식집은 물론이고 호텔에서도 먹는 고급 요리로 유명해졌다.

흔히 중국식 작은 만두요리를 딤섬이라고 하는데, 간단하게 식사처럼 먹을 수 있는 음식은 모두 딤섬이 될 수 있다. 홍콩에서 주로 먹을 수 있는 딤섬 종류만 해도 200가지가 넘는다. 그중 가장 대표적인 것이 만두 종류이기 때문에 만두 종류가 딤섬이라고 알려진 것이다.

딤섬 전문점의 만두를 간단하게 구분하자면 찐만두인 쩡쟈오(蒸餃)와 같은 교자만두, 샤오롱바오(小籠包)와 같은 포자만두, 사오마이(燒賣)라는 만두, 그리고 소가 없는 찐빵 종류인 만터우(饅頭), 스프링롤인 춘권(春捲) 종류로 구분한다.

일반적으로 작고 투명한 것은 쟈오(餃), 껍질이 두터운 것은 바오(包), 만두의 윗부분이 봉해져 있지 않고 열려 있는 것을 마이(賣)라고 하는데 교자만두인 쟈오와 포자만두인 바오를 보다 정확하게 구분하자면 밀가루를 발효시킨 것은 포자인 바오, 생반죽으로 빚은 것이 교자인 쟈오다.

딤섬 중에서 대표적인 교자만두가 하가우(蝦餃)인데, 광둥어로 된 이름에서 짐작할 수 있는 것처럼 광둥음식으로 새우를 넣어 찐 만두다. 만두피로 얇고 반투명한 전분을 쓰는 하가우는 만두를 빚을 때 열두 개 이상으로 주름을 잡아 머리빗 모양으로 빚는 것이 관건이다. 맛과 함께 시각적 아름다움을 극대화하는 것이 요리사의 능력이다.

널리 알려진 딤섬으로 만두 속에 육즙이 가득 들어 있는 샤오롱바오는 작은 찜통에 찐 만두라는 뜻이다. 19세기 중반 상하이의 한 만두집에서 개발했는데, 딤섬의 유행에 기여한 음식 중 하나로 꼽힌다. 하지만 만두 속의 즙을 마시는 샤오롱바오의 뿌리는 멀리 송나라 때까지 거슬러 올라간다.

딤섬의 대표격인 샤오마이는 끝 부분을 밀봉하지 않고 꽃모양으로 꾸민 만두다. 초기의 샤오마이는 원나라 때 찻집에서 발달한 만두로 알려져 있는데, 만두를 찔 때 꼭대기를 밀봉하지 않은 이유는 손님에게 직접 만두소의 내용물을 눈으로 확인시키기 위한 것이라고 한다. 만두소의 종류가 너무 많아 소고기가 들었는지 혹은 양고기가 들었는지, 파와 함께 넣었는지 무와 두부를 넣었는지 구분하기 위해서였다는 것이다.

중국어로 만터우라고 하는 만두(饅頭)는 고기나 채소와 같은 소를 넣지 않은 순수하게 발효된 밀가루를 찐 음식으로 우리가 먹는 꽃빵 역시 만터우의 한 종류다. 3세기 진나라 때 하증(何曾)이라는 재상은 한 끼 식사에 만 냥을 쓰면서도 먹을 것이 없다고 투덜거린 인물로 유명하다. 하증은 만터우를 쪘을 때 껍질이 열 십(十)자로 갈라지지 않으면 먹지 않았다고 하는데, 알맞게 발효시켜 최적의 온도로 쪄내야 껍질이 열십자로 갈라진다. 사실 잘 찐 만터우는 소가 들어 있지 않지만 지미무미(至味無味)라는 말에 가장 어울리는 맛이라는 평이다. 최고의 맛은 담담한 맛이라는 뜻이다.

우리에게도 익숙한 춘권 역시 딤섬의 일종이다. 봄을 돌돌 말아서 먹는다는 뜻으로 영어로는 스프링롤이다. 문학적 표현 같지만 사실은 입춘 때 먹는 봄채소에서 발달했기 때문에 생긴 이름이다. 송나라 때부터 입춘이면 봄채소를 밀전병에 싸서 먹었는데 춘권은 새봄을 축하하고 건강을 기원하면서 먹는 음식이다.

중국 딤섬은 일본 화과자 발달에 결정적 영향을 끼쳤다. 12세기 무렵 일본 승려들이 대거 송나라로 유학을 갔다. 그리고 유학 갔던 승려들이 돌아오면서 이때부터 중국의 차 문화가 일본에 전해진다. 동시에 차와 함께 먹을 수 있는 가벼운 간식인 중국의 딤섬도 일본에 덴싱(てんしん)이라는 이름으로 전해졌다.

이때 들어온 음식이 중국의 만두와 고깃국, 찹쌀떡 종류였는데 귀국 승려를 통해 사찰을 중심으로 전해졌을 뿐만 아니라 당시 일본은 육식을 금지했기 때문에 일본에 맞는 현지화가 필요했다. 때문에 중국식 고기만두 대신에 팥을 넣은 만쥬와 찐빵이 만들어졌고, 양고기로 끓인 국인 중국식 양갱(羊羹) 대신에 팥으로 만든 현재의 양갱이 생겼다. 중국의 딤섬이 일본에서는 엉뚱하게 화과자로 발전하게 된 배경이다.

한국의 낮에 먹는 식사인 점심과 중국의 가벼운 식사, 딤섬 그리고 일본의 화과자가 전혀 관련이 없을 것 같지만 묘하게 뿌리가 맞닿아 있다.

길 떠날 땐 만두, 돌아올 땐 면.
_중국속담

서로의 맛은 미워할 수 없는 애증의 두 나라

승기악탕과 스키야키

풍류를 제쳐두고라도 입으로 희열을 느끼게 해주는 최고의 맛

신선로(神仙爐)는 한국인이라면 누구나 알고 있는 음식이다. 문제는 잘 알려진 요리지만 실제로 먹어본 사람은 흔치 않다는 데 있다. 귀에는 익숙하지만 입에는 낯선 요리가 바로 신선로다. 도대체 얼마나 맛있기에 신선이 먹는 음식(신선로)이라는 이름을 지었을까?

지금은 찾아보기 힘들지만 옛날 조선시대 요리 중에 승기악탕(勝妓樂湯)이라는 음식이 있다. 기생과 어울려 풍류를 즐기는 것보다도 더 좋기에 생겨난 이름이라는데, 이것은 또 어떤 음식일까?

한국인도 즐겨 먹는 일본 음식 중에 스키야키(すきやき)가 있다. 소고기를 각종 채소와 함께 간장 푼 육수에 끓여 먹는 음식인데 근대 초기, 일본에서는 "스키야키를 먹지 않는 사람은 문명 개화인이 아니다"라고 했을 정도다. 도대체 어떤 사연이 있었던 것일까?

신선로와 승기악탕 그리고 스키야키. 음식도 제각각인 데다 한국과 일본 요리이니 서로 아무 관련 없는 것처럼 보이지만 따지고 보면 밀접한 관계가 있다. 한일 교류의 역사가 이 음식들에 녹아 있다.

신선로는 우리 전통요리로 조선시대 궁중요리였으며 양반들 잔칫상에 빠지지 않는 고급요리로 알려져 있다. 지금은 보통 음식점이나 집에서는 먹기 힘들고 고급 한정식 집에서나 맛볼 수 있는 과거의 음식이다. 어쨌거나 얼마나 대단한 요리이기에 이름에까지 '신선'이 들어가 있을까?

사실 엄밀하게 말하자면 신선로는 요리 이름이 아니다. 음식을 만들고 담는 조리도구의 이름이다. 음식을 끓이면서 먹을 수 있도록 화로가 달린 그릇이다. 때문에 신선의 화로라는 뜻에서 '신선로'로 불렸는데, 어느 때부터인가 도구 이름이 요리 이름으로 바뀌었다.

많이 알려져 있지만 신선로라는 이름에는 유래가 있다. 연산군 때 무오사화에 휩쓸려 귀양 간 선비, 정희량이 속세와 인연을 끊으면서 수화기제(水火旣濟)의 이치에 따라 화로를 만들고 여기에 채소를 넣고 끓이면서 아침과 저녁으로 이 음식만 먹었다. 그러다 마침내 신선의 세상으로 떠나니 사람들이 이때부터 음식을 조리할 수 있도록 만든 화로를 신선의 화로, 즉 신선로라고 불렀다.

참고로 정희량이 화로를 만들 때 응용했다는 '수화기제'는《주역(周易)》에 나오는 말이다. 물과 불이 조화를 이루는 것처럼 음과 양이 완벽하게 화합을 이루는 상태를 말한다. 불은 성질이 뜨거우며 위로 향하고 물은 차갑고 아래로 향하니 불이 아래, 물이 위에 위치해야 조화를 이룰 수 있다. 사람 몸을 대입해보면 배가 따뜻하고 머리는 차가워야 건강을 유지할 수 있다. 반대로 배는 차갑고 머리가 뜨거우면 배탈, 두통으로 건강에 탈이 나게 되어 있다. 이런 상태를 음과 양의 부조화를 이루는 화수미제(火水未濟)라고 한다. 음식을 조리할 때도 마찬가지여서 차가운 음식을 아래서 뜨겁게 끓여야 제맛을 낼 수 있으니 이런 이치에 따라 만든 것이 신선로이다. 복잡하게 말하자면《주역》의 완벽한 음양조화에 맞춰서 만든 화로라는 것이다.

참고로 15세기 인물인 정희량이 신선로를 만들었다는 이야기는 1925년에 발행된《해동죽지(海東竹枝)》그리고 이듬해에 간행된《대동기문(大東奇聞])》이라는 책에 나온다. 왜 연산군 때 인물인 정희량이 신선로의 최초 제작자로 지목됐는지는 알 수 없지만, 조선시대 문헌에서 신선로가 자주 보이기 시작한 것은 17세기 초, 선조 무렵이다. 정희량이 활동했을 때보다 약 100년 후다.

한마디로 별다른 근거 없이 누군가가 그저 지어낸 이야기일 가능성이 높다. 어쨌거나 음식을 조리하는 도구에 "신선의 화로" 운운한 것을 보면 옛 사람들에게 신선로라는 조리도구가 세상의 조리도구가 아닌 것처럼 느껴질 정도로 신기했거나, 아니면 신선로에 담아 조리하는 음식이 신선들이 먹는다는 음식만큼이나 맛있게 느껴졌던 것이 분명하다.

지금은 신선로라는 이름으로 알려졌지만 신선로에 조리한 음식의 원래 이름은 열구자탕(悅口子湯)이다. 한자로 기쁠 열(悅), 입 구(口)자를 쓰니 입을 기쁘게 만드는 음식, 입이 희열을 느낄 정도로 맛있는 탕이라는 뜻이다.

열구자탕은 산해진미를 모두 차곡차곡 담은 후 육수를 부어 신선로에서 끓여 익혀 먹는 음식으로 여러 가지 재료를 고루 맛볼 수 있고, 또 그 재료가 어우러져 만들어내는 국물도 함께 먹을 수 있다. 보통 간, 생선, 계란, 표고와 석이버섯, 미나리 등을 신선로에 깔고 소고기를 얹은 후 여러 가지 전유어를 색에 맞추어 돌려 담은 다음 그 위에 은행, 잣, 호두와 소고기 완자를 고명으로 얹어 육수를 부어 끓여 먹는 음식이다. 색상이 화려하고 예쁘지만 간단하게 정의하자면 일종의 잡탕전골이다. 실제로 열구자탕을 소개한 조선 후기의 문헌인 〈소문사설〉에도 잡탕(雜湯)으로 소개해놓았다.

19세기 조선 양반들의 입맛을 사로잡은 귀화음식

승기악탕은 조선 후기와 근대 초기 문헌에 종종 보이는 음식이다. 요즘도 드물게 승기악탕이라는 이름의 요리를 맛볼 수는 있다. 옛날 궁중음식을 재연했다며 승기악탕을 메뉴로 개발한 곳들이 있기 때문이다. 그런데 사람들이 기가 막힌 맛이라고 극찬하는 요리가 현대에 들어서 왜 사라진 것일까?

승기악탕을 닮았다고 한 서울의 도미국수는 얼핏 국수요리라고 생각하기 쉽지만, 사실은 일종의 잡탕 전골이다. 도미로 포를 떠서 전을 부친 후 쇠고기와 갖은 채소와 함께 육수를 부어 끓인 다음 나중에 국수나 당면을 넣어 먹는 음식이다. 전골 내지는 신선로와 비슷하다.

1940년에 간행된 《조선요리학(朝鮮料理學)》에는 승기악탕이라는 요리가 어떻게 만들어졌는지 그 유래가 실려 있다. 15세기 조선 성종 때 함경도 국경지대에 여진족이 수시로 침입하자 조정에서 허종을 토벌군 장수로 내려 보냈다. 백성들이 허종을 접대하면서 도미에 갖은 채소를 넣고 끓인 요리를 대접했는데 허종이 맛을 보고는 기생과 풍류를 즐기는 것(妓樂)보다 좋다고 해서 승기악탕이라고 했다는 것이다. 그러니까 요리책이 발행된 시점을 기준으로 500년 전에 만들어진 요리라는 소리다.

참고로 《조선요리학》에 나오는 음식 유래 이야기는 대부분 신뢰성이 떨어진다. 문헌적 근거나 믿을 만한 논리적 타당성을 제시하지 않았기 때문이다. 이 책 속에 실린 깍두기, 설렁탕, 조랭이떡 등등이 그렇다. 승기악탕 역시 예외가 아니다.

하지만 20세기 초중반 문헌인 《해동죽지》와 《조선요리학》을 보면 분명한 것은 승기악탕이 우리 고유의 전통 음식으로 묘사되어 있다는 사실이다. 뿐만 아니라 1848년과 1877년의 궁중잔치 내역을 기록한 〈진찬의궤(進饌儀軌)〉에도 승기악탕이 보인다.

정리하자면 승기악탕은 우리의 전통 음식이고 궁중요리다. 당연한 소리를 왜 하나 싶겠지만, 19세기 초반 문헌의 기록을 보면 이야기가 달라진다.

1809년에 발행된 조리서인 《규합총서(閨閤叢書)》에도 승기악탕과 조리법이 실려 있다. "묵은 닭의 내장을 꺼내고 그 속에 술과 기름, 식초를 친 후 꼬챙이로 찔러 표고버섯, 파를 넣고 계란을 까 넣어 국물을 만드니 이것이 왜관 음식으로 기생이나 음악보다 낫다는 뜻이다."

20세기 문헌과의 차이는 생선 대신 닭고기를 재료로 사용했다는 점과 우리 음식이 아닌 왜관(倭館) 음식으로 소개했다는 것이다.

《규합총서》와 같은 해인 1809년에 나온 이학규의 〈금관죽지사(金官竹枝詞)〉에도 승기악탕이 보인다. 〈금관죽지사〉는 조선 후기의 문인 이학규가 귀양살이를 했던 경상도 김해의 경치, 물산, 풍속 등을 시로 지어 노래한 문집으로 김해는 당시 왜인의 거주지였던 왜관이 설치되어 있던 곳이다.

이학규는 승기악탕을 승가기확(勝歌妓臛)이라고 표현했다. 확(臛)은 고깃국이라는 뜻이니 탕(湯)과 큰 차이가 없고, 승가기는 노래하는 기생(歌妓)보다 낫다는 뜻이니 승기악탕과 역시 대동소이해 구분을 지을 필요가 없다.

다만 이학규 역시 이 음식은 일본에서 온 음식이라고 했고, 〈금관기속시(金官紀俗詩)〉에서는 대마도에서 온 음식으로 읍중 부자들이 좋아하는데 없는 곳이 없다고 표현했다. 당시 왜관 내부뿐만 아니라 김해에 널리 퍼졌음을 알 수 있다.

19세기부터 20세기까지의 문헌을 종합해 보면 승기악탕은 19세기 초반, 조선에 거주하던 일본인들의 거류지였던 왜관에서 만들어 먹다가 주변 지역으로 퍼진 일본 음식으로 추정된다. 기생과 노래보다 낫다는 이름이 지어질 정도로 조선 사회에서 인기를 끌었던 것으로 보이는데 급기야 19세기 중후반에는 궁중잔치에까지 차려졌고 20세기에 접어들면서는 해주의 명물 음식이라는 소리가 나올 정도로 한국화한 것으로 짐작된다. 지금 우리나라 사람들이 좋아하는 초밥처럼 승기악탕 역시 19세기 조선 양반의 입맛을 사로잡았던 일본의 귀화음식이었다.

조선통신사들이 항상 접대 받았던 요리, 스키야키

왜관을 통해 조선에 전해져 승기악탕으로 발전한 원조 일본 음식은 과연 어떤 요리였을까? 승기악탕의 원조는 현대를 사는 우리에게도 익숙한 일본식 전골 스키야키가 뿌리다.

특이한 사실은 18세기 일본에 다녀온 조선통신사 일행은 하나같이 일본 현지에서 스키야키를 대접받아 먹었다는 기록을 남겼다. 18세기 초반인 1719년 신유한이 조선통신사 일행으로 일본을 다녀 와 쓴 일기인 《해유록(海游錄)》의 부록인 〈문견잡록(聞見雜錄)〉에도 스키야키가 보인다.

"음식 중에서는 삼자(杉煮)가 맛있다. 생선과 고기, 채소 등 온갖 재료를 다 모아 육수에 간장을 풀어 끓인다. 우리나라 잡탕 종류다. 옛날 한 무리의 왜인들이 비를 피하려고 삼나무 아래 모였는데 모두 배가 고팠다. 그리하여 각자 가지고 있는 음식재료를 모두 한 그릇에 모아 삼나무를 때서 끓이니 그 맛이 더욱 좋았다. 여기서 이름이 생겼다. 우리말로 삼(杉)은 승기(勝妓)라고 한다. 그래서 일반에서는 승기야기(勝妓冶岐)라고 부른다. 야기(冶岐)는 끓인다(煮)는 말이 잘못 전해진 말이다."

기생보다 낫다는 승기(勝妓)라는 말의 어원이 사실은 삼나무의 일본말 '스키(すぎ)'에서 비롯됐음을 유추할 수 있다. '야기'를 끓인다는 말이 잘

못 전해진 발음(訛音)이라 한 것은 원래 야기가 '구운(やき)'이라는 뜻이기에 한 말이 아닌가 싶다.

영조 때인 1748년, 종사관으로 통신사를 따라 일본을 다녀와 〈봉사일본시문견록(奉使日本時聞見錄)〉을 쓴 조명채 역시 일본에서 스키야키를 먹었다고 기록했다.

"대마도 도주가 사신 일행에게 승기악(勝妓樂)을 보낼 터이니 점심은 천천히 드시라고 했는데, 승기악이라는 것이 저들의 가장 맛 좋은 음식이라고 한다"고 적었다. 그러면서 승기악을 맛본 후에는 "우리나라의 열구자탕과 같은데 그 빛이 희고 탁하며 장맛이 몹시 달지만 그리 별미인지는 모르겠다"고 평가했다.

뒤이어 1763년 통신사로 일본에 갔다 온 조엄은 〈해사일기(海槎日記)〉에서 "대마도 도주가 승기악(勝妓樂)을 바쳤으니, 승기악이란 일명 삼자(杉煮)인데 생선과 나물을 뒤섞어서 끓인 것으로 저들의 일미라 하여 승기악이라고 이름 지은 것이나 그 맛이 어찌 우리나라의 열구자탕을 당하겠는가?"라고 했다.

18세기의 일본 스키야키와 당시 조선의 열구자탕, 즉 신선로가 상당히 비슷했던 것으로 짐작된다. 그렇다면 일본에서는 왜 통신사 일행에게 하나같이 스키야키를 접대했던 것일까?

두 가지로 짐작할 수 있다. 첫째는 스키야키가 당시 일본의 최고 요리였기 때문일 수 있다. 18세기 조선통신사는 일본에서 극진한 대접을 받았다. 가장 좋은 음식으로 대접 받았을 것이니 통신사 일행이 기록한 것처럼 "저들이 진미"라고 부르는 스키야키가 접대에 빠짐없이 나온 것일 수 있다.

또 하나는 일본 음식이 입에 맞지 않는 통신사의 입맛에 맞춰 준비한 요리일 수도 있다. 기존의 평범한 일본 스키야키를 조선의 열구자탕과 비슷하게 만든 요리일 가능성도 있다. 당시 조선에 진출해 있던 왜관을 통해 사신 접대용 음식으로 만들었을 가능성도 배제할 수만은 없을 것 같다. 왜냐하면 18세기 일본 문헌에는 조선통신사 일행이 기록한 것처럼 스키야키가 일본에서 널리 알려진 가장 맛있는 음식이라는 기록이 보이지 않기 때문이다. 일본의 일부 학자들의 말처럼 간장 국물과 고기, 생선 정도로 맛을 내던 전골이 조선의 열구자탕처럼 풍부한 채소와 만나면서 화려하고 풍부한 요리로 바뀐 것일 수도 있다.

메이지 정부의 '소고기 장려'가 몰고 온 스키야키 바람

지금 우리가 먹는 일본 스키야키는 얇게 썬 쇠고기와 적당한 크기로 썬 두부, 배추, 쑥갓, 다시마, 곤약 등을 냄비에 넣고 조미를 한 후 날계란을 푼 개인 접시에 덜어 먹는 요리다.

스키야키의 유래에 대해서는 여러 이야기가 있다. 밭을 가는 데 쓰는 농기구인 쟁기에 고기를 구워 먹는 것에서 유래했다는 설도 있고, 삼나무 상자에 생선과 채소를 끓여 먹었던 것에서 발달한 요리라는 말도 있다.

일본 문헌에는 1643년에 간행된 요리책인 《요리물어(料理物語)》에 스키

야키(杉やき)가 보인다. 도미 등의 해산물과 조개류를 채소와 함께 삼나무 상자에 넣어 된장으로 끓인 음식으로 그려져 있다. 삼(杉)나무는 일본어로 스기(すぎ)로 삼나무 상자에 구웠다(燒き)고 해서 스기야키(すぎ 燒き)였는데 나중에 스키야키로 발음이 바뀌었다고 한다.

하지만 1801년의 요리책인 《요리조지남(料理早指南)》에는 스키야키(鋤やき)를 쟁기 위에 새고기를 굽는 요리로 적었다. 또 1804년 《요리담합집(料理談合集)》과 1829년 《경육조미방(鯨肉調味方)》에는 오래된 쟁기를 불에 쬐어 오리, 닭고기나 고래고기, 어류 등을 가열하는 일종의 구이요리였다.

전설처럼 전해지는 이야기도 있다. 막부시대를 연 도쿠가와 이에야스(德川家康)와 관련된 이야기다. 물론 문헌에는 나와 있지 않고 입으로 전해지는 속설이다.

도쿠가와 이에야스가 어느 날 매사냥을 나갔다. 돌아오는 길에 농부의 집에 들려 사냥으로 잡은 기러기와 오리를 내놓으며 음식을 만들어 오라고 했다. 농부는 평소 자기네들이 먹는 그릇이 도쿠가와 이에야스가 사용하기에는 너무 더럽고 형편없어 고민을 했다. 그래서 농사지을 때 쓰는 가래(쟁기)를 깨끗이 닦은 후 그 위에 고기를 구워 바쳤다. 이것이 스키야키의 유래라고 한다. 그래서 가래(鋤)를 뜻하는 스키(すき)와 구이라는 뜻의 야키(燒き)를 합성해서 스키야키(すき燒き)라는 요리가 되었다고 한다.

스키야키의 유래설이 다양한 것만큼이나 일본에서는 지역에 따라 전통 스키야키의 요리도 천차만별이었다고 한다.

어쨌거나 문헌 기록으로 보면 스키야키는 일본 농민들의 음식에서 발달한 것으로 짐작할 수 있다. 농민들이 이것저것 여러 재료를 모아 끓이거나 구워 먹었던 것으로 보이는데, 이랬던 스키야키가 일본에서 크게 퍼진 것은 엉뚱하게도 메이지유신과 관련이 있다. 일본은 메이지유신과 함께 1000년 넘도록 먹지 못하게 금기시했던 소고기를 먹으라고 강요한다. 음식문화 역시 서양을 따라가기 위해서였다.

그동안 먹지 않던 소고기를 먹으라고 강요하니 일본인들은 소고기 자체를 먹지는 못하고 평소 생선이나 조류로 만들어 먹던 스키야키에 생선이나 새고기 대신 슬쩍 소고기를 넣어 먹기 시작했다. 이른바 규나베(ぎゅうなべ)라고 하는 소고기 전골, 스키야키의 옛날 요리다.

심지어 소고기 먹을 것을 장려하면서 이 무렵에는 사농공상을 비롯한 계급을 막론하고, 남녀를 떠나서, 부자와 가난한 사람을 가리지 않고 "소고기를 먹지 않는 사람은 개화하지 못한 미개인"이라는 놀림을 받았다. 스키야키가 널리 퍼지게 된 배경이다.

한국과 일본은 참 묘하다. 서로 견원시하면서도 알게 모르게 깊은 영향을 주고받는다. 신선로와 승기악탕, 그리고 스키야키가 그렇다. 서로 별다른 관련도 없어 보이는 음식이지만 또 다른 한편으로는 밀접한 관련이 있다. 18세기 조선통신사를 접대했던 일본 음식 스키야키가 조선에 전해지면서 승기악탕이라는 요리로 한국화했다. 그리고 스키야키가 조선 사신의 접대음식으로 발전하게 된 배경에는 조선 요리인 신선로, 즉 열구자탕이 알게 모르게 깊은 작용을 했다.

한국 혹은 중국, 어쩌면 모두의 소울푸드
짜장면

한국의 미스터리한 '국민음식'

한국에서 짜장면은 국민음식으로 꼽는다. 중국에서 전해진 음식인데 어떻게 한국인의 국민음식이 됐을까? 짜장면은 원래 가난한 농민, 노동자들이 먹었던 음식이었다. 그런데 이런 짜장을 누가, 그리고 어떻게 한국인이 모두 즐겨 먹는 맛있는 음식으로 탈바꿈시켜 놓았을까?

짜장면처럼 논란의 중심에 서 있는 음식도 드물다. 일부 한국인과 중국인이 한국 음식이냐, 중국 음식이냐를 놓고 논쟁까지 벌인다. 짜장면은 어찌 보면 중국보다 한국에서 더 흔하게 먹을 수 있는 음식이다. 한국 사람들은 '국민음식'이라는 이름을 붙여도 어색하지 않을 정도로 짜장면을 좋아한다. 그러니 짜장면의 국적을 놓고 논쟁이 벌어지는데 원조는 중국이지만 한국에 전해져 철저하게 한국화한 음식이기 때문에 한국 음식으로 봐야 한다는 논리다.

끊임없이 이런 논란이 생기는 이유는 짜장면이 태생이 애매한 음식이기 때문이다. 역사도 확실하지 않고 정체도 조금은 애매한 부분이 있다. 때문에 잘못 알려지거나 오해하는 부분도 많다.

짜장면에 대해 잘못 알려진 부분은 먼저, 중국에는 짜장면이 없다는 주장이다. 당연한 이야기겠지만 중국에도 짜장면이 있다. 다만 한국식 짜장면이 없을 뿐이다. 한국식 짜장면은 한국인의 입맛에 맞게 철저하게 한국화된 음식이다. 중국에는 당연히 중국식 짜장면이 있을 뿐이다.

또 하나는 짜장면의 본 고장은 산둥성이라는 것이다. 이 부분은 사실과 다르다. 짜장면은 중국 북방에서 발달한 음식이다. 산둥성도 그중 한 곳일 뿐이다. 다만 우리나라에는 산둥 화교들이 자신들이 먹던 짜장면을 전했을 뿐이다. 또 하나, 짜장면은 단무지와 함께 먹어야 제맛인데 이것도 이상하다. 단무지는 일본 반찬인데 왜 한국에 있는 중국 음식점의 필수 반찬이 됐을까? 모두 짜장면의 역사와 관련이 있으니 짜장면의 이력을 훑어볼 필요가 있다.

부드럽고 달콤한 맛에 담긴 우리 근현대사의 명암

중국 음식인 짜장면이 언제 우리나라로 건너와 어떻게 한국 사람들의 사랑을 받는 국민적인 음식으로 발전하게 됐는지 정확하게 알 수는 없다. 하지만 한국에서 짜장면이 발달한 역사를 통해 한국 근현대사의 명암을 엿볼 수 있다.

짜장면이 한국에 전해진 시기는 아무래도 1882년 임오군란의 영향으로 이듬해인 1883년 당시 제물포였던 인천이 개항을 하고, 1884년 청나라가 인천에 조계지를 만들어 청나라 사람들이 들어와 거주하기 시작하면서부터였을 것이다. 한국 화교의 효시를 1882년(고종 19년) 임오군란 때 청나라 장수 오장경(吳長慶) 제독 휘하의 군대를 따라온 40여 명의 상인들로 본다. 1884년 제물포에 청나라의 조계지가 조성됐다. 주로 산동 출신들이 서해를 건너와 제물포에 정착하면서 점포를 열었다. 이들과 함께 중국인 일꾼들, 막노동자들도 건너왔는데 짜장면은 상인들, 그리고 노동자들이 만들어 먹고 팔았던 음식이었을 것이다.

19세기 후반에 중국인, 중국 노동자들이 한국에서 짜장면을 먹었을지 몰라도 중국 음식점에서 언제부터 한국(조선) 사람을 대상으로 짜장면을 만들어 팔았는지는 정확하게 알 수 없다. 흔히 우리나라 짜장면의 원조는 인천에 있는 중국 요릿집 '공화춘(共和春)'으로 알려져 있다. 공화춘이 문을 열었다는 1905년을 한국 짜장면의 기원이 되는 해라고 하는데, 분명한 고증이 필요하다. 특히 공화춘에서 언제부터 짜장면을 팔게 됐는지도 논란거리가 된다.

먼저 인천 선린동 소재, 옛 공화춘 건물에 있는 짜장면박물관 자료를 통해 짜장면의 역사를 보면 1905년 스물두 살 청년 우희광이 고향인 산둥성을 떠나 인천에 와서 1907년 인천항 부근에 산둥회관이라는 객잔(客棧)을 열었다고 했다. 공화춘의 전신이다. 객잔은 상인들에게 숙식을 제공하는 일종의 여관 겸 식당이다. 그러니까 공화춘이 본격적으로 영업을 한 시기는 1905년이 아닌 1907년일 가능성이 높다.

산둥회관이 공화춘으로 이름을 바꾼 것은 1912년이다. 상호를 바꾼 것은 단순히 이름을 바꾼 것이 중요한 것이 아니라 청요릿집으로 사업이 번창했다는 의미다. 그리고 1917년 현재의 짜장면박물관 자리를 매입해 청요릿집으로 유명해졌다고 한다.

지금의 중국 음식점이 누구나 와서 부담 없이 음식을 먹을 수 있는 대중음식점인 것과 달리 당시 청요릿집은 비교적 값비싼 외국요리를 파는 고급 외국 레스토랑이었다. 반면 짜장면은 기본적으로 막노동자들이 혹은 농민이나 상인들이 대충 한 끼를 때우는 막국수의 한 종류였다.

그렇다면 언제부터 짜장면을 청요릿집에서 팔기 시작했을까? 특히 공화춘처럼 인천에서 유명한 청요릿집에 짜장면이 메뉴로 등장한 시기가 언제일까?

공화춘의 전신인 산둥회관이 문을 열자마자 짜장면을 만들어 한국인에게 팔았다는 이야기는 설득력이 떨어진다. 왜냐하면 산둥회관은 무엇보다 중국을 오가는 중국인 상인을 고객으로 삼은 여관이었기 때문이다. 때문에 짜장면이 한국(조선) 사람들의 입맛을 끌기 시작한 시기가 바로 공화춘을 비롯해 유명한 청요릿집에서 짜장면을 메뉴로 정한 시기일 것이다. 돈 많은 부자들이 들락거리면서 먹는 청요릿집에서 파는 간단한 음식인 짜장면을 먹으며 짜장면에 대한 일반인들의 기대치가 높아졌을 것이기 때문이다.

짜장면이라는 음식 이름이 언론에 오르내리는 것은 1930년대 초중반이다. 당시 〈동아일보〉, 〈별건곤〉과 같은 잡지에 짜장면이라는 음식이 보인다. 기사의 내용만으로는 판단이 불가능하지만 문맥상 고급은 아닐지라도 그렇다고 싸구려 음식으로는 보이지 않는다.

1960~70년대 초반까지 지금의 초등학교, 중고등학교 졸업식 때 특별히 먹는 음식이었을 정도로 짜장면은 서민들이 어쩌다 먹는 외식음식이었다. 1960년대 이전, 일제강점기 시절에는 당연히 지금보다는 더 비싼 음식이었을 가능성이 높다. 그러니 짜장면이 한국에 들어와 정착하는 과정은 막노동자들의 음식이 언제, 그리고 어떻게 청요릿집 메뉴에 오르게 되었는지 여부와 관련이 있을 것이다.

그렇다면 짜장면의 대중화는 어떻게 이뤄졌을까? 짜장면이 외식문화의 대표적 음식, 한국인들이 좋아하는 대중적인 음식으로 사랑 받게 된 것은 1950년대 이후로 짐작된다.

'사자표 춘장'이라는 짜장면 춘장의 등장과 전후 미국의 밀가루 원조가 교묘하게 맞물렸기 때문이라는 것이다. 1948년 '영화장유'라는 식품회사를 차린 산둥 출신 화교 왕송산이 달콤한 맛을 선호하는 한국인을 위해 중국 춘장에 설탕을 가열해 만든 캐러멜을 혼합했다. 때마침 쏟아져 나온 값싼 밀가루와 춘장이 만나 짜장면으로 대중화됐다는 것이다.

서민들의 허기와 추억을 달래주는 '소울푸드'

짜장(炸醬)은 중국말로 볶은 된장이라는 뜻이다. 된장은 날로 먹기는 어려운 식품이었지만 볶아서 가공을 하니 훌륭한 음식이 됐다. 짜장면의 탄생이다. 짜장면은 중국에서도 인기가 높다. 특히 수도인 베이징 사람들이 좋아하는데 베이징 시내를 다니다 보면 '옛날식 베이징 짜장면(老北京 炸醬麵)'이라는 간판의 국수집을 심심치 않게 발견할 수 있다.

전통 짜장면이라는 간판으로 손님을 유혹할 정도로 베이징 시민들에게 짜장면은 추억의 음식이다. 중국의 짜장면은 조금 애매한 측면이 있다. 중국 국수의 역사와 종류를 연구한 《중국면조집금(中國麵條集錦)》이라는 책에 짜장면은 중국의 도시인이나 시골사람 모두가 즐겨 먹는 대중음식이라고 나온다. 중국인들 스스로도 짜장면은 중국 북방을 대표하는 국수라고 말한다.

중국에는 지역별로 유명한 6대 국수가 있는데 여기에 짜장면도 포함돼 있다. 참고로 6대 국수는 산서(山西)의 도삭면(刀削麵), 란주(蘭州) 쇠고기 라면(牛肉拉麵), 광둥(廣東) 이부면(伊府麵), 무한(武漢) 열간면(熱干麵) 사천(四川) 단단면(担担麵)과 함께 북경(北京) 짜장면(炸醬麵)이 중국 6대 국수다.

그럼에도 중국 짜장면의 정체성이 애매하다고 하는 것은 북방의 대표 국수라면서 문헌에는 '짜장면(炸醬麵)'이라는 음식이 보이지 않기 때문이다. 함부로 단정해 말할 수는 없겠지만 명청시대 문헌에는 짜장면이 거의 나오지 않는다.

그나마 빠른 기록으로 1894년에 간행된 《영경승평후전(永慶升平后傳)》이라는 무협소설에 짜장면이 보이고 1915년의 《옹정검협도(擁正劍俠刀)》라는 무협소설에 짜장면이 등장한다. 중국 문헌에 왜 짜장면이 보이지 않는지, 그리고 기껏 19세기 말, 20세기 초에 들어서야 소설, 그것도 무협소설에서나 보이는지 그 이유는 세 가지로 추측할 수 있다.

첫째, 짜장면이라는 음식이 나온 문헌을 발견하지 못한 것일 수도 있다. 둘째, 짜장면이 아닌 다른 명칭으로 불렸을 가능성도 있다. 첫째, 둘째 추측은 모두 가능성이 제로에 가깝다. 가장 큰 이유는 일반 서민들이 먹는 하찮은 음식이라 선비가 남긴 문헌에 이름이 오르지 못했을 수도 있고, 아니면 아예 이름조차 지을 필요가 없는 음식이었기 때문일 수도 있다. 가장 가능성이 높은 추측이다.

참고할 만한 기록이 있다. 19세기 말, 20세기 초의 인물로 중국 근대 문학가인 루쉰(魯迅)이 〈고사신편(故事新編)〉이라는 글에 "밤에 야식을 내와 식탁에 놓는데 한편에는 아무 양념도 하지 않은 커다란 국수(白麨) 그릇을 놓고 다른 한편에는 오리고기를 넣고 볶은 짜장(炸醬) 그릇을 놓았다"고 묘사했다.

국수 따로 짜장 따로인데, 쉽게 말하자면 삶은 국수에 볶은 된장(짜장)을 넣고 비벼 먹는 것이다. 지금 북경에서 먹는 옛날식 북경 짜장면이 바로 이런 식이다.

삶은 국수에 우리 된장과 비슷한 장을 넣고 거의 익히지 않은 숙주나물과 오이채와 무채, 배추 등을 넣고 비벼 먹는다. 된장을 볶았다고 하지만 우리 입맛으로는 거의 날된장이나 다름없다. 한국식으로 표현하자면 삶은 국수에 장독에서 퍼 온 고추장을 넣고 비빈 것에 지나지 않는다. 그리고 반찬 삼아 밭에서 딴 오이나 채소를 썰어서 넣었을 뿐이다.

왜 짜장면이라는 음식이름이 문헌에 제대로 보이지 않는지는 우리 음식을 생각해보면 이해할 수 있다. 우리나라 역시 옛날 메밀국수를 삶은 후 밭에서 딴 오이나 채소를 넣고 고추장을 넣어 쓱쓱 비벼 먹었다. 특별히 이름을 지을 것도 없기 때문에 막국수다. 지금은 막국수라는 이름으로 불리지만 예전에는 막 먹는 국수였기 때문에 아예 이름조차 없었다.

중국 문헌에 왜 짜장면이라는 이름이 보이지 않는지를 우리 막국수에서 짐작할 수 있다. 우리가 고추장에 비빈 것처럼 중국 사람들은 중국 된장에 국수를 비볐다. 삶은 국수를 아무 양념 없이 그대로 먹기는 힘들기 때문이다.

짜장면은 중국, 특히 북방지역 곳곳에서 먹을 수 있으니 북방을 대표하는 국수였던 것만큼은 분명하다. 하지만 지역에 따라 비비는 중국식 된장에 조금씩 차이가 있다.

북경에서는 황장(黃醬)이라는 노란 콩으로 만든 된장을 넣는다. 볶았다고 하지만 우리의 날된장에 가깝다. 반면 산둥지방은 약간 달콤한 첨면장(甛麪醬)을 넣고, 동북지방에서는 대장(大醬)이라는 된장을 볶아 넣는다. 한국에 전해진 짜장면은 산둥지방 음식이기 때문에 달콤한 첨면장(甛麪醬)이 기본이 됐다. 여기에 한국인의 입맛에 맞게 캐러멜을 첨가했기 때문에 중국 짜장면에 비해 달고 색깔도 검다.

거의 생된장에 비비는 중국의 옛날 짜장면이 어떻게 북경시민의 향수를 부르는 음식이 됐을까? 중국 북방의 농민들이, 노동자들이 먹는 국수이기도 했지만, 청나라 말기에는 북경 중산층에게도 꽤 널리 퍼졌던 것으로 추정된다. 전해지는 이야기가 있다.

서양 열강들이 청나라를 넘보던 1900년, 중국에서 민중봉기인 '의화단의 난'이 일어난다. 그러자 자국민 보호를 핑계로 영국, 미국, 독일, 프랑스, 일본, 러시아, 이탈리아, 오스트리아 등 8개국이 연합군을 만들어 베이징을 점령한다. 추억의 명화 〈북경의 55일〉이 바로 이 사건을 무대로 만든 영화다.

이때 서태후와 광서제가 자금성을 버리고 멀리 시안까지 피난을 갔는데 허겁지겁 도망치느라 제대로 준비도 못 하고 떠났다. 배가 고픈 서태후 일행이 도중에 농가에 들러 짜장면을 한 그릇 얻어먹었다. 얼마나 배가 고팠는지 삶은 국수에 된장을 비빈 짜장면을 두 그릇이나 비웠다고 하니 곱빼기를 먹은 셈이다.

전쟁이 끝나 자금성으로 돌아와서도 피난길에 먹었던 짜장면이 생각나 가끔씩 주문을 했다. 궁중요리사들은 솜씨를 발휘해 태후에게 올린 짜장면을 맛있게 만들었다. 고관대작들도 태후를 따라 먹으면서 베이징에 퍼졌다. 농촌음식인 짜장면이 베이징에서 유행하게 된 배경이라는 것이다.

문헌적인 근거는 전혀 없다. 그저 구전으로 전해져 내려올 뿐이지만, 상징적인 이야기이다. 우리 막국수가 6 · 25전쟁과 강원도 지역에 근무했던 군인들을 통해 전국적으로 유명한 음식이 된 것처럼 중국식 막국수인 짜장면이 유행한 계기를 서태후 이야기에서 찾고 있는 것으로 추정된다.

짜장면이 한국인의 국민음식으로 발전하기까지는 근현대사에서 우리

민족이 겪었던 아픔이 고스란히 담겨 있다. 개화기 외세가 밀려오면서 중국 세력, 중국 상인과 심지어 막노동자들까지 우리나라에 들어왔다. 호떡집에서부터 청요릿집에 이르기까지 곳곳에서 조선인의 상권을 침해하고 마찰을 빚는다.

짜장면이 널리 보급된 배경은 6·25전쟁 이후 미국의 밀가루 원조도 빼놓을 수 없다. 그러니 짜장면에 우리의 근현대사가 녹아 있다고 보는 것이다. 하지만 음식문화사적인 측면에서 짜장면은 단무지와 함께 의미를 갖는 음식이다. 중국 음식, 일본 음식을 완전히 우리 음식으로 재창조했기 때문이다.

입에 맛있는 음식은 모두가
창자를 짓무르게 하고 뼈를 썩게 하는 나쁜 약이다.
실컷 먹지 말고 5분쯤에 멈추면 재앙이 없다.
_채근담

중국집 식탁에 올라온 근현대사의 애환

단무지와 짜차이

짜장면과 단무지는 어떻게 찰떡궁합이 되었을까?

중국 음식을 먹을 때는 반찬으로 단무지를 먹는다. 짜장면이나 짬뽕과 같은 한국식 중화요리에는 단무지가 찰떡궁합이다. 특히 짜장면을 먹을 때 단무지가 없으면 뒷맛이 찝찝할 정도다.

한국인이 좋아하는 단무지의 뿌리는 일본 절임 채소인 '다쿠앙(たくあ ん)'이다. 그러고 보면 중국 음식점의 단무지는 조금 특이한 부분이 있다. 한국 땅에서 중국 음식을 먹으며 일본 반찬을 먹는다는, 한중일 합작의 독특한 식사 구조다.

중국 음식점에서는 왜 하필 단무지를 반찬으로 내주었을까? 처음에 중국 화교들이 한국에 중국집을 열었을 시기에는 한국인의 입맛에 맞는 김치, 깍두기도 있고 아니면 짠지도 있었을 것이고 아니면 중국식으로 짜차이나 중국 절임 채소인 파오차이도 있었는데, 어째서 일본식 단무지를 반찬으로 내놓게 된 것일까?

우리나라에서 일본 다쿠앙인 단무지가 퍼진 것도 중국 음식점이 한몫을 했다. 짜장면, 짬뽕을 먹을 때 반찬으로 먹던 단무지가 분식집으로, 김밥으로 확산되면서 한국인 입맛의 한 부분을 차지했기 때문이다.

옛날 중국 화교들이 한국에서 중국 음식을 팔면서 일본 반찬을 제공한 것에는 여러 이유가 있었을 것이다. 음식의 특성뿐만 아니라 시대적인 배경과 경제적·사회적 이유가 복합적으로 얽혀 있었던 것으로 보인다.

중국 음식점에서 일본식 단무지를 반찬으로 내놓은 배경을 이해하려면 먼저 경양식을 팔았던 옛날 레스토랑을 기억할 필요가 있다. 경양식은 돈가스나 비프가스 혹은 함박스테이크 등이 주 메뉴이고, 밥이나 빵을 선택할 수 있으며 수프가 곁들여 나온다. 그리고 반찬은 소스를 끼얹은 양배추와 단무지였다.

경양식(輕洋食)은 글자 뜻 그대로 풀이하면 '가볍게 먹는 양식'이다. 그런데 반찬으로 일본 단무지가 나온 이유는 경양식은 무늬만 양식일 뿐 사실 일본 음식이기 때문이다. 경양식 집에서 팔던 돈가스, 비프가스, 함박스테이크 등이 모두 서양 요리를 변형시켜 만든 일본 음식이다. 경양식 집도 실은 일본에서 유행했던 음식점이다. 모두가 일본식이니 반찬으로 일본의 단무지인 다쿠앙이 제공되는 것이 당연했다.

우리나라에 있는 중국 음식점이 일본의 단무지를 제공하게 된 이유도 같은 맥락에서 유추해볼 수 있다. 화교들이 한국에서 중국 음식점을 열었던 시기는 일제강점기 때다. 조선 땅에서 중국 음식으로 장사를 했지만 고객의 상당수는 돈 있는 일본인들이었다. 그러니 일본의 영향을 받지 않을 수 없었다.

지금 중국집 메뉴를 봐도 당시 상황을 짐작할 수 있다. 짜장면은 한국화한 중국 음식이지만 짬뽕은 원래 일본에서 만들어진 중국 음식이다. 중국 음식이 일본에서 변형되어 짬뽕이 됐고, 한국으로 오면서 또 변형되어 현재의 매운 짬뽕이 됐다. 군만두도 사실은 일본식이다. 예전에는 야키만두(燒き饅頭)라고 불렀던 것에서도 일본식 만두임을 알 수 있다. 중국의 군만두(煎餃子)와는 또 다르다.

현재의 메뉴에서도 일본화한 중국요리가 많은 것을 보면 일제강점기 때 중국집 손님 중에는 일본 사람이 적지 않았음을 짐작할 수 있다. 그러니 반찬으로 단무지가 나왔을 것이다.

에도시대에 탄생한 최고의 '국민 밑반찬'

단무지는 알다시피 일본에서 기원해 우리나라로 건너온 일본식 반찬이다. 소금물에 무를 절여서 먹는 반찬으로 우리나라에서는 짠지나 동치미가 대표적이고, 중국에서는 짜차이를 꼽지만, 일본에서는 단무지가 발달했다.

우리가 단무지로 알고 있는 다쿠앙은 원래 다쿠앙츠케(澤庵漬け), 다시 말해 '다쿠앙의 절인 채소'의 줄임말이다. 어원에 대해서는 여러 설이 있지만 대표적으로 다쿠앙(澤庵)이라는 일본 승려가 절인 채소에서 비롯됐다는 이야기가 전해진다.

임진왜란이 끝난 후 지금의 도쿄인 일본의 에도(江湖)는 막부가 설치되면서 일본의 정치, 경제, 문화의 중심지로 떠오른다. 일본 사람들이 시대를 구분할 때 쓰는 '에도시대'가 시작된 것이다.

에도시대 초기에 다쿠앙 소오호(澤庵宗彭)라는 유명한 승려가 있었다. 부친이 사무라이 출신으로 전쟁에 패해 낭인이 됐다. 그로 인해 다쿠앙은 여덟 살 때 출가를 해서 승려가 됐다. 1573년에 태어났으니까 임진왜란이 끝났을 무렵에 스물다섯 살이었다.

현재 도쿄에 있는 동해사(東海寺)라는 절을 다쿠앙 스님이 창건했다. 어느 날, 에도 막부의 3대 쇼군(將軍)인 도쿠가와 이에미스(德川家光)가 동해사를 방문했다. 갑작스러운 방문으로 쇼군이 먹기에 걸맞은 특별한 음식을 준비할 겨를조차 없었기에 주지인 다쿠앙 스님은 평소 스님들이 먹으려고 소금과 쌀겨에 절여 두었던 무를 하얀 쌀밥과 함께 제공했다. 절인 무를 맛있게 먹은 도쿠가와 이에미스가 반찬 이름이 무엇이냐고 묻자 스님은 특별한 이름이 없다고 대답했다. 그러면 이에미스는 '다쿠앙이 만든 절인 채소(澤庵漬け)'라고 부르라고 해서 다쿠앙츠케, 즉 다쿠앙이라는 음식 이름이 만들어졌다.

다쿠앙이라는 이름의 유래에 대해서는 여러 가지 설이 있는데 또 다른 하나는 저장해서 먹는 채소라는 뜻에서 비롯된 이름이라는 이야기도 있다. 단무지인 다쿠앙은 원래 일본 간사이(關西) 지방에서 담가 먹었던 절인 채소였다고 한다. 그곳에서는 절인 무를 저장한 채소(貯え漬け), 즉 다쿠와에츠케(たくわえづけ)라고 불렸는데 에도로 전해지면서 발음이 변해 다쿠앙으로 부르게 되었다는 것이다.

다양한 다쿠앙 유래설 중에서 어떤 것이 맞는지는 모르겠지만 분명한 것은 일본 단무지인 다쿠앙이 일본에 널리 퍼진 것은 다쿠앙 스님이 살았던 에도시대 초기다. 전통적인 다쿠앙 제조방법은 햇볕에 살짝 말린 무를 쌀겨와 소금에 절이는데 이 과정에서 농축된 무맛과 짠맛 그리고 쌀겨 속의 곰팡이 균이 전분을 분해해 단맛이 생기고, 무 또한 노랗게 변한다.

노동자들의 고달픈 삶이 녹아든 눈물의 반찬

요즘 중국 음식점에서는 단무지와 함께 짜차이라는 중국 절임채소를 밑반찬으로 내놓는다. 우리에게 낯설다면 낯선 짜차이는 중국 서민들이 가장 많이 먹는 절임 채소다. 우리나 일본처럼 중국에도 엄청나게 많은 종류의 절임 채소가 있지만 가장 일반적인 것은 역시 짜차이다.

반찬 개념이 우리보다는 약한 중국이지만 일반 가정에서 짜차이는 식사 때마다 우리의 김치처럼 빼놓지 않고 먹는다. 아침이면 죽 한 그릇에 짜차이를 반찬 삼아 먹고 점심이나 저녁식사 때는 간단한 요리 한두 가지를 짜차이를 포함한 밑반찬과 함께 먹는다.

짜차이는 중국 노동자들에게는 필수품이다. 일자리를 찾아 농촌에서 도시로 몰려 온 노동자, 중국식 표현으로 민공(民工)들은 대부분 만두 한두 개로 끼니를 때운다. 여기서 만두는 우리의 만두와는 다른 고기나 채소와 같은 소가 전혀 들어 있지 않은, 반죽한 밀가루를 발효시켜 찐 만터우다. 만터우를 먹으며 짜차이를 한 젓가락씩 집어 먹으면 식사 끝이다. 이렇듯 짜차이는 중국 서민생활에서 떼려야 뗄 수 없는 필수 식품이다.

때문에 중국에는 몇 년 전부터 '짜차이 지수(index)'까지 생겼다. 짜차이 소비를 통해 특정 경제 추이를 읽는 것이 가능하기 때문이다. 많이 알려진 '빅맥 지수(big mac index)'와 비슷하다. 빅맥 지수는 1986년 영국의 경제전문 주간지 〈이코노미스트〉에서 만든 지수다. 세계 각국에 진출한 맥도널드의 대표 메뉴인 빅맥 햄버거의 현지 가격을 보면 각 나라 화폐의 실질 구매력을 알 수 있다.

이처럼 짜차이 지수를 통해서 도시 유동인구의 추세를 살펴볼 수 있다. 특히 통계로는 제대로 잡히지 않는 도시의 일용직 노동자, 건설 노동자의 증감 추이를 짐작할 수 있다. 건설 노동자들의 이동 추세를 알아볼 수 있기 때문에 건설 경기나 부동산 경기를 가늠하는 선행지표로도 활용할 수 있다. 중국 국가발전개혁위원회에서 비공식적으로 개발한 지수다.

중국 노동자들은 앞서 말한 것처럼 짜차이를 반찬 삼아 만두 한두 개로 식사를 때운다. 때문에 한 도시의 짜차이 소비가 급증했다는 것은 그 도시에 일용직 근로자들이 많이 몰려들었다는 사실을 의미한다. 그만큼 건설현장이 늘었다는 뜻이고 건설경기가 활발하다는 의미가 된다. 건물 공급이 늘었다는 것은 곧 부동산 경기가 활성화됐다는 의미로 이어진다.

평범하기 짝이 없는 서민 음식 하나를 가지고 통계에는 나타나지 않는 경제 추이를 읽을 수 있다는 것이 한편으로는 신기하지만 또 다른 한편으로 경제 지표로서의 신뢰가 가능한 까닭은 짜차이가 그만큼 서민들의 식생활에서 빼놓을 수 없는 대체 불가에 가까운 필수 식품이기 때문이다.

요즘은 우리나라에서도 어렵지 않게 볼 수 있는 짜차이는 도대체 어떤 식품일까? 얼핏 보기에는 수분을 제거한 무를 양념으로 무쳐놓은 것 같지만 짜차이의 재료는 정확하게 겨자 종류의 채소다.

줄기가 혹덩어리처럼 부푼 겨자 종류 채소를 가공할 때 압착을 통해 수분을 거의 제거하기 때문에 즙을 짜다는 뜻의 한자인 자(榨), 중국어 발음으로 짜(zha)와 채소를 뜻하는 차이(菜)를 합쳐 짜차이가 됐다.

중국 사람들이 언제부터 짜차이를 먹기 시작했는지는 확실히 알 수 없다. 중국 인터넷 등에서는 약 1000년 전 무렵인 중국 송나라 때부터라고 하지만, 문헌적인 근거는 확실치 않다. 소금에 절인 채소, 무말랭이처럼 다양한 방법으로 물기를 제거한 채소는 훨씬 이전부터 먹었으니 송나라 때 짜차이가 만들어졌다는 주장이 사실이라면 짜차이용 겨자가 그 무렵 재배되기 시작한 것이 아닐까 싶다.

우리와 짜차이의 인연도 생각보다는 오래됐다. 중국과 교류가 활발해지면서 우리나라에 짜차이가 소개된 것 같지만 사실 한국전쟁 때 대량으로 들어왔다. 다만 당시 짜차이는 우리와는 악연이었기에 대중적으로 알려지지 않았을 뿐이다.

한국전쟁에 참전한 중공군의 주요 부식이 짜차이였다. 1950년 1월, 중국 공산당 중앙군사위원회에서는 중공군의 병참지원과 지역경제를 활성화한다는 차원에서 짜차이를 인민해방군의 부식으로 채택했다. 그리고 한국전쟁이 일어나자 짜차이를 대량으로 공급했다. 1952년의 공급량이 1000톤 규모였다. 중공군 병사가 등에 맨 마대자루 속에는 미숫가루와 짜차이가 들어 있었다.

중국 음식점의 단골 반찬인 단무지와 짜차이에는 힘없던 시절 우리 민족의 애환이 담겨 있다.

긴긴 겨울 끝에 마주하는 논밭의 색채,
추수를 마치고 마주하는 환한 보름달.
자연의 법칙에 순종하기는 했으나,
그 속에 세상의 이치나 삶의 의미를 부여하는 방법은
한국과 중국, 일본 모두 달랐다.
의식을 치르는 잔칫상과 제사상 위에
풍속을 담아낸 독특한 문화적 색채를 들여다본다.

Part 4

● ● ● ● **●** ● ● ●

풍속을 밥상에 올리는 세 가지 방식

새봄의 희망을 음미하는 방식

오신채, 춘권, 칠종채

봄채소를 음미하며 한 해의 건강을 기원하다

스프링롤, 다른 이름으로 춘권은 얇게 민 밀전병이나 쌀 전병에 채소
와 당면, 소고기, 돼지고기, 새우 등을 돌돌 싸서 먹거나 기름에 튀겨서
먹는 음식이다. 흔히 중국이나 동남아에서 많이 먹는 딤섬 종류로 알려
졌다. 미국에서도 널리 퍼졌기 때문에 지금은 춘권이라는 이름과 함께
스프링롤이라는 이름으로도 많이 알려져 있다.

스프링롤이나 춘권은 이름이 흥미로울 뿐만 아니라 의미도 있는 음식
이다. 스프링롤은 스프링(spring)이 봄, 롤(roll)이 둘둘 말다라는 뜻이니까
봄을 둘둘 말았다는 뜻이다. 봄 춘(春)자에 말 권(捲)자를 쓰는 춘권을 그
대로 영어로 번역한 것이다.

이름이 재미있으면서도 낭만적이면서 동시에 의미가 있는 스프링롤.
춘권의 의미가 고스란히 녹아 있다. 춘권은 옛날 새봄이 온 것을 기념해

먹는 입춘 명절 음식으로, 아시아 사람들의 새봄맞이 소망이 담긴 음식이다. 옛날 사람들은 새봄이 시작되는 입춘에 다섯 가지 봄채소를 쟁반에 담아 먹으며 새롭게 시작되는 봄맞이 소망을 빌었다.

춘권은 옛날 우리나라나 중국에서 입춘에 먹었던 다섯 가지 매운 봄채소인 오신채(五辛菜)가 뿌리다. 처음에는 채소만 먹다가 우리나라에서는 끝까지 다섯 가지 채소만 먹었고, 일본에서는 일곱 가지 채소로 변형됐으며, 중국에서는 채소를 밀전병에 싸서 먹는 춘권으로 바뀌었다. 이 음식이 여러 나라로 퍼지면서 베트남에서는 차조, 미국에서는 스프링롤이라는 이름을 얻었다.

밀전병에 봄채소를 돌돌 말아 싼 춘권은 언제 생겨난 음식일까? 입춘을 맞아 새롭게 싹이 돋은 봄채소를 먹다가 밀전병에 싸서 먹기 시작한 것은 대략 중국의 송나라 말, 원나라 초기로 추정된다.

당나라, 송나라 때는 봄에 새싹이 돋아난 다섯 가지의 채소를 쟁반에 담아 과일이나 엿과 함께 친척과 친지에게 돌리며 봄을 축하하는 풍속이 유행했다. 봄채소를 담은 쟁반을 봄맞이 쟁반이라는 뜻에서 춘반(春盤)이라고 불렀다.

궁궐이나 여유 있는 상류층에서는 엄청나게 많은 돈을 들여 춘반을 사치스럽게 꾸몄다. 송나라 때 주밀이 쓴 《무림구사(武林舊事)》에는 입춘이 되면 궁궐 후원에서 춘반을 정교하게 제작해 신하에게 나누어 주는데 그 값이 무려 일만 냥이 넘었다고 했을 정도다.

화려하고 사치스럽게 꾸미기는 했지만 송나라 전반에는 어쨌든 춘반은 봄채소를 가공하지 않고 그대로 먹었다. 그러다 송나라 후반에 봄채소를 지금의 춘권처럼 밀전병에 돌돌 말아 먹기 시작했다.

송나라 때인 12~13세기는 중국에서 국수, 만두와 같은 밀가루 음식이 고도로 발달했던 시기다. 특히 이 무렵 밀가루는 아직까지 부자들이 먹는 고급 음식재료였기 때문에 입춘 명절에 봄채소를 전병에 싸서 먹었다는 것은 새봄을 맞아 먹는 봄맞이 채소 요리가 더욱 화려하고 사치스럽게 변신했다는 뜻이다.

《북평풍속류정(北平風俗類征)》에는 입춘이 되면 여유 있는 집에서는 춘병(春餅)을 먹는데, 각종 장과 고기를 각색의 볶은 채소와 함께 밀전병에 싸서 먹는다고 했으니 채소를 쟁반에 놓고 먹었던 풍속이 화려하게 변했음을 알 수 있다. 채소를 밀전병에 싸 먹기 시작하면서 음식 이름도 쟁반에 놓고 먹는다는 춘반(春盤)에서 봄을 깨문다는 뜻의 교춘(咬春), 또는 새봄맞이 떡이라는 뜻의 춘병(春餅)으로 변한다.

그러다 지금처럼 기름에 튀긴 춘권이 나타난 것은 원나라 때다. 당시의 농업서 및 요리책인 《거가필용(居家必用)》에 춘병 속에 채소로 소를 만들어 넣은 후 기름에 튀기는 음식이 보이는데 지금의 스프링롤과 비슷하다. 이후 명나라 때 요리책인 《이아유의(易牙遺意)》에도 동일한 내용이 나오니 채소를 밀가루 반죽에 싸서 기름에 튀겨 먹는 요리법은 원나라를 거쳐 명나라로 이어진다.

한편 "봄을 둘둘 싸 먹는다"는 스프링롤의 원어인 춘권(春捲)이라는 단어는 청나라 때에 보인다. 수도인 연경(燕京), 그러니까 지금 베이징의 풍속을 기록한《연경세시기(燕京歲時記)》에 봄이 되면 부녀자들이 채소를 싸서 깨물어 먹는 풍습이 있다며 부자나 가난한 사람 모두 춘권을 먹는 다고 했다. 춘권이 빈부격차를 떠나 모든 사람들의 입춘 음식으로 자리 매김했음을 알 수 있다.

춘권의 뿌리는 입춘에 다섯 가지 채소를 먹는 오신채다. 봄이 시작되는 날, 채소를 먹으며 한 해 건강을 비는 것은 먼 옛날부터 이어져 내려 왔던 동양의 풍습이었다.

입춘을 기념해 새싹을 먹는 풍습은 한나라 때부터 시작됐다. 서기 200년 이전, 후한 때 사람인 최식이 일 년 중 중요행사를 기록한 〈사민월령(四民月令)〉에 입춘이 되면 새로 나온 채소를 먹는 풍속이 있다고 적었다. 이 무렵만 해도 굳이 입춘에 먹는 채소를 다섯 가지의 매운 채소로 한정 하지는 않았던 것 같다. 이후 3~4세기 무렵의 진나라로 접어들면서 채소 숫자가 다섯 가지로 정리됐다.

오신채, 즉 다섯 가지 매운 채소로 먹게 된 이유는 진나라 갈홍이 쓴 《신선전(神仙傳)》〈노자〉 편에서 짐작할 수 있다. 쟁반에 다섯 가지 매운 채소를 얹은 오신반이 궁정과 민간에서 유행한다고 했는데, 이 무렵 중국에서 발달한 도교의 영향으로 음양오행 사상에 근거해 다섯이라는 숫자가 강조된 것으로 본다.

다섯 가지 채소, 다섯 가지 색을 지켜야 하는 이유

그런데 왜 입춘에 춘권, 그리고 춘권의 뿌리인 오신채를 먹었을까? 양력으로 2월 4일, 5일 무렵인 입춘은 음력으로 24절기 중에서 첫 번째 절기이며 봄이 시작되는 날이다. 요즘은 입춘이라고 해도 특별한 의미를 부여하지 않지만 예전에는 입춘이 되면 겨울이 끝나고 봄이 시작되는 날, 또 새해가 시작되는 날로 여겼다. 고대에는 입춘이 지금의 새해 첫날인 설날과 맞먹을 정도로 큰 명절이기도 했다. 사람들은 입춘에 오신채를 먹으며 겨울이 지나고 새봄이 온 것을 축하하면서 새롭게 시작하는 한 해 동안 무탈하고 건강하게 지내게 해달라고 빌었던 것이다.

오신채를 먹는 이유는 여러 가지 의미가 있다. 일단 새싹이 돋은 채소를 먹으며 추운 겨울을 무사히 보내고 따뜻한 봄이 온 것을 환영한다는 의미가 있다. 현실적으로는 겨우내 부족했던 신선한 채소를 보충하고 잃기 쉬운 봄철 입맛을 돋우기 위한 지혜였을 것이다. 그중에서도 특별히 매운 채소인 오신채를 준비해 먹은 것은 의학적으로 오장(五臟)의 운동을 원활하게 만들기 위해서다.

진나라 때 주처가 쓴《풍토기(風土記)》에 정월 초하룻날에 오신반을 만들어 먹는 것은 오장의 기운이 원활하게 돌도록 하기 위함이라고 했다. 도교 철학서인《장자(庄子)》에도 정월에 술과 다섯 가지 매운 채소를 먹은 것은 오장을 통(通)하게 하려는 것이라고 해석했다. 당나라 때 의학서인《식의심경(食醫心鏡)》역시 다섯 가지 채소를 먹으면 나쁜 기운을 피할 수 있다고 했고 남송 때의 학자, 주밀이 쓴《무림구사(武林舊事)》에도 오신채를 먹으면 살균도 되고 몸에 남아 있는 추운 기운을 쫓아낼 수 있다고 기록했다. 다양한 중국 고전에서 오신채를 먹는 이유로 새봄에 매운 채소를 먹어 체내 장기 운동을 원활하게 해 건강을 도모하려 한 것을 발견할 수 있다.

또 다른 의미도 있다. 입춘에 먹는 다섯 종류의 채소는 다섯이라는 숫자도 맞추지만 색깔까지도 고려해야 한다. 다시 말해 노랗고, 붉고, 파랗고, 검고, 하얀 채소여야 했다. 다섯 채소를 쟁반에 놓을 때는 노란색 채소를 가운데 놓고 나머지 네 가지 채소를 색깔에 따라 방향에 맞춰 내놓은 것이 원칙이다. 황(黃), 적(赤), 청(靑), 흑(黑), 백(白)의 다섯 가지 색이 각각 가운데(中)와 남(南), 동(東), 북(北)과 서(西)를 상징하기 때문이다.

음양오행 사상에서 다섯 가지 색깔인 오방색(五方色)은 우주를 구성하고 있는 원소를 상징하는 색인데 다섯 가지 색깔을 모두 갖추면 자연을 구성하는 모든 요소가 조화를 이루면서 균형이 맞춰진다.

오신반에 다섯 가지 채소가 등장하고 채소의 색상까지 맞춰야 하는 이유가 이 때문인데 음양오행 사상이 중국의 한의학과 결합해서 우주를 구성하는 다섯 가지 색깔이 있는 음식을 균형 있게 먹으면 병에 걸리지 않고 건강하게 오래 살 수 있다는 믿음으로 발전했다.

중국에서 가장 오래됐다는 의학서인 《황제내경(黃帝內經)》에는 다섯 가지 색(五色)과 다섯 가지 맛(五味)이 조화를 이루도록 먹는 것이 건강하게 오래 사는 양생(養生)의 비법이라고 했다. 예를 들어 다섯 가지 색깔의 작물 중에서 검은색(黑)은 콩팥(腎), 붉은색(赤)은 심장(心), 파란색(靑)은 간(肝), 하얀색(白)은 폐(肺), 노란색(黃)은 지라(脾)에 좋은 식물인데 오신반에 놓이는 다섯 가지 채소를 균형 있게 섭취하면 오장(五臟)을 보호

할 수 있어 건강하게 한 해를 보낼 수 있게 되는 것이다.

도교의 설명 이외에 불교의 관습으로도 오신반에 놓이는 다섯 가지 매운 맛의 채소인 오신채가 왜 좋은지에 대한 설명이 가능하다. 불교에서는 오신채가 섭생을 금지하는 채소이다.

밀교적인 색채가 짙다는 불경인 《능엄경(楞嚴經)》에서는 오신채를 날로 씹어 먹으면 화가 나서 분노하기 쉽고, 익혀 먹으면 음심이 일어 욕망이 일어난다며 수행을 하는 불자들이 피해야 할 음식으로 꼽았다. 뒤집어 보면 일반인들에게는 정력에 좋은 음식인 셈이다. 오신채에는 이렇게 여러 가지 의미가 있다.

한반도에는 오신반, 일본열도에는 칠종채로 전파된 봄의 풍속

고대 동양의 입춘 명절 음식이었던 오신채는 중국에서 춘권으로 변하고 미국의 스프링롤로 발전했지만, 오신채의 온전한 뿌리는 근대 조선 때까지 남아 있었다. 우리나라에서는 조선 말기까지 여전히 입춘이 되면 다섯 가지 채소를 쟁반에 얹은 오신반(五辛盤)을 만들며 새봄이 온 것을 축하했다.

순조 때《동국세시기(東國歲時記)》입춘 항목에는 경기도 여섯 고을에서 봄나물을 눈 속에서 캐어 궁중에 진상을 하면 겨자와 함께 무쳐 임금님 수라상에 올렸다고 한다. 춘권의 뿌리인 오신반의 원형이 우리나라에서 고스란히 살아 있었다.

이런 오신반이 일본으로 건너가면 칠종채(七種菜)로 바뀐다. 봄을 맞아 일곱 종류의 채소를 먹는 풍속이다. 조선 고종 때 영의정을 지낸 이유원은 문집인 《임하필기(林下筆記)》에서 "사람들이 입춘에 오신채 있는 줄만 알고 인일(人日)에 칠종채(七種菜) 먹는 줄은 모른다"고 적었다.

인일(人日)은 문자 그대로 사람의 날로 정월 초하루가 지난 후 7일째 되는 1월 7일이다. 새해맞이에 바빴던 부녀자들이 집안일을 중단하고 쉬는 날이다. 이날 일곱 가지 채소로 국을 끓여 먹는 것을 칠종채라고 한다.

고대 중국에서 널리 퍼졌던 풍습이지만 우리나라에서는 널리 전해지지 않았던 것 같다. 대신 옛날 일본에서는 나나쿠사가유(七草粥)라는 이름으로 널리 퍼졌다.

일본의 칠초죽, 즉 나나쿠사가유는 지금은 양력 1월 7일에 봄에 나오는 일곱 가지 채소를 넣고 죽을 끓여 먹으며 무병무사를 기원하고 나쁜 기운을 피하는 풍속이다. 이때 먹는 채소는 미나리, 냉이, 쑥, 광대나물, 순무, 무, 별 꽃 등이다.

봄나물을 먹음으로써 나쁜 기운을 몰아내어 만병을 예방해달라는 주술적 의미와 함께 설날 과식으로 지친 위를 달래는 동시에 채소가 부족한 겨울철에 채소를 먹음으로써 부족한 영양소를 보충한다는 의미가 있다고 한다. 임진왜란이 지나고 에도시대 이후 민간에서 크게 유행했던 풍습으로 막부에서는 1월 7일이 되면 공식행사로 칠초죽을 끓여 쇼군 이하 모든 무사들이 함께 죽을 먹는 풍습이 있었다고 전해진다.

일본의 칠초죽은 원래 예전 중국 남부의 풍습이 전해진 것이라고 한다. 6세기 무렵 중국 중남부 지방의 풍습을 기록한《형초세시기(荊楚歲時記)》에는 1월 7일 사람의 날에는 일곱 가지 채소로 국을 끓이고 비단실이나 금박으로 인형을 만들어 머리에 꽂으며 액땜을 한다고 했다. 이 날에는 연꽃 씨, 미나리, 상추, 무, 시금치, 죽순, 갓 등 일곱 가지 채소를 잘게 썰어 국을 끓여 먹으면서 모든 병을 없애고 일 년의 건강과 풍년을 기원했다. 하지만 지금 중국에서는 이런 풍습을 찾아볼 수 없다.

어쨌거나 새해 들어 신선한 채소를 먹는 풍습인 입춘 오신반과 인일의 칠종채가 하나는 한국으로 전해졌고, 또 하나는 일본으로 전해진 것이 흥미롭다.

둥근 보름달에 어울리는 음식 찾기
송편, 월병, 츠키미당고

실리와 명분을 모두 담은 지혜의 음식

설날 떡국을 먹듯이 추석에는 송편을 먹는다. 옛날부터 전해져 내려온 풍속이니 송편을 당연히 추석 명절 음식으로 여기지만 곰곰이 생각해보면 송편의 정체에 대해 궁금한 점이 한두 가지가 아니다. 설날 떡국을 먹는 이유는 떡국을 먹어야 한 살 더 먹고, 긴 가래떡처럼 오래 살기를 기원하는 한편, 엽전처럼 썰어 넣은 떡을 먹고 부자가 되라는 의미가 있었다.

추석 송편에는 어떤 의미가 담겨 있는 것일까? 송편은 반달을 닮았다고 하는데 왜 음력 8월 보름달이 뜨는 날 먹는 떡이 왜 반달 모양을 띠어야 하고, 하필이면 솔잎에다 떡을 찌는 것일까?

이러한 의문의 답을 찾기 전에 먼저 확인해야 할 것이 있다. 송편이 과연 전통적인 추석 고유의 명절 음식일까? 엄격하게 말하자면 송편은 추석 음식이 아니다. 물론 옛날부터 추석에는 송편을 빚었다. 하지만 조상들은 추석 이외의 다른 명절에도 송편을 빚었다. 세월을 거슬러 올라갈수록 추석보다는 다른 명절에 더 자주 송편을 준비했다.

조선시대의 다양한 기록이 증명한다. 16세기 광해군 때 인물인 허균과 18세기 정조 때의 다산 정약용은 봄맞이 음식으로 송편을 먹는다고 했다. 정월대보름에 송편을 먹는다는 기록(《추재집(秋齋集)》)도 있고 삼월 삼짇날 음식(《도곡집(陶谷集)》), 사월 초파일(《택당집(澤堂集)》), 오월 단오절(《약헌집(約軒集)》), 유월 유두절(《상촌집(象村集)》)에 송편을 빚는다는 기록도 있다. 19세기 말에 들어서야 《동국세시기(東國歲時記)》에서 음력 8월 추석 때 송편을 먹는다고 했는데 20세기 초의 《해동죽지(海東竹枝)》에서도 추석에는 송편을 빚는다고 확인하고 있다.

조선시대 문헌 기록으로 보면 송편은 추석 음식이 아니라 명절 음식이었다. 가래떡과 떡국은 설날 단 한 차례 먹으니 전형적인 설날 음식이지만 송편은 민족의 명절 때마다 먹었으니 송편이야말로 한민족의 떡이라고 할 수 있다.

송편이 추석에 먹는 떡으로 확고하게 자리를 굳힌 것은 조선 후기부터 시작해 현대에 들어서면서부터다. 다만 옛날에도 추석에 먹는 송편에는 특별한 의미가 있었다. 가장 먼저 수확하는 올벼를 빻아서 송편을 빚었기 때문에 '오려 송편' 혹은 '신(新) 송편'이라고 불렀다. 다른 명절에 먹는 송편과 달리 추석 송편에는 특별히 첫 추수를 축하하고 감사하는 의미가 담겨 있다.

추석은 동북아시아의 공통된 명절이다. 중국은 중추절(仲秋節)로 지금은 법정공휴일이 아니지만 민간에서는 아직도 명절로 여기고 있고, 일본 역시 명절의 흔적이 남아 있다. 그런 만큼 나라마다 추석 음식이 있는데 중국은 달떡이라고 하는 월병(月餠), 일본은 츠키미당고(月見團子)가 있다. 모두 보름달을 기념하는 음식인 만큼 보름달처럼 둥글고, 떡 이름에도 달이라는 글자가 들어가 있다.

그런데 유독 우리나라 송편은 보름달 모양도 아니고 이름에도 달(月)이 아닌 소나무(松)라는 글자가 들어가 있다. 이유는 송편이 오직 추석 때만 먹었던 추석 고유의 명절 음식이 아니었으니 보름달 모양이어야 할 이유가 없고, 더군다나 달과 관련된 이름을 지을 필요가 없었을 것이다. 또한 중국의 중추절이 가을의 보름달을 기념하는 날인 반면 우리의 추석은 추수감사에서부터 조상 성묘에 이르기까지 복합적인 성격을 띠고 있다. 단순히 수확의 계절에 보름달이 뜬 것을 기념하는 명절이 아닌 것이다.

송편은 솔잎으로 찌기 때문에 송편(松餠)이다. 뒤집어 말하자면 솔잎으로 찌지 않으면 송편이라고 할 수 없다. 조선 후기의 실학자 이익이 《성호사설(星湖僿說)》에 자세하게 풀이를 적었는데 떡 속에다 콩가루로 소를 넣은 후 솔잎으로 쪄서 만드는 것을 송병(松餠)이라고 했다. 바로 지금의 송편이다.

반면에 솔잎으로 찌지 않고 무늬를 입혀 얇게 만들어 익히기도 하는데 이것은 산병(散餠)이라고 했다. 떡 안에도 소를 넣어 찐 다음에 겉에는 콩가루를 입히기도 하는데 이것은 단자(團子)라는 것으로 푸른 쑥을 섞어 만들기도 한다고 적었다.

그런데 왜 하필 솔잎으로 찌는 것일까? 역시 복합적인 설명이 가능한데 솔잎을 떡 사이사이 넣어 붙지 않게 하려는 것도 있지만, 조금 더 과학적인 이유가 있다. 떡에 솔잎 향기가 배어들면 맛도 좋고, 오래 보관할 수도 있다. 예전 할머니들은 음력 8월에 송편을 찌면 쉽게 쉬기 때문에 솔잎을 뜯어다 찐다고 했는데, 사실 음력 8월 15일이면 낮에는 아직 더울 때다. 조선 후기, 정조 임금도 《홍재전서(弘齋全書)》에서 제물을 준비할 때 여름철 콩떡은 상하기 쉬우니 송편으로 바꾸라고 지적했다. 솔잎이 떡의 보관성을 높이기 때문이다. 송편에는 이렇게 조상들의 생활의 지혜가 담겨 있다.

민속적인 이유도 한몫을 했다. 옛날부터 우리는 소나무가 건강에 좋다고 믿었다. 고려의 문인 이규보는 송이버섯을 노래하면서 "언제나 솔잎에 덮여 소나무 향기를 머금기 때문에 향기가 맑다", "소나무 기름을 먹으면 신선이 될 수 있다는데 버섯이 솔잎 향기를 머금었으니 어찌 약이 아니랴"고 읊었다. 솔잎 향기 머금은 송이버섯을 약이라고 여겼으니 솔잎으로 쪄서 솔향기를 배게 만든 송편 역시 최고의 음식이 될 수밖에 없다.

게다가 소나무는 장수를 상징하는 십장생(十長生) 중 하나로 옛날 신선들은 늙지 않는 약으로 솔잎과 국화를 복용한다고 했다. 그중에서도 우리나라 소나무는 품질이 좋기로 소문이 자자했다. 원나라 승상이 고려로 떠나는 사신에게 특별히 부탁해 송진을 넣어 만든 떡, 송고병(松膏餅)과 금강산에서 나오는 솔잎을 구해달라고 부탁했을 정도다.

이런 솔잎으로 떡을 쪘으니 솔잎 향기가 스며들면서 아직까지 더운 날씨에도 쉽게 상하지 않고 맛도 좋았다. 뿐만 아니라 신선처럼 장수까지 꿈꿀 수 있으니 명절 음식으로는 더 이상 바랄 나위가 없다.

보름달을 담은 중추절의 명절 음식

중국인들은 중추절이면 월병을 먹고, 또 월병을 선물로 돌린다. 월병(月餅)은 글자 그대로 '달떡'이라는 뜻으로 보름달을 본 따 둥글게 만든다. 그러니 추석을 기념하는 떡인 것은 틀림없는 것 같은데, 월병이 언제부터 음력 8월 15일인 중추절 음식으로 자리를 잡았는지는 분명치 않다. 대략 송나라 무렵으로 보고 있다. 월병이라는 음식 이름이 처음 보이는 것은 남송(南宋) 때인 12세기 무렵이다.

남송의 학자인 주밀이 쓴 《무림구사(武林舊事)》에 월병이라는 음식 이름이 나오는데 쪄서 만드는 음식 종류라고 분류해놓았다. 역시 남송 때 문인인 오자목의 《몽양록(夢梁錄)》에도 월병이라는 단어가 보이는 것을 보면 남송 무렵 월병이라는 이름이 굳어진 모양이다.

월병이 중추절 음식으로 자리 잡은 시기를 송나라 이후로 보는 이유는 중국에서 중추절을 명절로 성대하게 쇠기 시작한 것이 송나라 이후부터이기 때문이다. 중국 기록에 송나라 이전에는 중추절이라는 명절이 거의 보이지 않는다. 중국 명절 풍속을 기록한 6~7세기 때 《형초세시기(荊楚

歲時記)》에도 중추절에 관한 내용은 실려 있지 않다. 신라의 추석 풍속을 적은 엔닌의 《입당구법순례행기(入唐求法巡禮行記)》에도 "다른 나라에는 없고 신라에만 있다"고 했다. 당나라 때는 중추절을 크게 기념하지 않았던 것으로 추정된다.

당나라에 이은 북송 때인 983년, 이방이 완성한 방대한 양의 백과사전적 기록인 《태평어람(太平御覽)》에도 칠석과 칠월 보름인 백중(百中), 그리고 9월 9일인 중양절은 보이지만 중추절에 관한 기록은 없다.

중추절 관련 기록은 1147년 북송 때 맹원로가 수도인 개봉의 풍경을 묘사한 《동경몽화록(東京夢華錄)》에 비로소 보인다. 중추절이 되기 며칠 전부터 상점은 새로 단장해 새롭게 간판을 내걸고 새로운 술을 내어 팔고 석류, 배, 대추, 밤 등 햇과일이 시장에 나온다고 했다. 귀족과 부잣집에서는 정자에 올라 달을 감상하며 일반 백성은 술집 누각을 차지해 달구경을 한다고 적혀 있다. 가을을 맞이해 시장에는 새로운 곡식과 과일이 나오고 보름달이 뜨면서 흥청망청 달구경을 하는 분위기다.

이후 남송 때 문헌인 《몽양록》에도 수도인 항주의 풍속을 묘사하면서 중추는 가을인 7, 8, 9월의 중간이어서 중추(中秋)인데 이날의 달이 평소보다 배나 밝아 월석(月夕)이라고 한다면서 《동경몽화록》과 마찬가지로 부자와 귀족들은 이날 달을 감상하며 술을 마시고 노래를 부르며 잔치를 열고, 시정의 가난한 사람들도 옷을 풀어 헤치고 술을 마시며 즐긴다고 했다.

중국에서 중추절이 명절로 굳어지고 중추절 명절 음식으로 월병을 먹기 시작한 것은 생각보다 짧다. 그렇다고 중국에서 송나라 무렵에 갑자기 중추절이라는 명절이 만들어졌고, 명절 음식으로 월병을 먹게 됐다는 것은 아니다. 고대부터 중국에서는 봄에는 해, 가을에는 달을 향해 제례를 지냈다. 중추절은 이런 의식에서 비롯됐는데 명절의 의미로 민간에 널리 퍼지게 된 것이 12세기 송나라 무렵이라는 뜻이다.

그런 만큼 월병과 비슷한 음식은 예전부터 있었다. 월병의 뿌리는 당나라 이전으로 거슬러 올라간다. 《낙중견문(洛中見聞)》이라는 문헌에 당 희종이 가을철 보름달이 뜰 때 황실 주방인 어선방(御膳房)에 명령해 월병과 비슷한 음식을 만들어 그해 과거에 급제한 진사들에게 하사했다는 내용이 있다며 이때의 기록을 월병의 기원으로 보고 있다. 하지만 달을 기념해 먹는 음식은 더 고대로 거슬러 올라가는 것이 타당하지 않을까 싶다.

예를 들어 월병과 관련된 전설을 보면 그렇다. 중국에서 달을 향해 제사를 지내게 된 데에는 전설이 있다. 회남왕 유안이 쓴 《회남자(淮南子)》에 나오는 항아의 전설이다.

항아는 전설 속 중국 제왕인 황제(黃帝)의 고손녀로 미모가 빼어났다. 먼 옛날 하늘에 열 개의 태양이 나타나 땅 위의 동식물이 모두 말라 죽게 됐다. 이때 후예(後羿)라는 영웅이 고생하는 백성을 불쌍히 여겨 곤륜산(崑崙山)에 올라 신궁을 들어 화살을 쏘니 화살 한 발에 아홉 개의 태양이 모두 떨어지고 한 개의 태양만 남았다. 백성들의 존경을 받게 된 후예는 항아와 결혼을 했는데 금슬이 너무 좋았다. 후예는 어느 날 곤륜산을 지나던 서왕모(西王母)로부터 불사약을 얻어 아내인 항아에게 보관하라고 맡긴다. 불사약은 먹으면 바로 몸이 하늘로 올라가 신선이 되는 약이다.

이 모습을 본 봉몽(蓬蒙)이라는 소인이 후예가 사냥을 나간 사이 항아를 협박해 불사약을 뺏어 먹으려 하자 항아는 불사약을 빼앗기지 않으려고 자신이 삼켜버린다. 그러자 항아의 몸이 가벼워져 하늘로 날아 올라갔다. 항아는 사랑하는 남편을 멀리 떠날 수 없어 지구와 가장 가까운 달에 있는 광한궁(廣寒宮)에 머문다. 사냥에서 돌아온 후예는 이 사실을 알고 통곡했지만 어쩔 수 없이 달에 있는 항아의 모습을 보며 달맞이를 했다. 항아가 달에 올라가 선녀가 됐다는 소식을 들은 백성들은 이때부터 중추절이면 달을 향해 제물을 올리며 평안을 빌었다고 한다. 그리고 이때의 제물이 월병으로 발전했다는 것이다.

풍년과 수확의 의미를 담은 둥근 경단

일본에서도 추석이면 우리의 송편이나 중국의 월병처럼 고유의 떡을 먹는다. 츠키미당고(月見団子)라는 이름의 경단이다. 달을 보며 먹는 떡이라는 의미이니 문자 그대로 달맞이 떡이다. 쌀가루를 반죽해 동그랗게 빚어 찌는 것이 기본이다. 팥 앙금이나 콩가루 등을 묻혀서 먹기도 하고 속에 앙금을 넣기도 한다.

츠키미당고에는 어떤 의미가 있을까? 한가위 보름달을 보면서 먹는 것은 한국의 송편이나 중국의 월병과 대동소이하지만 한편으로는 다소 차이가 있다.

먼저 일본 추석은 우리와는 개념이 조금 다르다. 흔히 우리가 말하는 일본 추석은 오봉절(お盆)이다. 각지에 흩어져 있던 가족들이 고향을 찾아 모이는 명절이고, 조상님께 감사를 드리는 날이다. 새해 첫날과 함께 일본 최대의 명절로 귀성객이 몰리는 것까지 우리의 추석과 비슷하지만 오봉절은 불교에 바탕을 둔 명절이라고 한다. 음력을 사용하지 않는 일본인만큼 날짜도 양력 8월 15일이다. 반면 우리나라나 중국과 같은 음력 8월 15일은 '중추의 명월(中秋の名月)'이다. 한가위 보름달을 감상하면서 그해 농사에 대한 추수감사의 의미가 강하다. 일본 추석은 그러니까 추수감사절과 가족 화합과 조상님께 차례를 올리는 날로 양분되어 있는 셈이다.

오봉절과 '중추의 명월' 모두 츠키미당고를 먹지만 기본적으로는 추수감사의 의미가 강하다고 한다. 기본적으로는 둥근 경단의 형태로 빚는데 보름달을 형상화하면서 풍년을 기원하고 수확을 축하하는 의미가 있다. 농경사회를 지나면서 가족의 건강과 행복을 기원하는 뜻으로 의미가 확대됐다. 도쿄가 중심이 되는 관동지방에서는 주로 보름달 모양으로 둥글게 빚지만, 교토를 비롯해 관서지방에서는 토란 모양으로 빚기도 한다. 전통적으로 토란이 중요한 식량이었기 때문이라는 것이다.

츠키미당고로 제례를 올릴 때는 숫자도 중요하다. 보름달이 뜨는 15일인 만큼 경단을 열다섯 개 준비하기도 하고, 일 년에 보름달이 열두 번 뜨기 때문에 열두 개를 마련하기도 한다. 윤달이 있는 경우에는 열세 개를 준비한다.

츠키미당고를 차려놓고 제례를 올릴 때도 격식이 있다. 예를 들어 열다섯 개의 경단을 쌓을 때 하단에는 세 개씩 세 줄로 아홉 개, 그다음에는 두 개씩 두 줄로 네 개, 꼭대기에는 두 개를 놓아 산처럼 쌓는다. 산의 형태로 경단을 놓음으로써 차린 사람의 소원이 하늘에 닿으라는, 영계(靈界)와의 소통의 의미가 있다는 것이다. 풍년을 향한 농부의 간절한 소망이 반영되어 있다.

일본은 '중추의 명월'에 츠키미당고로 차례를 지내는 것 이외에도 9월과 10월에도 비슷한 행사가 계속 이어진다. 음력 9월 13일에는 십삼야(十三夜)라고 해서 수확한 콩과 밤을 제물로 바치고 역시 추수감사와 풍년을 기원한다. 때문에 이날을 '콩의 보름달(豆名月)' 혹은 '밤의 보름달(栗名月)'이라고 한다. 이어 십일야(十日夜)는 음력 10월 10일에 행해지는 추수감사제로 내용은 지방에 따라 다양하지만 기본적으로는 벼를 베고 난 후 논의 신이 산으로 돌아가는 날을 기념하는 것이라고 한다. 때문에 벼의 수확을 축하하며 떡을 빚고 볏짚으로 땅을 두드리며 논의 신께 감사를 표시하는 동시에 벼를 갉아먹는 쥐와 두더지 를 쫓는다는 의미가 있다. 옛날 일본에서는 중추의 명월인 십오야, 십삼야, 십일야 3일이 모두 날씨가 맑고 개어 달구경을 하면 재수가 좋다고 믿었다고 한다.

남기는 것에 복이 있다.
_일본속담

추석 명절, 소중한 존재에 대한 예의

토란

한국, 중국, 일본의 차례 상에 있는 공통의 음식

추석을 대표하는 음식은 아무래도 햅쌀로 빚은 송편과 토란국이다. 물론 갖가지 산적에 더해 각종 전과 나물을 비롯해 햇과일에 이르기까지 추석 차례상에 올리는 음식은 한두 가지가 아니지만, 송편과 토란국을 제외하면 대부분 다른 명절에도 빠짐없이 준비하는 음식이다. 전통 추석 음식으로 독특한 것은 역시 송편과 토란국이다.

추석이면 당연히 먹는 전통 음식으로 알고 있지만 곰곰이 생각해보면 궁금한 점이 있다. 송편은 특별한 날이면 빚었던 우리나라의 대표적인 전통 음식이다. 추석에 빚는 송편은 특별히 햅쌀로 빚는 '오려 송편'이지만, 명절 음식으로 준비하는 것이 하나도 낯설고 이상할 것이 없다.

하지만 토란은 조금 독특하다. 사실 아주 좋아하지 않으면 평소에 그다지 자주 먹지 않는 것이 토란이다. 그럼에도 지방에 따라 다소 차이가 있을 뿐 추석에는 대부분 토란국을 끓인다. 평소에는 별로 눈길도 주지 않다가 추석에만 특별히 토란을 먹는 이유가 무엇일까?

토란과 추석과 관련해 또 한 가지 특이한 점이 있다. 추석은 유래와 기원 그리고 명칭은 차이가 있을지언정 한국과 중국, 일본에서 모두 기념하는 아시아 공통의 명절이다. 전통 명절인 만큼 나라마다 고유의 명절 음식이 있다. 우리는 송편을 빚고, 중국은 월병을 먹으며, 일본은 츠키미당고라는 떡을 준비한다. 나라가 다르고 전통과 문화와 풍속이 다르니 추석 명절 음식이 서로 다를 수밖에 없는데, 특이하게도 세 나라 모두 추석에는 토란을 먹는다. 물론 요리법에는 차이가 있지만 토란이 한중일 삼국의 공통된 추석 명절 음식인 것만큼은 틀림없다. 한국과 중국, 일본 세 나라에서는 왜 모두 약속이라도 한 것처럼 추석에 토란을 먹는 것일까?

물론 우연의 결과일 수도 있다. 아니면 우리가 미처 알지 못했던 특별한 이유가 있을 수도 있다. 한중일 세 나라의 토란과 관련된 음식문화를 비교해보면 왜 추석에는 공통으로 토란을 먹는지 실마리를 발견할 수 있을지도 모른다.

우리나라에서는 언제부터 추석 때 토란을 먹었을까? 우리나라에서 토란을 먹은 역사는 고려 이전 혹은 신라 이전으로 추정된다. 고려 때 의학서인 《향약구급방(鄕藥救急方)》에 토란이 보이고, 그보다 앞서 신라 때 최치원의 《계원필경(桂苑筆耕)》에도 토란이 보인다. 다만 《계원필경》에 나오는 토란은 중국 이야기를 적은 것이어서 우리나라에서도 그때 토란을 먹었는지 여부는 분명치 않다. 하지만 기원전부터 토란을 먹은 중국과 일본의 예를 보면 우리 역시 신라시대 훨씬 이전 기원전부터 먹었을 가능성이 높다.

토란은 이렇게 먼 옛날부터 먹었지만 추석에 송편과 함께 토란국을 먹었다는 기록은 조선시대 장편 가사인 〈농가월령가(農家月令歌)〉 8월령에서 볼 수 있다.

"북어쾌 젓조기로 추석 명절 쉬어보세/ 신도주 올벼 송편 박나물 토란국을/ 산사에 제물하고 이웃과 나누어 먹세."

〈농가월령가〉는 다산 정약용의 둘째 아들인 정학유(丁學游)가 헌종 무렵인 1843년에 쓴 것으로 알려졌다. 현존하는 기록만을 근거로 보자면 추석 때 토란을 먹은 것은 짧게는 170년부터 길게는 2000년까지로 폭 넓게 잡을 수 있다.

어쨌거나 지금은 추석 때 이외에는 토란을 잘 먹지 않는다. 이런 토란이 추석 명절 음식으로 자리매김할 수 있었던 것은 최소한 추석 때 토란국을 먹는다고 노래한 〈농가월령가〉 이전부터 토란을 일상에서도 많이 먹었기 때문이었을 것이다. 실제로 옛날 문헌을 보면 우리 조상들이 평소 토란을 많이 먹었던 것으로 추정된다. 이를테면 정학유의 부친인 다산 정약용은 "특히 토란을 많이 심은 까닭은 입맛에 맞기 때문"이라고 했다. 물론 정약용 개인의 입맛에만 맞았기 때문일 수도 있지만 당시 사람들이 모두 토란을 즐겨 먹었던 것일 수도 있다.

조선 중기인 광해군 때의 인물 허균도 문집인 《성소부부고(惺所覆瓿

薰)》에 토란을 설명하면서 송나라 시인 소동파가 땅에서 나는 음식 중에서 이보다 맛있는 것은 없을 것이라고 노래했다며 토란을 예찬했다. 당시 사람들이 토란을 얼마나 좋아했는지 알 수 있는 대목이다. 허균보다 앞선 중종 때 성현이 지은 《용재총화(慵齋叢話)》에는 한양에서는 청파와 노원 두 역참에 토란이 잘된다고 했으니 당시의 한양 근교에 대규모 토란 밭이 있었다는 소리다.

고려시대에도 13세기 이규보의 《동국이상국집(東國李相國集)》에 시골에서 토란국을 끓여 먹었다는 기록이 보이고, 고려 말기인 14세기 목은 이색도 토란으로 배를 불리고 두부 반찬에 토란을 곁들여 먹는다는 시를 남긴 것으로 보면 고려와 조선에서는 토란이 일상적으로 먹는 식품이었을 것으로 짐작된다. 이렇게 평소에 많이 먹다 보니 추석 때면 토란을 수확한 것을 기념해 토란국을 끓여 차례상에 올린 것이 아닌가 싶다.

중추절에 액을 물리치고, 운을 트이게 하는 방법

중국도 추석인 중추절에 토란을 먹는다. 물론 땅이 넓은 중국 전역에서 모두 토란을 먹지는 않는다. 특히 베이징이 중심인 화북지방에서는 추석이라고 특별히 토란을 먹지 않지만, 상하이 이남의 화동지방과 광저우가 중심인 화남지방에서는 토란이 추석에 절대 빠져서는 안 되는 명절 음식이다.

중국에서는 중추절이면 밝게 뜬 보름달을 보며 토란의 껍질을 벗겨 먹는다. 이렇게 먹는 이유는 귀신의 껍질을 벗기기 위한 것이라고 한다. 귀신을 쫓아내는 정도가 아니라 귀신을 까발리는 수준인데, 그 때문인지 중국인들은 추석에 토란을 먹어야 나쁜 기운을 피하고 재난을 물리칠 수 있다고 믿었다. 18세기 말인 청나라 건륭제 말년에 광둥성 차오저우(潮州)의 향토지(潮州府志)에 나오는 기록으로 주로 광둥성을 비롯한 화남지방의 풍속으로 보인다.

상하이나 항저우와 같은 중국의 동남쪽 화동지방에서도 추석에 토란을 먹는다. 상하이, 항저우 등지에서는 옛날부터 추석에 토란을 먹어야 운이 트인다고 믿었다. 이유는 토란의 중국어 위나이(芋奶)와 운이 트인다는 뜻의 윈라이(運來)가 발음이 비슷하기 때문이라는데, 아무래도 억지스러운 느낌이 강하다.

중국인들은 왜 추석에 토란을 먹었으며, 왜 토란을 먹어야 귀신을 물리쳐 액땜을 할 수 있고, 운이 트일 수 있다고 믿었던 것일까?

중국인들이 추석에 토란을 먹는 풍습과 관련해서는 전해지는 전설이 있다. 기원전 206년 항우와의 싸움에서 이긴 유방이 한나라를 세운다. 그런데 전한(前漢)은 신하였던 왕망에게 망했다가 유방의 후손인 유수가 다시 나라를 일으켜 세운다. 그가 후한(後漢)의 광무제다. 《삼국지》에 나오는 유비의 한참 할아버지뻘이 된다.

역적 왕망을 물리치고 한나라를 중흥시키려고 군사를 일으켰던 유수는 도리어 왕망에게 패해 산으로 도망갔다가 포위당한다. 식량마저 떨어져 병사들이 굶주리고 있는데 설상가상으로 왕망이 산에 불을 질러 화공을 해왔다. 그런데 하늘에서 갑자기 비가 내려 산불이 꺼졌다. 신기하게도 불기운이 스민 흙 속에서 맛있는 냄새가 풍기는 것이었다. 캐 보니 토란이 마침 알맞게 익었다. 토란을 먹고 허기를 면한 유수의 군사들은 사기가 올라 왕망을 공격해 마침내 승리를 거뒀다. 이때가 바로 음력 8월 15일, 추석이었다.

광무제가 된 유수는 토란 덕분에 전쟁에서 이긴 것을 기념하기 위해 해마다 추석이 되면 군사들에게 잔치를 베풀고 토란을 먹도록 했다. 이런 전통이 민간에게도 전해져 이어지면서 추석이 되면 토란을 먹는 것이 풍습이 되었다고 한다. 지금도 중국 남부에서는 우리나라처럼 추석날이면 토란을 먹는다. 참고로 토란이 한나라 광무제를 구했다는 것은 역사서에는 기록으로 남아 있지 않고, 구전으로 전해져 내려오는 이야기다.

중국인들이 추석에 토란을 먹게 된 유래는 믿거나 말거나지만, 분명한 것은 토란에 대한 중국 사람들의 인식이다. 민중을 굶주림에서 구해준 식량, 중요한 양식으로 여겼다는 점이다.

고대 중국에서는 토란이 백성들의 중요한 양식이었다. 사마천이 쓴 《사기(史記)》〈항우본기(項羽本紀)〉에도 병사들이 토란과 콩을 먹고 싸운다는 이야기가 보인다. 뿐만 아니라 토란 덕분에 굶어 죽지 않고 살았다는 이야기가 옛 문헌에 많이 보인다. 역시 《사기》〈화식열전(貨殖列傳)〉에는 촉나라 민산(岷山) 아래의 기름진 평야에 토란이 자라고 있어 이곳 사람들은 흉년이 들어도 굶지 않는다고 했다. 민산은 지금의 중국 사천성과 감숙성 사이에 있는 산이다.

조선시대 홍만선도 《산림경제(山林經濟)》에서 전해지는 이야기를 소개하며 토란의 영양 가치를 설명했다. 중국에 있는 각조산(閣皂山)의 어느 사찰에 이상한 승려가 살고 있었다. 그는 온 힘을 다해 토란을 심어 해마다 많은 수확을 올렸는데, 거둬들인 토란을 모두 절구에 찧어 벽돌을 만들어 담을 쌓았다. 사람들은 그를 이상한 중이라고 손가락질을 했다. 어느 해 심한 흉년이 들어 굶어 죽는 백성들이 많이 생겼다. 그러자 사찰에 살던 40여 명의 승려들은 토란 담을 허물고 토란으로 만든 벽돌을 먹고 굶주림을 면했다. 그제야 사람들은 그가 비범한 승려란 사실을 알았다는 것이다.

역사적 기록이나 전해지는 전설을 통해 토란은 중국에서 굶주림을 면하게 해주는 중요한 구황작물이었을 뿐만 아니라 백성들이 일상적으로 먹는 중요한 양식이었음을 짐작할 수 있다.

일본인들이 추석을 '토란 보름달'로 부르는 이유

일본은 명절에 토란으로 만든 음식을 많이 먹는다. 우리의 설날에 해당하는 정월(お正月)에 먹는 떡국에도 토란을 넣는데, 지방에 따라 다소 차이가 있다. 도쿄가 중심이 되는 관동지방에서는 쌀로 만든 떡이 중심이지만, 교토가 중심이 되는 관서지방에서는 떡과 동시에 토란을 넣고 남쪽에서는 아예 떡을 넣지 않을지언정 토란은 넣는다. 우리의 설날 서울을 비롯한 중부지방에서는 떡국에 만두를 넣고 영호남에서는 떡국만 끓이는 반면 평양이 중심이 되는 이북에서는 설날 떡은 먹지 않더라도 만두는 반드시 먹는 것과 비슷하다.

일본 역시 추석에 토란을 먹는다. 먹는 정도가 아니라 추석이라는 명절 이름부터 토란과 관련이 깊다. 우리는 흔히 양력 8월 15일인 일본의 오봉절(お盆節)을 일본의 추석이라고 말한다. 조상님께 제례를 올리고 고향을 찾아온 가족이 모여 명절을 즐긴다는 점에서는 오봉절이 우리의 추석과 비슷하다.

하지만 추석의 기원과 유래 그리고 날짜로 보면 오봉절은 우리의 추석과는 차이가 있다. 한국과 중국이 공통으로 추석, 중추절이라고 하는 음력 8월 15일을 일본에서는 '중추의 명월(中秋の名月)' 혹은 십오야(十五夜)라고 한다.

지금은 일본에서 거의 잊혀져가는 명절이라고 하는데, 예전 일본에서는 이날 가을 밤하늘에 뜬 커다란 보름달을 감상하며 츠키미당고(月見団子)와 토란을 먹었다. 특히 '중추의 명월'에 먹는 음식으로는 츠키미당고보다는 토란에 더욱 방점이 찍혀 있다. 그래서 명절 이름인 '중추의 명월'을 다른 말로 우명월(芋名月), 즉 이모메이게츠라고 불렀을 정도다. 이모(芋, いも)는 토란, 메이게츠(名月, めいげつ)는 보름달, 그러니까 추석을 '토란 보름달'이라고도 불렀던 것이다. 그런데 왜 굳이 추석과 토란을 연결 지었던 것일까?

옛날 일본에서 '중추의 명월'은 휘영청 둥글게 뜬 가을 보름달을 감상하는 것뿐만이 아니라 추수감사의 의미가 깊었다. 수확의 기쁨을 나누고 풍년이 들도록 도와준 하늘에 감사의 제례를 올리는 것인데, 명절 음식으로 토란을 먹으며 명절의 별칭을 아예 토란의 보름달이라고 부른 것은 토란이 그만큼 중요한 농작물이었다는 소리다.

일본에 토란이 전해진 것은 기원전부터라고 하는데 중국을 통해서 전해졌다는 설도 있고, 태평양 건너 남쪽 동남아에서 들어왔다는 설도 있다. 어쨌거나 진즉에 전해진 토란은 쌀이 전해져 벼농사가 널리 퍼지기 전에 고대 일본인들의 주식이었다는 것이다. 때문에 일본에서 추석이면 그해 농사지어 수확한 토란을 하늘에 바치고 제례 음식을 음복한 것이 추석에 토란을 먹게 된 기원이라고 해석한다.

일본에서 토란이 중요한 작물이었다는 사실은 곳곳에 흔적으로 남아 있다. 일본에서는 가을이 되면 토란을 끓여 먹는 모임(芋子會)이 남아 있다. 가을철 토란 수확기가 되면 야외에서 커다란 냄비를 걸어놓고 여기에 토란과 곤약, 파와 고기를 삶아 동료들과 즐기는 것인데 역시 과거 토란을 중요한 식량으로 여겼던 흔적의 일부라고 해석한다.

세 나라의 어원에 담긴 토란의 가치

토란이 얼마나 중요한 양식이었는지는 옛 사람들의 토란에 대한 인식과 토란이라는 작물의 어원에서도 엿볼 수 있다.

먼저 당송팔대가(唐宋八大家)로 유명한 미식가였던 소동파가 토란을 놓고 "향기는 용연(龍涎) 같은데 희기는 더욱 하얗고, 맛은 우유 같지만 맑기는 더 맑구나. 감히 남쪽의 농어회(金虀膾)를 놓고 함부로 동파의 옥삼갱(玉糝羹)과 비교하지 말라"며 땅에서 나는 음식 중에서 이보다 맛있는 것은 없다고 노래했다.

몇 가지 해설을 곁들이자면 옥삼갱은 미식가인 소동파 집안에서 끓였던 토란국이다. 빛깔을 비롯해 향기와 맛이 모두 기이했다고 고종 때 이유원이 〈임하필기(林下筆記)〉에 주석을 달았다. 고대부터 유명한 향료인 용의 침으로 만들었다는 용연향(龍涎香)보다 향기가 좋고, 맛과 빛깔은 인도에서 전해졌다는 우유로 만든 음식인 '수타'보다 뛰어났다고 한다. 그러니 수양제가 먹고 감탄을 금치 못했다는 송강 농어회인 금제옥회(金虀玉膾) 따위와는 비교도 하지 말라는 시 구절이다.

한국과 중국, 일본에서 쓰이는 토란의 이름에서도 그 가치를 짐작할수 있다. 토란은 흙 토(土)에 달걀 란(卵)을 쓰니 땅에서 나오는 달걀이라는 뜻이다. 생긴 모양새가 흙 속에 묻혀 있는 계란처럼 생긴 까닭도 있고, 또 그만큼 영양이 풍부하다는 의미도 있다.

순조 때 학자인 김려는 문집인 《담정유고(潭庭遺稾)》에서 땅에서 나오는 계란인 토란(土卵)은 우리나라에서만 쓰는 낱말이라고 했다. 우리 조상들이 토란의 영양 가치를 굉장히 높게 평가했음을 알 수 있다.

중국에서는 토란을 위나이(芋奶) 혹은 위터우(芋頭)라고 한다. 앞의 이름은 토란 우(芋)자에 젖 내(奶)자를 썼으니 우윳빛의 토란 색상과 맛을 강조한 것이고, 뒤의 이름은 머리 두(頭)자를 썼는데 토란의 생김새에 역점을 두고 설명한 것이다.

어쨌거나 모두 토란이라는 뜻의 우(芋)라는 한자를 쓰는데 이 글자가또 의미가 깊다. 2세기 무렵의 한자 사전인 《설문해자((說文解字)》에 나오는 글자로 주석에는 놀랍다는 뜻에서 비롯된 글자라고 풀이했다. 잎이

크고 결실 또한 크기 때문에 사람들이 그 생김새를 보고 놀라는 모습에서 토란 '우'자가 생겨났다는 것이다. 토란이 고대에 중국에서 중요한 양식이었다는 사실을 감안하면 끼니를 해결해줄 커다란 토란을 캐내며 기뻐하고 즐거워하는 농부들의 모습이 그려진다.

일본어로 토란은 사토이모(さといも)다. 한자로는 이우(里芋)로 산에서 자라는 참마인 야마이모(やまいも, 山芋)와 대비해서 집에서 기르는 마, 밭에서 기르는 마라는 뜻을 강조한 이름이다. 일본에서 진작부터 토란을 재배했으며 토란이 중요한 곡식 중 하나였다는 사실이 반영된 이름이 아닌가 싶다.

참고로 한중일 공통으로 옛날 문헌에는 엎드릴 준(蹲)과 올빼미 치(鴟)를 써서 준치(蹲鴟)라고 했는데, 생김새가 올빼미가 쭈그려 엎드린 모습과 비슷해 생긴 이름이다.

토란은 말레이시아가 원산지로 동쪽으로는 중국과 한국, 일본 그리고 태평양의 여러 나라로 퍼졌다. 서쪽으로는 인도를 거쳐 고대 이집트까지 전해졌고 로마시대 초기에는 주요 농작물로 취급했다는 흔적이 있지만 널리 퍼지지는 못했던 것으로 보인다. 토란은 영어로 타로(Taro)인데 어원은 타히티나 마오리족 언어에서 나온 단어라고 한다. 근세에 들어서야 유럽과 미국 등지로 전해졌기 때문이다.

근대 이전까지 동양에서는 신분제 사회가 유지됐다.
의(衣)와 주(住)뿐 아니라 식(食)에서도
철저하게 차별이 있었다.
하지만 이러한 상황에서도 서민과 하층민은
가난한 허기와 마음을 채워줄 음식을 찾아냈다.
역설적이게도 개중에는 하층민이어서
눈치 보지 않고 즐길 수 있는 음식도 있었다.

Part 5

• • • • • ● •

가난한 허기와 마음을 채워주는 영혼의 맛

암울한 현실을 달래준 진정한 '소울푸드'

냉면과 소바 그리고 메밀국수

당대의 지식과 기술이 빚어낸 첨단 음식, 국수

한국의 전통 국수는 냉면이나 막국수와 같은 메밀국수다. 지금은 잔치국수를 비롯해 다양한 밀가루 국수가 있지만 옛날 국수는 주로 메밀로 만들었다. 20세기 중반, 최남선은 《조선상식(朝鮮常識)》에서 지금은 국수라고 하면 밀가루 국수를 떠올리지만 옛날 국수는 메밀국수를 일컫는 말이라고 했다. 19세기 초반인 순조 때의 조재삼도 〈송남잡지(松南雜識)〉에서 중국의 국수는 밀가루로 만드는데 우리나라는 주로 메밀가루로 만든다고 적었다. 메밀국수가 전통적인 우리나라의 대표 국수임을 보여주는 기록이다. 우리나라는 막국수부터 온면과 냉면에 이르기까지 다양한 메밀국수가 발달했다. 그리고 그 정점에 있는 것이 냉면이 아닐까 싶다.

일본은 메밀국수와 밀가루 국수가 공존했다. 일본을 대표하는 국수로 우동과 소면, 그리고 소바(そば)를 꼽는다. 우동과 소면은 밀가루 국

수 그리고 소바는 메밀국수다. 이 중에서도 가장 일본적인 국수는 소바가 아닐까 싶다. 모두 17세기 이후에 급속도로 발달했지만 우동과 소면이 처음에는 소수의 상류층이 먹던 귀족적인 국수였다면 소바는 대중으로부터 사랑 받으며 퍼졌던 국수다.

중국은 밀가루 국수의 나라다. 짜장면부터 라면(拉麵) 혹은 우육면(牛肉麵)까지 우리에게 알려진 대부분의 국수는 밀국수다. 중국에도 물론 메밀국수는 있다. 그중에는 우리의 냉면이나 일본의 소바처럼 유명한 메밀국수도 있다. 다만 중국 전체가 아닌 산시성(山西省) 같은 일부 지역의 특산물일 뿐이다. 일반적으로 메밀국수는 중국에서 자주 먹는 국수가 아니다.

한국은 메밀국수, 일본은 메밀과 밀국수, 중국은 밀국수 중심으로 발달한 이유는 간단하다. 한국과 일본에서는 메밀농사가 발달했던 반면 중국은 밀농사 중심이었기 때문이다. 메밀은 산시성과 같은 일부 지역에서만 재배했다.

메밀의 원산지는 춥고 건조한 아시아 북부지역이다. 시베리아 바이칼 호수, 중국과 러시아의 경계인 아무르 강 유역 그리고 중앙아시아를 원산지로 꼽는다. 모두 척박한 지역이다. 이런 험한 땅에서도 잘 자라서 주로 구황작물로 재배했다. 하지만 가공해서 맛있는 음식으로 만들기가 쉽지 않았다.

그럼에도 이런 메밀로 냉면, 소바와 같은 한국과 일본을 대표하는 국수를 만들어냈으니 척박한 재료로 훌륭한 음식을 창조한 옛 사람의 노력이

가상하다. 메밀국수는 만들기가 까다롭다. 메밀은 끈기가 적은 데다 열을 가하면 쉽게 끊어져 밀가루와는 달리 면발을 기다랗게 늘리기가 쉽지 않다. 때문에 메밀은 다른 녹말을 혼합해 틀에 넣고 눌러 국수를 만든다.

지금이야 국수 만들기가 크게 어려울 것도 없지만, 인류가 처음 국수를 뽑아 먹기까지에는 각고의 노력이 필요했다. 알고 있는 노하우와 당시의 첨단기술이 총동원됐다. 밀을 재배해 가루를 만들기까지 수천 년의 세월이 걸렸다. 이후 밀가루를 반죽해 국수로 길게 뽑을 때까지는 대략 1000년의 시간이 필요했다. 한나라 때 밀가루 반죽이 등장해 당나라에 이르러서야 면발이 긴 국수가 나왔다.

메밀국수는 그 시기가 더 늦다. 순수 메밀가루로 국수를 뽑든 다른 녹말을 혼합해 메밀국수를 만들든 더 많은 노하우와 기술이 필요했다. 때문에 국수로 개발하는 데 밀가루보다 약 500~600년의 시간이 더 필요했다. 메밀국수는 언제쯤 만들어졌을까?

중국의 경우 13~14세기 원나라 무렵에 만들어진 것으로 추정한다. 원나라 때 메밀국수에 관한 기록이 등장하기 때문이다. 14세기 초반 〈농서(農書)〉라는 문헌에 북방에서는 메밀껍질을 벗겨 맷돌로 갈아 국수를 만든다면서 이것을 하루면(河漏麵)이라고 했다. 그리고 메밀국수를 만들기 위해서는 하루상(河漏床)이라는 국수틀이 반드시 필요한데 중간에 원통이 있고, 아래에 구멍이 있어 반죽을 아래로 눌러 만든다는 것이다. 우리나라의 전통 메밀국수 만드는 법과 동일하다.

중국 전통 소설인 《수호지(水滸誌)》에도 메밀국수가 보인다. 반금련의 남편, 무대가 팔았던 음식이 떡과 국수였다. 그중에서도 국수는 하루면으로 뜨겁게 끓여 판다고 나온다. 보통 하루면의 재료는 메밀가루 아니면 고량가루였으니 무대가 팔았던 국수가 메밀국수일 수도 있다.

메밀국수의 기원을 찾으면서 뜬금없이 왜 소설 《수호지》의 내용을 인용했나 싶겠지만 《수호지》는 원말명초에 나온 소설이다. 때문에 소설 무대는 송나라지만 문화와 관습은 원나라의 상황이 반영되어 있다. 《수호지》를 비롯해 여러 문헌의 기록으로 판단하건대 중국에서 메밀국수가 만들어진 시기는 대략 원나라 무렵으로 추정할 수 있다.

일본 메밀국수인 소바의 뿌리는 17세기부터 시작되는 에도시대 초반으로 보는 것 같다. 임진왜란 이후 조선 승려 원진(元珍)이 동대사(東大寺)라는 절에서 메밀가루에 녹말을 혼합해 메밀국수 제조법을 전수했다는 설이 전해진다. 만드는 법은 1643년 《요리물어(料理物語)》에 메밀국수 만드는 법이 나오니까 어쨌거나 이 무렵부터 메밀가루를 이용해 국수를 만드는 법이 개발되었을 것으로 보인다.

그렇다면 우리는 언제부터 메밀로 국수를 만들었을까? 문헌상으로 국수를 먹었다는 기록은 많지만 정확하게 어떤 종류의 국수인지를 밝혀놓지 않았기에 언제부터 메밀국수를 만들었는지는 알 수 없다. 다만 중국에서 메밀국수가 만들어진 원나라와 교류가 많았고, 또 우리는 메밀이 중심이었기에 최소한 원나라 때인 고려 후기에는 메밀국수가 발달했을 것으로 보인다.

예를 들어 고려 말기의 충신 목은 이색이 남긴 시에는 국수를 배불리 먹었다는 내용이 여러 번 보인다. 원문에는 하얀 국수인 백면(白麵)으로 표기되어 있다. 밀가루 국수일 수도 있지만 메밀가루를 보통 백면으로 표기하는 만큼 메밀국수일 가능성도 배제할 수 없다. 하물며 고려 말기에도 밀가루는 귀한 식품이었으니 더더욱 그렇다.

혹은 더 빠를 수도 있다. 우리나라 국수에 대한 최초의 기록은 송나라 사신 서긍이 1123년에 저술한 《고려도경(高麗圖經)》에 처음 보인다. 서긍은 고려에는 밀이 적어서 상인들이 중국에서 사 오기 때문에 국수 값이 대단히 비싸서 큰 잔치가 아니면 쓰지 않는다고 했다. 그러면서 식품 중에도 나라에서 금하는 것이 있으니 우스운 일이라고 비웃었다. 《고려도경》에는 사신 일행이 입국하자 마중 나온 사람들이 식사를 제공하는데 10여 종류의 음식 가운데 국수가 먼저 나왔다는 기록도 있다.

사신에게 귀한 밀가루 국수를 대접했을 수도 있지만 고려 고유의 메밀국수가 제공되었을 수도 있다. 사신을 접대한 사람은 고려 조정에서 나온 사람이 아니라 현지 관리였다. 더군다나 지금처럼 오래 보관이 가능한 건조 국수가 있었던 시절도 아니었으니 서긍이 지적한 것처럼 밀가루 국수가 그렇게 귀했다면 중앙도 아닌 지방에서는 쉽게 밀가루 국수를 만들기도 힘들었을 것이다. 그렇다면 지방 관청에서 송나라 사신에게 제공한 국수는 메밀국수가 아니었을까? 물론 기록으로 증명할 수 없는 가정일 뿐이다.

우리나라 메밀국수의 정점에 있는 국수는 아무래도 냉면이 아닐까 싶다. 메밀로 만든 국수가 가장 고급스럽게 발전했고, 서민은 물론 양반계층에서 즐겼던 음식이며, 상류층의 음식문화가 반영되어 있기 때문이다. 물론 상류층 음식이라고 다 좋다고 할 수는 없겠지만, 일반적인 관점에서 냉면은 메밀국수의 정점이라고 평가한다.

우리는 언제부터 냉면을 먹었을까? 냉면의 기원을 따지기란 쉽지 않지만, 결론부터 말하자면 역사가 생각보다 길지 않은 것 같다. 냉면은 물론 국수와 발전의 궤도를 같이하지만 메밀이 주원료라는 것과 차갑게 먹는다는 점에서는 냉면을 만드는 데 또 다른 기술이 필요했을 것으로 짐작된다.

옛 문헌을 찾아보면 냉면(冷麵)이라는 단어가 등장하는 것은 조선시대 중기인 16세기 무렵이다. 광해군과 인조 때 벼슬을 한 계곡(谿谷) 장유가 '자줏빛 육수에 냉면을 말아 먹다'라는 시를 지었는데 여기에 냉면에 대한 상세한 묘사가 나온다. 장유는 1587년부터 1638년까지 살았던 인물이다. 그러니까 16세기 말부터 17세기 초반에는 이미 냉면을 먹었음을 알 수 있다.

18세기에 들어서는 냉면이라는 단어가 선비들의 글에 자주 등장한다. 장유보다 약 200년 후 사람인 다산 정약용은 《다산집(茶山集)》에서 "면발 긴 냉면에 숭채 무침을 곁들여 먹었다"고 썼다. 정약용이 먹은 냉면은 면발이 기다란 국수에 파란 배추김치(菘菹)였으니 요즘 냉면과 비슷했을 것 같다.

정약용과 같은 시대를 살았던 실학자 유득공도 평양을 여행하며 쓴 《서경잡절(西京雜絶)》에서 가을이면 평양의 냉면 값이 뛴다고 적었고, 역시 같은 시대의 인물인 이규경도 평양의 명물로 냉면을 꼽았다. 이를 통해 보면 18세기 말에서 19세기 초에는 선비들이 냉면을 즐겨 먹었던 것 같고, 그중에서도 평양냉면이 이름을 떨쳤음을 알 수 있다.

1849년의 《동국세시기(東國歲時記)》에는 겨울철 계절음식으로 메밀국수에 무김치, 배추김치를 넣고 돼지고기를 얹은 냉면을 먹는다고 소개했고, 19세기 말에는 《시의전서(是議全書)》 등 각종 요리책에 냉면 만드는 법이 소개된다.

우리나라 메밀국수의 역사를 원나라와 같은 14세기 초반으로 본다면 메밀가루로 국수를 뽑아 냉면을 만들기까지 약 400년, 그리고 정약용과 유득공이 살았던 정조 무렵에 냉면이 퍼지기까지 또 100년이 걸렸다. 옛날에는 거친 재료였던 메밀로 완성도 높은 냉면을 만들기까지 그만큼 오랜 세월과 노력이 필요했던 것이 아닌가 싶다.

가난한 농부의 음식에서 최고 권력자 쇼군의 음식으로

메밀국수를 주로 다시마 등을 넣어 만든 시원한 국물에 무즙을 풀어서 먹는 일본식 메밀국수, 소바는 우리 전통 메밀국수와는 또 다른 맛이다. 국수를 촉촉하게 적셔 먹는다는 점에서 독특한 일면도 있고, 한국인의 입맛에도 잘 맞아 국내에서도 멀리 퍼졌다.

소바는 앞서 언급한 것처럼 17세기 초반부터 일본에서 발달했다. 물론 일본에 메밀이 전해진 것은 소바가 만들어지기 훨씬 이전이다. 일본의 중세인 가마쿠라시대 이전인 헤이안(平安)시대, 그리고 그 이전인 우리의 삼국시대에 해당하는 나라(奈良)시대에도 메밀을 먹었다는 기록이 있다. 소바(そば)라는 단어가 처음 등장한 것은 《십개초(拾芥抄)》라는 서적으로, 1574년 정승사(定勝寺)라는 절의 보수 공사가 끝난 뒤 소바를 제물로 올렸다는 기록이 있다. 그러나 여기서 소바(そば)는 메밀을 뜻하는 단어로 메밀국수인 '소비끼리'라는 의미는 아니다. 메밀국수인 소바의 등장은 역시 에도시대 초기로 보는 것이 일반적이다.

에도시대 이전까지만 해도 소바는 메밀로 만든 수제비나 경단 혹은 그냥 메밀을 익혀 먹은 형태였을 것으로 전문가들은 보고 있다. 주목할 점은 에도시대 이전에는 일본 상류사회에서는 메밀을 농민이나 가난한 사람들이 먹는 음식으로 치부했다는 사실이다.

천한 음식으로 여겨 사무라이나 무신들은 다른 사람들 앞에서는 소바를 먹지 않았다고 한다. 헤이안시대 중기, 한 승려가 지은 시에서 '소바' 요리가 나온 것을 보고 놀라움을 표현하는 노래가 있다. 귀족이나 승려는 거들떠보지도 않고 기근이 들었을 때 농민이 먹는 구황식품으로 요리를 만들어 올린 것이 승려에게는 놀라웠던 것이다.

그러다 메밀이 국수 형태로 만들어지면서, 특히 절에서 메밀국수인 소바를 만들어 차와 함께 마시게 되면서 소바는 귀족층도 즐겨 먹는 음식으로 발전한다. 17세기 중반 이후 소바는 에도를 중심으로 빠르게 보급됐고 일상의 음식으로 정착했다. 뿐만 아니라 18세기 말, 여러 다이묘로 부터 쇼군가에 헌상된 물건을 기록한 《대성무감(大成武鑑)》에는 계절에 따라 아홉 다이묘 가문에서 소바를 쇼군에게 헌상했다는 기록이 있다. 과거 귀족들의 밥상에는 올릴 수 없는 음식이라고 했던 메밀로 만든 국수가 18~19세기에는 일본의 최고 권력자에게 진상되는 요리가 됐다.

국수에 담긴 서민들의 소박한 희망

지금은 많이 사라졌지만 예전에 이사를 가면 이웃집에 떡을 돌리는 것이 우리네 전통이었다. 새로 이사를 왔다는 신고식이요, 앞으로 잘 지내보자는 인사였다.

현대 일본사회에서는 거의 찾아볼 수 없는 풍습이지만, 일본에도 그런 전통이 있었다고 한다. 다만 떡 대신에 메밀국수를 돌리며 새로 이사를 왔다고 인사하는 것이 우리와는 다른 점이다.

일본 사람들이 이사 왔을 때 먹을 것을 돌리는 풍습은 아마 단어의 '유사성' 때문에 생겼을 것이라고 보는 견해가 다수다. 메밀국수를 나타내는 '소바(蕎麥)'와 옆 혹은 근처를 표시하는 '소바(側)'의 발음이 같기 때문에 생긴 풍습이라는 해석이다. 오랫동안 옆에 머물게 해달라는 의미라고 한다.

어쨌거나 일본에서 메밀국수 소바는 행운의 음식이다. 전통적으로 새해가 오기 직전인 섣달그믐 날 소원을 빌면서 먹었다.

섣달그믐에 먹는 소바를 '나이를 먹는 소바' 혹은 '섣달그믐 소바'라고 하는데 1756년 나온 서적에 '섣달그믐 소바'라는 단어가 있다고 한다. 최소한 에도시대 중기 이전부터 그믐날 메밀국수, 소바를 먹는 풍습이 있었던 것으로 추정된다.

일본 사람들이 섣달그믐에 소바를 먹게 된 유래는 다양한 설이 있지만 공통적으로 새해에 행운이 깃들기를 비는 의식에서 비롯되었다고 보고 있다. 먼저 한중일 동양 삼국에서 공통적으로 나타나는 문화에서 찾아볼 수 있다. 메밀국수, 즉 대부분 종류의 국수가 가늘고 길기 때문에 집안에 행운이 깃들거나 수명, 재산을 오래도록 지켜달라는 기원에서 비롯되었다는 설이다. 또 다른 유래는 메밀의 특성에서 유래되었다는 설이다. 메밀국수는 밀가루 국수와 달리, 끈기가 적어 끊어지기 쉽다. 그래서 섣달 그믐 날 메밀국수인 소바를 먹으면서 일 년 동안의 고생이나 재앙을 잘라 끊어버린다는 의미를 담았다고 한다.

메밀은 생명력이 강해 밤에 거친 비바람을 맞아도 다음날 햇볕을 받으면 다시 살아난다. 때문에 다음 해에 운세를 만회해 권토중래할 수 있도록 빌면서 소바를 먹었다는 설도 있다.

주로 메밀의 특성이나 국수 모양에서 행운을 기원하는 풍습이 생겼다고 보지만 다른 기원설도 있다. 12세기 무렵인 가마쿠라 시대, 새해를 맞지 못하는 가난한 사람들을 위해 절에서 메밀을 나눠주었는데, 그중에서 다음해 운이 크게 트인 사람들이 있었다. 이후 그믐날 메밀국수를 먹는 풍습이 생겼다고 하며 '운세 소바', '복 소바'라는 말도 만들어졌다. 마지막으로 옛날 일본의 금은세공업자들은 작업장에 떨어진 금가루를 모으는데, 메밀로 빚은 반죽을 사용했다고 한다. 때문에 메밀이 돈을 모은다는 의미가 생겼고, 그믐날 메밀국수를 먹는 것은 돈이 잘 모이게 해달라는 의미가 되었다는 것이다.

대부분 억지로 지어낸 이야기처럼 보인다. 하지만 소바에 소원을 담아비는 것에서 알 수 있는 것처럼 메밀국수가 그만큼 일본인의 사랑을 받는 국수였다는 것은 분명하다. 그만큼 일본에서도 소바가 서민 친화적인음식이었기 때문일 것이다.

한국 도깨비의 메밀묵 사랑

메밀은 우리나라에서도 오랜 세월 우리 입맛을 사로잡아온 작물이었다. 밀가루가 드물었던 시절, 우리 조상들은 지금은 밀가루로 만드는 음식의 대부분을 메밀가루로 만들었다. 냉면과 막국수에서부터 떡과 과자, 메밀묵에 이르기까지 메밀은 한국 음식문화의 한 축을 맡아왔다. 보통 메밀은 흉년이 들었을 때 먹는 구황작물로만 알고 있다. 하지만 메밀은 우리나라 사람들한테는 특별한 작물이었기에 완벽한 작물이라는 뜻에서 '오방지영물(五方之靈物)'이라고 불렸다.

메밀에 대한 사랑은 전래의 도깨비 설화에서도 찾아볼 수 있다. 도깨비는 한국인에게 무서우면서 또 한편으로는 친근한 존재로 각인되어 있다. 사실 재앙을 가져오는 무서운 귀신의 이미지보다는 복을 부르는 수호신 이미지가 더 강하다. 설화를 보면 도깨비방망이를 휘둘러 금은보화가 쏟아지도록 해서 부자를 만들어주기도 하고, 오히려 사람들에게 이용을 당하는 것이 우리나라 도깨비다. 우리 조상들은 전통적으로 섣달그믐이면 도깨비를 불러 이듬해에 재수가 좋고 부자가 되기를 빌었다. 이때 도깨비를 꾀기 위해 반드시 나오는 음식이 있다. 바로 메밀묵인데, 우리나라 도깨비들은 유독 메밀묵을 좋아한다고 한다.

조선 후기의 실학자 이익은 《성호사설(星湖僿說)》에서 도깨비는 숲에서 나온다고 했다. 그러니까 나무가 도깨비의 출생지이자 서식처다. 이익은 또 오래된 것의 힘이 바람과 합쳐지면 도깨비가 된다고 했는데 집에서 쓰던 오래된 빗자루나 멍석이 도깨비로 변신하는 것도 이 때문이다. 도깨비는 그러니까 태생 자체가 서민들이 일상적으로 사용하는 물건에 깃든 정령이어서 두려워할 이유가 없다. 오히려 도깨비에게 친밀감을 느끼는 경우가 더 많다. 도깨비는 출신 성분부터 서민 친화적이니 즐겨 먹는 음식도 서민들이 많이 먹고 좋아하는 음식이 될 수밖에 없다. 메밀묵을 제일 좋아하는 것도 이 때문이다.

섣달그믐에 도깨비에게 먹이고 또 사람도 먹는 한국의 메밀묵과 역시 섣달그믐에 먹으며 소원을 비는 일본의 메밀국수, 소바가 많이 닮아 있다.

잘 익은 술, 기름진 고기와 맵고 단 것이 음식의 참맛이 아니다.
참맛은 오직 담담할 뿐이다
_채근담

서민들만이 누릴 수 있는 역설의 보양식

미꾸라지

양반들은 몰래 먹었던, 철저한 서민의 음식

미꾸라지 넣고 얼큰하게 끓인 추어탕은 많은 한국인이 즐겨 먹는 음식이다. 추어탕은 우리나라에만 있을 뿐 다른 나라에는 없을 것이라고 얼핏 생각하기 쉽다. 추어탕이 우리, 특히 서민들에게 친숙한 음식인 데다 다른 나라에 미꾸라지 요리가 있다는 이야기를 들어보지 못했기 때문일이다.

사실 추어탕은 한중일 공통 음식이다. 논이 있는 곳이면 대부분 미꾸라지가 살고 있으니 당연히 논농사를 하는 나라에도 미꾸라지는 있을 것이다. 탕으로 먹는지 혹은 전골로 먹는지 아니면 구이나 튀김으로 먹는지 요리법과 먹는 법의 차이가 있을 뿐 한국과 중국, 일본 사람들이 모두 미꾸라지를 즐겨 먹는다.

흥미로운 것은 한중일 모두 미꾸라지를 보양식으로 여기고 있다는 점이다. 다만 여름 보양식인지 아니면 가을 보양식인지 혹은 특별히 계절에 상관없이 수시로 먹는 보양식인지의 차이는 있다. 또 다른 공통점도 있다. 철저하게 서민들의 보양식, 농민의 음식이었다. 지금은 한중일 삼국에서 모두 지위의 높고 낮음을 떠나서, 돈이 많고 적음을 가리지 않고 추어탕을 좋아하는 사람이 많지만 옛날에는 철저하게 서민들의 음식이었다.

우리 역사에서도 양반들 또한 추어탕을 즐겼지만 내놓고 먹지는 못했다. 맛있고, 몸에 좋고 특히 양기에 좋으니 먹기는 먹어야겠지만 하인이 먹는 음식, 천민의 음식을 양반이 드러내놓고 먹기에는 체통이 서지 않는다고 여겼다. 일본도 비슷하고, 중국에서도 역시 미꾸라지는 농민의 음식이라는 생각이 강하다.

추어탕을 놓고 한국과 중국, 일본은 비슷한 음식문화를 공유하고 있다. 한중일 추어탕 삼국지를 비교하며 먹는 것도 또 다른 식도락이 될 수 있다.

양반댁 마님이 한밤중에 하녀 몰래 날랐던 야식

'미꾸라지 용 됐다'는 말은 미천하고 보잘것없던 사람이 크게 되었음을 비유적으로 이르는 속담이다. 미꾸라지로 끓인 추어탕이 그렇다. "미꾸라지에서 용이 된 음식"이 바로 추어탕이다.

추어탕은 예전 점잖은 사람은 거들떠보지도 않았던 음식이다. 적어도 남들 앞에서 대놓고 먹었던 음식은 아니다. 조선시대에는 농민들이나 도시 하층민들이 주로 먹었던 음식이다. 때문에 양반들이 남긴 문헌에 미꾸라지로 만든 음식은 거의 보이지 않는다. 그런데 지금은 오히려 보양식 대접을 받는다.

요즘이야 '서울식 추어탕', '남도식 추어탕' 등으로 나뉘어 다양한 추어탕을 먹을 수 있고, 서울의 유명 추어탕 집은 정재계와 연예계의 유명 인사들이 일부러 찾아와 먹을 정도로 명물이 됐다.

하지만 근대 초기만 해도 추어탕은 주로 돈 없는 사람들이 먹던 음식이었다. 근대 잡지인 〈별건곤(別乾坤)〉에 1920년대 서울의 추어탕 집에 관한 글이 나온다.

"전날에는 선술집은 대개 하급 노동자들만 먹는 곳이요, 소위 행세깨나 하는 사람들은 별로 가지를 않았지만 지금은 경제가 곤란한 까닭이라 할지 계급사상의 타파라 할지 노동자는 고사하고 말쑥한 소위 신사들이 전날 요릿집이나 앉는 술집 다니듯이 보통으로 다닌다"라 하고 이어 "선술집이 많은 중에도 화동(花洞) 막바지의 황추탕(黃鰍湯) 집은 술맛도 술맛이거니와 여름 휴업 시기를 제외하고는 항상 추탕이 있고 다른 곳 것보다 별미이기 때문에 누구나 한번은 가려고 한다"고 했다.

〈별건곤〉의 내용으로 보면 1920년대에 경성에는 꽤 많은 선술집이 생겨나 추어탕을 팔았음을 알 수 있다. 그리고 예전에는 노동자들이 주로 들러서 먹었던 추어탕이 누구나 먹는 음식으로 변했음을 보여준다.

조선 말기의 문인이며 일제강점기 때 언론인으로 활동한 최영년은 1925년에 발간한 《해동죽지(海東竹枝)》에서 전국의 음식명물로 황해도 연안의 추탕(鰍湯)을 꼽았다. 연안(延安)에는 미꾸라지가 많아 가을 상강 무렵 서리가 내릴 때면 두부를 만들어 굳기 전 미꾸라지를 넣고 다시 눌러 딱딱하게 만든 후 가늘게 잘라 생강과 후추를 넣고 끓여서 먹으면 맛있다고 적었다. 지금의 추어탕과는 다른 추두부탕(鰍豆腐湯)이다. 황해도 연안은 연백평야의 중심 지역이다. 논이 많았고 그만큼 미꾸라지도 많았으니 농민들이 주로 먹었던 음식이었을 것이다.

1924년에 나온 이용기의 《조선무쌍신식요리제법(朝鮮無雙新式料理製法)》에도 추탕 끓이는 법이 보이는 것으로 보아 1920년대에는 추어탕이 보편적인 음식으로 발전한 것으로 추정할 수 있다. 뿐만 아니라 지금 남원 추어탕이 유명한 것처럼 연안 추어탕이 맛있다는 소문이 전국적으로 퍼졌던 모양이다.

1920년대 이전, 조선시대에도 사람들은 추어탕을 먹었다. 다만 미꾸라지를 음식으로 만들어 먹었다는 기록은 근대 이전, 조선시대 문헌에는 거의 보이지 않는다. 뿐만 아니라 몇 안 되는 문헌에 모두 미꾸라지는 농민 또는 도시의 하층민들이 먹는 음식으로 적혀 있다.

조선시대 문헌 중 추어탕에 관한 기록은 둘뿐이다. 19세기 중엽 편집된 이규경의 《오주연문장전산고(五洲衍文長箋散稿)》와 19세기 초 서유구가 쓴 물고기에 관한 기술서인 《난호어목지(蘭湖漁牧志)》다.

《오주연문장전산고》에는 지금 먹는 추어탕과는 다른 추두부탕에 관한 내용이 실려 있다. 미꾸라지가 두부를 파고 들어가게 만든 후 잘라서 부쳐 먹거나 탕으로 끓여 먹는다고 했다. 맛이 매우 기름진데 지금 한양에서는 관노와 비슷한 성균관의 반인(泮人) 사이에서 성행한다고 적었다.

반인은 관노는 아니지만 성균관에 소속된 노비와 비슷한 신분으로 백정만큼 천하게 취급당했던 계층이다. 이들이 주로 먹었다고 했으니 양반들이 공개적으로 즐겨 먹지는 않았을 것이다. 조선시대에는 청계천의 꼭지들(걸인들의 조직)이 추어탕을 독점적으로 끓여 팔았다고 하는데 성균관 반인들이 주로 먹었다는 《오주연문장전산고》의 기록으로 보면 가능성은 있지만 문헌에 기록으로 보이지는 않는다.

《난호어목지》에도 추어탕에 관한 내용이 있다. 미꾸라지의 한자어인 니추(泥鰍)를 한글로 '밋구리'로 표기하면서 고기는 기름진 것이 맛있다면서 시골사람(野人)들이 잡아서 맑은 물에 담아 진흙을 모두 토하게 한 후에 국(羹臛)을 끓이는데 특이한 맛(異味)이라고 설명했다.

유일하게 남아 있는 두 문헌으로 보면 미꾸라지로 끓인 추어탕은 농민들이 먹거나 도시에서는 반인 혹은 청계천 꼭지패와 같은 천민들이 주로 먹던 음식으로 보인다.

가을밤이 깊어지면 양반집 마님이 사랑채에서 지내고 있는 서방님에게 한밤중 은밀하게 야식으로 들여보냈던 음식 역시 미꾸라지와 두부를 넣고 끓인 추어탕이다. 평소에는 하인들이나 소작농이 먹는 천한 음식이라고 거들떠보지도 않는 척하면서 한밤중이면 남들이 볼까 몰래 먹었던 것이다. 드러내놓고 먹기에는 점잖지 못하다는 핑계도 있었지만 추어탕을 먹으면 정력에 좋다고 믿었으니 남의 이목이 두렵기는 해도 야식으로 몰래 서방님께 먹이고 싶었던 음식이다.

지금도 그렇지만 옛날부터 사람들은 추어탕이 정력에 좋다고 믿었다. 가을이면 살이 통통하게 오른 것이 단백질이 풍부해서 먹으면 몸에 좋다고 믿었기 때문일 수 있다. 식욕을 돋우고 기운을 보강해주기 때문에 옛

새만 먹으면 줄었던 정력도 되살아난다는 속설이 생겼을 정도다. 한자로
미꾸라지를 물고기 어(魚)변에 가을 추(秋)자를 써서 미꾸라지 추(鰍)라고
쓴 데는 나름의 이유가 있다.

일본 총리가 사랑한 도쿄 추어탕

일본에도 미꾸라지 요리가 있다. 역시 농민의 음식이다. 우리 추어탕
은 남원, 원주, 서울이 유명한 것처럼 일본 역시 수도인 도쿄의 미꾸라지
요리가 유명하다.

1712년에 출판된 백과사전류의 일본 고문헌인 《화한삼재도회(和漢三才
圖會)》에 미꾸라지에 대한 설명이 나오는데, 여기에 추어탕이 보인다. 강
주(江州) 수구(水口)라는 곳에서 미꾸라지로 국과 죽을 만드는데 아주 맛
있다고 적혀 있다. 수구는 교토 옆에 있는 지금의 시가(滋賀) 현 고우가
(甲賀) 시 미나구치(水口) 구라고 하는데 일본에서는 에도시대 이래로 이
곳이 미꾸라지 국으로 유명했다고 한다.

하지만 도쿄 역시 추어탕으로 널리 알려져 있다. 도쿄에서는 주로 일
본식 전골인 스키야키로 먹는다. 그중에서도 야나가와 나베(柳川鍋)가
널리 알려져 있다. 냄비에 우엉을 깔고 그 위에 손질한 미꾸라지를 얹
어 삶은 다음 계란을 풀어서 먹는 미꾸라지 스키야키다. 야나가와 나베
는 특히 여름에 먹는 음식이었다. 일본 시조인 하이쿠에서는 미꾸라지
가 여름을 대표하는 계절 물고기로 나오는데, 옛날 풍속이 많이 사라졌
지만 지금도 도쿄 토박이들은 복날에 장어 대신 미꾸라지 요리를 먹는

다고 한다.

일본 서민에게 미꾸라지는 향수를 부르는 음식이다. 때문에 일부 정치인들은 정치적으로 미꾸라지를 활용하기도 한다. 전 일본 총리였던 노다 요시히코가 그런 경우다. 자신이 미꾸라지를 좋아한다는 사실을 강조함으로써 서민들에게 공감을 얻어 미꾸라지 총리라는 별명까지 얻었다.

노다 총리는 자신이 일본식 추어탕을 좋아하는 이유를 서민 출신이기 때문이라고 설명했다. 자위대 대원이었던 부친은 가난한 농부의 막내아들이었고, 어머니 역시 농부의 막내딸이어서 어려서부터 미꾸라지를 먹고 자랐다는 것이다. 서민 출신임을 강조해 표를 얻으려는 정치적 복선이 깔린 설명이었지만, 어쨌든 일본 서민들로부터 많은 공감을 받았다.

노다 전 총리의 미꾸라지 사랑은 우리나라에서도 화제가 된 적이 있다. 2011년 한국을 방문했을 때 방한 당일 노다 총리가 먹은 저녁식사가 화제가 됐다. 그가 먹은 것은 한국 추어탕이었다. 그것도 특별히 한국식 추어탕을 맛보겠다며 주문을 해서 이튿날 정상회담에서는 추어탕이 화제가 됐을 정도였다.

《금병매》 주인공 서문경의 최고 정력제

중국인도 미꾸라지를 즐겨 먹는다. 요리천국으로 뱀부터 자라까지 보양식이 넘쳐날 것 같은 중국이지만, 시골 농민들은 미꾸라지를 먹으며 더운 여름을 이겨낸다.

때문에 미꾸라지와 관련된 속설도 많다. "하늘에는 비둘기, 땅에는 미꾸라지"라는 말이 있다. 농민들이 쉽게 구할 수 있는 음식재료 중에서 가장 영양이 풍부한 것으로 하늘을 나는 것으로는 비둘기, 땅에 사는 것으로는 미꾸라지를 꼽았다.

"작은 미꾸라지가 파도를 엎는다"는 말도 있다. 미꾸라지가 파도를 엎을 정도로 힘이 좋다고 믿었고, 미꾸라지를 '물속의 인삼'이라고 여겼다.

미꾸라지에 대한 중국인들의 인식은 우리에게도 널리 알려진 중국 고전《금병매》에 녹아 있다. 금병매는 주인공 서문경과 반금련을 비롯한 그의 여인들이 벌이는 애정행각을 묘사한 소설이다. 서문경이 정력을 유지하기 위해 먹은 음식 중에 미꾸라지도 포함돼 있다.

《금병매》는 현란한 성적 묘사로도 유명한 소설이지만, 그 속에 등장하는 다양한 음식과 풍부한 요리 덕에 소설이 쓰였던 명나라 당대의 요리를 연구하는 데 필수적인 자료로 꼽힌다. 소설《금병매》에 나오는 정력제가 미꾸라지다.

서문경이 이들 여인과 애정행각을 벌일 때 먹은 것이 미꾸라지였으니 명나라 때 사람들의 미꾸라지에 대한 인식을 엿볼 수 있다. 서문경이 어느 날 영복사라는 절에 들러 서역에서 왔다는 범승(梵僧)을 만난다. 그런데 서역에서 온 이 승려는 보통 중이 아니었다. 수행의 경지가 높은 것이 아니라 방중술의 경지가 도통한 수준에 이른 중이었다. 서문경이 정력이 상하지 않는 묘약을 구하기 위해 그 중을 자신의 집으로 초대한다.

서문경과 범승이 앉은 식탁 주변에 대리석 병풍이 놓여 있는데 병풍 속에는 미꾸라지가 새겨져 있다. 그리고 주방에서 요리가 나오기 시작하는데 한 접시에는 고기 튀긴 것이 담겨 있고, 또 한 접시에는 양의 간이 놓여 있으며, 다른 한 접시에는 미끈미끈한 미꾸라지가 담겨 있다. 왜 이렇게 미꾸라지가 계속 나오는 것일까? 미꾸라지로 상징하려는 것이 무엇일까?

명나라 때 의학서로 이시진이 쓴 《본초강목(本草綱目)》을 읽어보면 알 수 있다. 《본초강목》에서 미꾸라지는 양기를 돋우는 식품이라고 했다. 또 다른 중국 의학서인 《조호간이방(潮胡簡易方)》에도 발기가 되지 않을 때 미꾸라지를 먹으면 좋다고 한다. 《본초강목》과 처방이 같다.

명나라 때 쓰인 《금병매》는 청나라 때 작품인 《홍루몽》과 함께 당대 요리 연구의 중요한 자료로 평가받는다. 그런데 《금병매》에 나오는 미꾸라지 요리에 대한 소설적 암시와 명나라 의학서인 《본초강목》의 처방이 일치한다. 명나라 때 중국인들은 미꾸라지를 정력제로 인식했던 것이다.

중국에서도 추어탕은 농민들에게 친숙한 음식이다. 중국요리 중에 관도니추(官渡泥鰍)라는 음식이 있다. 미꾸라지두부볶음이다. 미꾸라지와 두부, 그리고 각종 채소를 기름에 볶아 내오는데 유래가 그럴듯하다.

관도(官渡)는 지금의 중국 허난성에 있는 지역으로 《삼국지》에서 조조와 원소가 전투를 벌인 지역이다. 이 전투는 《삼국지》의 삼대전투로 꼽히고 세력이 약한 조조의 군대가 막강한 원소를 물리쳐 조조가 기반을 다지는 계기가 된다. 요리 이름이 관도의 미꾸라지라는 뜻의 관도니추가 된 것은 삼국지의 관도전투에서 비롯됐다. 원소와 대치하고 있던 조조의 군대가 군량미가 떨어져 병사들이 굶주림에 시달렸다. 조조가 아무리 배가 고파도 아무 음식이나 먹지 말라고 엄명을 내린 탓에 병사들이 마냥 굶고 있었는데, 농민 출신의 한 병사가 논에서 미꾸라지를 잡아다 삶아 먹었다. 군령을 어긴 병사를 조조 앞으로 끌고 와 처벌을 기다리는데 조조가 벌을 주는 대신 미꾸라지를 어떻게 먹는지 자세히 물었다. 조조 역시 먹어 보니 맛이 좋았다. 그래서 전군에 명령을 내려 미꾸라지를 잡아서 먹도록 했다. 이렇게 미꾸라지를 먹고 기운을 차린 병사들이 원소의 군사와 싸워 전투에서 승리를 했다.

관도니추는 여기서 비롯된 요리의 이름이다. 문헌에는 나오지 않는 이야기로 중국의 어느 음식점에서 만들어낸 이야기일 것이다. 하지만 중국에서도 미꾸라지는 주로 농민들에게 친숙한 음식 재료였다는 증거가 된다.

장어는 여자의 음식?

추어탕이 한중일 공통의 서민 보양식이라면 중산층의 공통된 보양식은 장어다. 특히 여름에 먹어야 효과를 볼 수 있다.

동서고금을 막론하고 모두 비슷하다. 예를 들어 고려 왕실에서는 여름철 임진강 장어로 보양식을 삼았다. 지금은 전북 고창 장어가 유명하지만 예전에는 임진강 장어가 이름을 떨쳤다. 고려시대에는 임진강에서는 다양한 물고기가 잡혔는데 여름철 장어를 잡으면 크고 튼실한 것들은 우선적으로 송도에 있는 고려 왕궁으로 보냈고, 나머지 장어가 경기도 곳곳의 작은 마을까지 팔려갔다고 한다. 송도의 고려 왕족과 귀족들은 장어구이와 장어탕으로 여름 보신을 했던 것이다.

임진강 장어는 근대까지도 명성을 유지했다. 1931년 〈동아일보〉에 경성의 어시장에서 팔리는 임진강 장어는 진미(眞味)와 풍미(風味)를 모두 갖추었기에 일류 요릿집으로 팔려 나갈 정도로 이름값이 높았다는 기사가 보인다. 옛날 명성은 사라졌지만, 아직도 임진강 하류의 파주와 강화도 일대에 장어 파는 집이 많은 이유다.

일본에서도 "여름에 장어를 먹으면 더위를 타지 않는다"는 속설까지 있다. 일본 고전인《만엽집(萬葉集)》에도 나오니 여름철 보양식으로 장어를 먹은 역사가 꽤 깊다. 그래서 우리가 복날 삼계탕을 먹는 것처럼 일본에서는 복날에 해당하는 도요노우시노히(土用の丑の日)에 더위를 이기고 영양을 보충하기 위해 장어를 먹는 풍속이 있다.

임진왜란이 끝난 후 일본에서 정권을 잡은 도쿠가와 이에야스가 막부를 지금의 도쿄인 에도로 옮길 때 사전에 건설작업을 하면서 습지가 많이 생겼다. 이때 습지에 장어가 많이 자라면서 에도가 장어로 유명해졌다고 한다.

중국도 상하이를 비롯한 화동지방에서는 여름이 한참인 단오 무렵이면 장어를 먹는다. 이때 먹는 장어는 인삼보다도 좋다고 한다. 단오 무렵의 장어는 살이 찌고 영양이 풍부해 맛도 좋은데, 단순한 음식을 넘어 자양식품으로 여겼다. 중국은 단오, 우리와 일본은 복날 장어를 먹는데 상하이를 비롯한 화동지방은 단오 무렵이면 한국이나 일본의 복날 무더위만큼이나 덥다. 그러니 계절적으로는 세 나라가 모두 한여름에 장어를 먹는 셈이다.

흥미로운 것은 유럽에서도 여름이면 장어를 먹는다는 사실이다. 독일 함부르크 지방을 중심으로 중북부 유럽에서는 여름 별식으로 알주페라는 음식을 먹는데, 독일어로 알(Aal)은 장어, 주페(Suppe)는 수프라는 뜻이니까 장어수프, 우리식으로 표현하면 장어탕에 다름 아니다. 동서양 모두 고금을 막론하고 여름에는 장어가 좋다는 것이다.

또 하나, "남자한테 참 좋은데 어떻게 표현할 방법이 없다"는 식품 중 하나가 장어다. 많은 사람들이 장어 자체를 스태미나 식품으로 여기고 특히 꼬리가 정력에 좋다고 해서 장어 먹을 때면 꼬리부터 찾는 남자들이 적지 않다.

하지만 아무리 옛 문헌을 뒤져도 꼬리가 정력에 좋다는 주장을 뒷받침할 근거는 없다. 믿거나 말거나의 속설일 뿐이다. 또 하나, 장어가 남성에게 좋은 스태미나 식품으로 알려져 있지만 옛 문헌을 살펴보면 우리가 알고 있는 상식과는 정반대로 나온다. 여성 건강에 좋다는 것이다.

음식을 먹는 데 굳이 성별을 따지는 것이 우습다. 남녀를 떠나서 장어가 사람들에게 좋기는 좋다. 옛날 기록을 보면 장어는 죽어가는 사람도 살리는 음식이었다.

조선 선조 때 지금의 개성인 송도 사람, 차식이 현재 황해북도 개풍에 있는 조선 제2대 임금인 정종의 무덤, 후릉(厚陵)을 돌보는 능참봉을 지냈다. 정종은 태종이 된 동생 이방원의 위세에 눌려 왕 노릇을 제대로 못했다. 사후에도 제대로 대접을 받지 못했다. 왕릉조차도 초라하게 버려져 돌보는 사람이 없었는데, 차식이 참봉이 된 후 왕릉을 정성껏 가꿨다.

그러던 어느 날 낮잠이 들었는데 정종이 꿈에 나타나 고맙다고 인사하며 "네 어미가 아프다고 하니 내가 좋은 약을 주겠다"고 약속하고는 홀연히 사라졌다.

꿈에서 깨 보니 마침 매 한 마리가 날아가다 물고기를 떨어트렸다. 길이가 한 자에 이르는 힘이 펄펄 넘치는 장어였다. 꿈속 일이 생각나 어머니께 장어탕을 끓여 드렸더니 병이 씻은 듯이 나았다. 개성 주변의 신기한 일을 기록한 《송도기이(松都記異)》에 실려 있는 이야기다.

중국에서도 장어는 죽어가는 사람을 살리는 보양식이었다. 송나라 때 황제의 칙명으로 설화를 엮은 《태평광기(太平廣記)》라는 책에 나온다. 어느 마을에서 한 여인이 전염병에 걸렸다. 마을 사람들이 전염병이 퍼지는 것을 막으려고 여인을 관에 담아 산 채로 강물에 흘려보냈다. 관을 발견한 어부가 열어 보니 여인이 아직 살아 있었다. 어막에 눕히고 며칠 동안 장어를 먹였더니 병이 씻은 듯이 나았다. 여인은 자신을 살려준 어부에게 시집을 갔는데 평생 동안 어떤 병에도 걸리지 않았다.

한국과 중국 설화에서 장어는 이렇게 죽어가는 사람도 살리는 보양식이었다. 그러나 설화에서 주목할 부분은 장어 먹고 살아난 사람이 모두 여자라는 사실이다. 장어는 스태미나 식품이기 때문에 "어떻게 표현할 방법은 없지만" 남자에게 좋다고 알려져 있는 것과는 다르다. 물론 우연의 일치일 수도 있다. 하지만 동양의 전통 의학서인 우리의 《동의보감》과 명나라 《본초강목》에도 장어는 여자에게 좋다고 나온다. 장어 먹고 병이 나은 주인공이 모두 남자가 아닌 여자인 이유가 아닐까 싶다.

서민의 삶이 담긴 가장 솔직한 무게

돼지고기

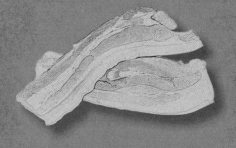

부자들은 먹지 않고, 빈자들은 먹을 줄 몰랐던 중국의 돼지고기

중국 요리는 아무래도 소고기보다는 돼지고기가 더 맛있다. 유명한 돼지고기 중에서도 우리에게 널리 알려진 대표적인 요리가 동파육(東坡肉)이다. 여러 지방에서 자기네 특산요리라고 주장하지만 일반적으로는 항저우(杭州)의 전통 요리로 알려져 있다. 동파육은 큼직한 삼겹살 덩어리를 통째로 향기 좋은 전통 명주, 소흥주에 담아 삶은 후 간장 등으로 장시간 조려서 만드는 음식이다. 기름지면서도 느끼하지 않고, 입안에서 녹는 것처럼 부드러운 맛이 일품이다. 동파육이라는 이름은 당송팔대가 중 한 명인 송나라의 문장가 소동파, 즉 소식(蘇軾)의 호를 따서 지은 이름이다. 백성을 사랑하는 그의 마음을 기린 요리 이름이라고 한다.

동파육의 전설은 많이 알려져 있다. 동파육 이야기는 그저 소동파가 백성을 사랑했다는 이야기 내지는 중국 삼겹살의 유래에 대한 이야기에

지나지 않는 것일까? 동파육의 기원과 전설을 자세히 들여다보면 그 속에도 여러 상징적인 의미와 생각지 못했던 역사가 담겨 있다는 사실을 알게 된다.

송나라 때 소동파가 장쑤성 쉬저우(徐州) 지사로 있을 무렵, 큰 물난리가 났다. 소동파는 병졸과 백성을 지휘해 제방을 쌓아 도시 전체가 물에 잠기는 것을 막았다. 홍수가 지나간 후 백성들이 고마움의 표시로 돼지를 잡아 소동파에게 보냈지만, 소동파는 주민들의 마음만 받았을 뿐 돼지고기는 백성들에게 다시 돌려보냈다. 주로 백성들을 수탈했던 당시 지방 수령들에게서는 보기 드문 광경이었던 모양이다. 사람들은 소동파가 되돌려 보낸 고기를 "바친 고기를 다시 되돌려주었다"는 뜻에서 회증육(回贈肉)이라고 불렀다.

소동파는 이후 지금의 저장성 항저우 자사를 역임한 적이 있는데 이때도 장강(長江)이 범람했을 때 제방을 쌓아 도시를 구했다. 소동파가 돼지고기를 좋아한다는 사실을 안 백성들이 역시 감사의 표시로 돼지고기를 보냈는데 이번에는 소동파 자신이 개발한 요리법으로 고기를 요리해 백성들과 함께 나누어 먹었다. 동파육은 이때 생긴 이름이다.

소동파가 돼지고기로 처음 요리를 한 것은 1080년 무렵이다. 기록을 보면 소동파가 필화사건에 얽혀 지금의 후베이성 황저우(黃州)에 좌천되어 갔을 때 '돼지고기 예찬(猪肉頌)'이라는 시를 쓰면서 돼지고기 요리를 해먹었다는 것이다. 이 요리가 동파육의 기원이다.

황주의 맛 좋은 돼지고기, 값도 아주 싸지만
부자들은 먹지 않고, 가난한 자는 먹을 줄 모른다
매일 아침 일어나 한 그릇씩 먹으면
배가 불러 천하가 태평스럽다

그런데 소동파의 '돼지고기 예찬'이라는 시에서 이상한 사실을 한 가지 발견할 수 있다. 일반적으로 중국인들은 소고기보다 돼지고기를 더 즐겨 먹는 것으로 알려져 있다. 반면 소동파는 중국인들이 마치 돼지고기를 잘 먹지 않는 것처럼 묘사해놓았다. '부자들은 먹지 않고, 가난한 사람은 먹을 줄 모른다'는 것이다. 소동파는 왜 지금의 상식과는 다르게 묘사했을까?

사실 소동파가 살았던 11세기 송나라 때는 상류층에서 돼지고기는 인기가 없었다. 당시 송나라는 주변 강대국이었던 거란족의 요(遼), 여진족인 금(金)의 압박을 받았는데 군사적 영향뿐만 아니라 문화적 영향도 많이 받았다. 특히 유목민족인 거란족은 돼지고기를 싫어하고 주로 양고기를 먹었기 때문에 한족 사회에서도 상류층은 돼지고기를 멀리하고 양고기를 즐겨 먹었다. 소동파가 부자들은 돼지고기를 먹지 않고 값이 형편없이 싸다고 노래한 이유다.

또 하나, 동파육이 발달한 지역을 보면 알 수 있다. 소동파가 처음 백성들이 바친 돼지고기를 돌려주었다는 쉬저우는 지금의 장쑤성(江蘇省)이다. 처음 돼지고기를 요리한 황저우는 후베이성(湖北省), 그리고 동파육의 이름이 퍼진 항저우는 저장성(浙江省)이다. 이들 지역은 모택동의 고향인 후난성(湖南省)과 함께 중국의 대표적 농경지역인 강남지방으로 송나라 때 북방 이민족과 대치했던 지역들이다.

이처럼 동파육의 탄생 배경과 동파육의 전설이 만들어진 이면에는 한족인 농경민족과 북방의 유목민족, 그리고 그들의 음식문화인 돼지고기와 양고기 문화의 대립이 상징적으로 담겨 있다. 뿐만 아니라 동파육이라는 이름에는 이민족에 핍박당할 때, 그들과 타협하며 무기력한 송나라 지배층과는 달리 돼지고기로 상징되는 한족 백성을 돌보고 사랑했던, 동시에 돼지고기까지도 사랑했던 소동파에 대한 고마움의 표현이 들어 있다.

참고로 음식과 관련해 여러 일화를 남긴 소동파를 사람들은 그저 미식가 시인(詩人)으로 기억하지만, 소동파는 단순히 맛있는 음식에 마음을 뺏긴 사람은 아니다. 미식을 탐한 것이 아니라 맛있게 먹을 수 있다는 사실 자체에 감사하며 인생을 즐겼던 인물이다. "배가 고프면 먹고 배가 부르기 전에 멈춘다"는 그의 양생설이나 "편안한 마음으로 분수를 지켜 복을 얻고, 위를 편하게 해 양기를 채우며, 돈을 절약해 재산을 키운다"는 것이 평소 소동파의 음식관이다.

1200년 만에 고기 맛을 본 일본인들이 만들어낸 돈가스

돈가스는 일본에서 처음 만들었다. 송아지 고기에 옷을 입혀 기름에 튀기는 프랑스의 커틀릿(cutlet)이 원형이다. 송아지 대신 돼지고기를 사용해 일본인의 입맛에 맞췄다. 그러니 이름부터 일본식이다. 돈가스는

돼지 돈(豚)자와 커틀릿을 일본말로 줄여서 표기한 가츠(かつ)를 합친 말이다.

'필요는 발명의 어머니'라고 하는데 돈가스 역시 비슷한 측면이 있다. 천년 넘도록 고기를 먹지 않았기에 육식을 즐기지 않았던 일본인의 입맛에 맞추고, 또 낯선 음식인 서양 요리를 일본식으로 개량하려는 노력의 결과로 만들어진 음식이기 때문이다.

그런데 몇 가지 의문이 있다. 서양의 커틀릿은 주로 소고기, 비프커틀릿이 중심인데 일본에서는 왜 포크커틀릿인 돈가스가 발달했을까? 돈가스라는 음식이 일본에서 만들어지게 된 배경은 무엇이고 또 어떤 의미가 있을까?

일본인은 긴 세월 고기를 먹지 않았다. 정확하게 말하자면 먹지 못했다. 고기를 못 먹게 했기 때문이다. 7세기, 덴무(天武) 일왕이 도축금지령을 내린 이후 약 1200년 동안 육식 금지령이 지속됐다. 그러다 유신을 단행한 메이지(明治) 일왕이 국민의 체력 증진 등을 이유로 1871년 육식 금지를 해제하고 국민들에게 고기를 많이 먹으라고 장려한다.

그러나 고기가 싫다는 백성에게 무조건 먹으라고 강요만 할 수 없어 일왕이 솔선수범해서 고기를 먹었다. 뿐만 아니라 다양한 육식 장려 정책을 펼쳤다. 그 결과 일반인도 생선만을 고집하지 않고 고기를 먹기 시작했다. 하지만 1000년이 넘는 오랜 세월 동안 고기를 먹지 않았던 일본인의 입맛에 고기는 맞지 않았다. 서양의 고기 요리는 더더욱 먹기 힘들어 했다. 때문에 개화기 일본에서는 서양 요리를 일본인 구미에 맞도록 개량하려는 노력이 끊임없이 이어졌다.

돈가스는 이런 과정을 겪으면서 만들어진 음식이다. 그럼 소고기가 아닌 왜 돼지고기가 주재료가 되었을까?

우연이라기보다는 나름 복합적인 요인이 작용한 결과다. 그것도 경제적, 사회적, 문화적 요인이 얽히고설켜 있다. 그중 몇 가지 요인을 꼽으면 일본 음식문화의 역사와 경제적 이유가 가장 크게 작용한 것으로 보인다.

7세기 이후로 일본인들은 고기를 먹을 수 없었다. 하지만 모든 고기를 금지했던 것은 아니다. 덴무 일왕이 최초에 금지한 고기는 소, 말, 닭, 개, 원숭이였다. 이후 세월이 흐르면서 네 발 달린 동물의 고기를 대부분 기피하게 됐다. 하지만 일부에서는 돼지고기처럼 금지 대상이 아니었던 고기는 먹었다.

때문에 메이지 일왕이 육식금지령을 해제했을 때 소고기 식용에 대해서는 저항이 만만치 않았지만 돼지고기는 상대적으로 저항이 적었다. 《소고기와 일본인(牛肉と日本人)》이라는 책에는 에도 막부시대 말기에 소고기가 아닌 돼지고기가 먼저 퍼지기 시작했다는 기록이 있다.

소고기로 만드는 서양의 커틀릿 대신에 돼지고기를 이용한 돈가스가 만들어진 일차적인 배경이다. 일본에서 처음 돈가스와 비슷한 요리를 만들어 판 음식점은 렌카테이(煉瓦亭)라는 프랑스 레스토랑이다. 1895년에 도쿄의 중심가인 긴자에 문을 열었고 아직까지도 영업을 하고 있으니 120년의 역사를 지닌 유서 깊은 음식점이다. 하지만 처음에는 무척 고전했다. 기름과 버터를 많이 사용하는 정통 프랑스 음식이 당시 일본인의 입맛에 맞지 않아 생각보다 매출이 오르지 않았다.

매출 부진을 타개하기 위해 1899년, 새로운 메뉴로 소고기 대신 돼지고기를 사용한 가츠레츠를 선보였다. 가츠레츠는 커틀릿의 일본식 표기다. 지금의 돈가스와 다른 문자 그대로 서양의 포크커틀릿에 가까웠다고 한다. 새로운 메뉴인 돼지고기 카츠레츠를 선보였지만 처음에는 매출이 폭발적으로 늘어날 만큼 인기를 끌지는 못했다.

그러다 전환점을 마련한 것이 1904년의 러일전쟁이다. 이 무렵 제국주의 일본 군대에서 소고기로 만든 통조림과 건조한 소고기 육포를 보급하면서 군대에서 고기 맛을 본 서민들이 늘어났다. 덕분에 고기에 대한 인식이 바뀌게 됐는데 전쟁으로 소고기가 부족해지자 대신 상대적으로 값이 싼 돼지고기에 대한 수요가 늘었다.

또 하나, 돼지고기 커틀릿을 파는 렌카테이 음식점에 변화가 생겼다. 러일전쟁으로 주방에서 일하던 젊은 조리사가 징집됐다. 그러자 일손이 딸린 주방에서 제대로 프라이팬에 커틀릿을 요리할 수가 없었다. 할 수 없이 일본 채소 튀김인 덴뿌라를 만들 듯이, 지금의 프라이드치킨 튀기는 것처럼 기름에 푹 담가 튀기는 딥 프라이드(deep-fried) 방식으로 튀겼다. 이렇게 튀기면 여러 장을 동시에 튀길 수 있기 때문에 하나씩 조리하는 커틀릿보다 효율이 훨씬 더 높아진다.

또 하나 사이드 메뉴도 바꿨다. 예전에는 서양처럼 조리한 채소를 내놓았지만 일손이 달렸기에 할 수 없이 양배추를 생으로 썰어서 내놓았다. 우리나라에서도 볼 수 있는 돈가스와 양배추의 조합이다.

궁여지책으로 내놓은 요리법이 인기를 끌었다. 손님들이 입맛에 맞는다며 몰려들었고, 공전의 히트를 하면서 도쿄 시내로 요리법이 퍼져 나갔다. 그러다 1929년 도쿄의 양식집(ポンチ軒)에서 지금과 같은 일본식 돈가스를 선보였다. 시마다 신지로(島田信二郎)라는 요리사가 돼지고기를 두껍게 썰어 튀긴 돈가스를 공기 밥과 채소 절임, 된장국을 곁들인 일본 정식 스타일로 내놓아 손님에게 인기를 끌었다.

때문에 시마다 신지로를 일본 돈가스의 발명자로 꼽기도 하지만 일본에서 논란이 많다. 또 돈가스(とんカツ)라는 명칭은 시마다 신지로 이전에 이미 사용됐다고 한다.

어쨌거나 이 무렵 일본에서는 돼지고기의 수요가 폭발적으로 늘어났다. 일본 농림성이 발표한 '우리나라의 양돈(本邦の養豚)'에 따르면 일본 전국에서 사육하는 돼지 수가 1916년 33만7891마리에서 1925년에는 67만2583마리로 9년 사이에 두 배가 늘어났다. 더불어 돈가스의 인기도 폭발적으로 늘어나 돈가스 전문점을 표방하는 가게가 속속 개업하면서 도쿄 시내 번화가에서 돈가스 열풍이 불었다.

한국의 근현대 경제, 문화, 사회의 역사를 담은 삼겹살

한국은 세계의 삼겹살 경연장이다. 국산 삼겹살뿐만 아니라 세계 각국의 삼겹살이 모두 수입된다. 그동안 삼겹살을 수입해온 나라만 해도 네덜란드, 덴마크, 멕시코, 미국, 벨기에, 스웨덴, 스페인, 영국, 오스트리

아, 칠레, 캐나다, 폴란드, 프랑스, 핀란드, 헝가리, 오스트레일리아 등 최소 열여섯 나라 이상이다. 한국에 가만히 앉아서도 지구촌 곳곳의 돼지고기 삼겹살을 몽땅 맛볼 수 있다.

이처럼 한국이 세계의 삼겹살 경연장이 된 이유는 우리의 '삼겹살 사랑'이 각별하기 때문이다. 한국인이 가장 좋아하는 돼지고기가 삼겹살이라는 사실에는 이론의 여지가 없다. 물론 조사기관에 따라 다소 차이가 있지만, 열 명 중 일곱이나 여덟 명은 돼지고기 중에서 제일 맛있는 부위로 삼겹살을 꼽는다. 그러니 삼겹살을 '국민고기'라고 해도 지나친 표현이 아니다.

우리가 얼마나 삼겹살을 좋아하는지는 가끔씩 겪는 돼지고기 파동을 보면 알 수 있다. 공급 과잉으로 돼지고기 값이 폭락을 해도 삼겹살만큼은 떨어진 적이 없다. 이런 현상은 어쩌다 한두 번 보이는 것이 아닌, 1980년대 이후로 지금까지 30년 넘게 반복적으로 나타나는 현상이다.

사실 삼겹살을 사랑하는 정도만 놓고 보면 옛날부터 삼겹살이 국민고기였을 것 같지만, 실제로 우리가 삼겹살을 먹기 시작한 역사는 그다지 오래되지 않는다. 지금의 장년층만 해도 어렸을 때는 삼겹살을 먹지 않았다.

삼겹살은 고사하고 예전 우리나라 사람들은 소고기에 비해 돼지고기를 썩 즐기지는 않았다. 냉동시설이 발달하지 못했던 시절에는 "여름에 먹는 돼지고기는 잘 먹어야 본전"이라는 말이 있을 정도였다. 돼지고기를 즐기지도 않았고, 심지어 돼지고기에 대한 선입견마저 있었다. 그런

만큼 옛날에는 돼지고기 요리법도 그다지 발달하지 않았다. 일반 가정에서는 주로 돼지고기를 삶아서 수육을 새우젓과 함께 김치에 싸 먹거나 비계나 고기를 찌개에 넣고 끓여 먹는 것이 보통이었다.

일부 속설은 삼겹살이 개성에서 비롯됐다고 주장한다. 개성에서 돼지에게 쌀겨를 먹여 키우면서 비계가 적고 살코기와 어우러지는 삼겹살을 만들어냈다는 것인데 근거는 찾기가 힘든 말이다.

옛날 개성이 돼지고기로 유명하기는 했다고 한다. 어느 호사가가 지어낸 말이겠지만 평양은 소고기, 개성은 돼지고기가 유명했다는데 고려 500년의 수도였던 만큼 음식문화가 발달해서 고급스럽고 맛있는 요리가 많았다. 그중에서도 음식의 송도삼절(松島三絶)로 꼽았던 것이 바로 보쌈김치와 돼지고기 그리고 소주다. 개성 보쌈김치는 지금도 유명하지만 예전에는 돼지고기 찜도 널리 알려져 있었다. 돼지고기 찜은 돼지고기와 소고기, 닭고기를 넣고 무채, 도라지, 표고버섯과 밤, 대추, 은행을 넣은 찜인데 소고기와 닭고기 없이 돼지고기만으로도 쪄냈다고 한다.

뿐만 아니라 돼지고기를 별로 쓰지 않았던 서울 음식과 달리 개성에서는 다양한 돼지고기 요리가 발달했다. 제육구이와 조림, 볶음에서부터 제육두부, 제육무침에 돼지고기로 담근 젓갈과 육포까지 있었으니 따지고 보면 지금 우리가 먹는 돼지고기 요리의 상당수가 개성음식에서 비롯된 것일 수 있다. 개성에서 돼지고기 요리가 발달한 이유로는 고려의 수도로 중국과 교류가 많았던 만큼 중국풍이 다분히 남아 있었기 때문이라고 해석하기도 한다. 어쨌거나 개성이 다른 어떤 지역보다 다양한 돼지고기 요리가 발달했을 수 있지만 삼겹살이 개성에서 비롯됐다고 보기는 어렵다.

그렇다면 언제부터 삼겹살을 먹었을까? 삼겹살의 등장에 앞서 1960년대 후반부터 우리나라는 돼지고기 요리법에서 큰 변화를 겪는다. 이전까지 돼지고기를 주로 삶거나 조리거나 볶아서 먹었다면 60년대 후반부터는 돼지고기 구이가 인기를 얻는다.

서민들의 주점인 대폿집을 중심으로 돼지갈비 음식점이 마포 등지에 형성되면서 구이가 유행한다. 돼지갈비집은 마포 도심 재개발로 태릉을 비롯해 서울 곳곳으로 퍼져 나가면서 돼지갈비를 퍼트렸다. 그리고 돼지 갈비가 시들해질 무렵 대체 음식으로 삼겹살이 등장했다.

삼겹살이라는 용어가 쓰이기 시작한 것도 1970년대부터다. 물론 이전에도 삼겹살이라는 단어가 있기는 있었다. 1931년의 《조선요리제법(朝鮮料理製法)》이라는 요리책에 '세겹살'이라는 용어가 보인다. 하지만 지금의 삼겹살과는 별 관련이 없다.

신문자료를 보면 삼겹살은 1971년 12월 9일자 〈중앙일보〉에 제육 삼겹살 편육이 보이고, 1972년 9월 12일자 〈동아일보〉에는 돼지고기 조리법 중 삼겹살로 만드는 돼지고기 조림이 실려 있다. 1976년 1월 28일자 〈매일경제신문〉에도 삼겹살을 이용한 편육이 보인다. 70년대 초반부터 삼겹살이라는 용어가 등장했지만, 결정적으로 널리 퍼지게 된 계기는 70년대 후반 '공포의 삼겹살'이라는 당시 인기 코미디언의 별명 때문이 아니었을까 싶다. 그렇지만 70년대까지만 해도 삼겹살의 조리형태는 주로 편육이나 조림이지 지금처럼 삼겹살 구이는 아니었다.

삼겹살 구이가 폭발적인 인기를 끌기 시작한 것은 1980년대와 90년대 무렵이다. 국어사전에 삼겹살이 오른 해가 1994년이라고 하니까 80년대에 이미 삼겹살이 전국적으로 유행했음을 알 수 있다. 삼겹살이 왜 폭발적으로 유행했을까?

어느 한 가지를 요인으로 꼽기는 힘들다. 복합적인 이유가 작용했다. 기술적으로는 냉장고가 보급되면서 상하기 쉬운 돼지고기를 쉽게 저장할 수 있어 돼지고기 수요가 늘었다. 연탄불 중심의 주방구조가 가스 중심으로 바뀌면서 조리도구와 조리법도 변했다. 경제적, 사회적 변화가 돼지고기 음식문화를 바꿔놓았다. 경제발전으로 육류 소비가 늘었지만 소고기는 여전히 비쌌기에 중산층을 중심으로 돼지고기 수요가 크게 늘었다.

하지만 무엇보다 삼겹살의 탄생과 유행에 결정적인 작용을 한 것은 양돈 산업이다. 1960년대부터 시작된 양돈 산업은 70년대에 접어들면서 성장기를 맞는다. 특히 1972년부터 본격적으로 추진된 일본 수출에 따라 돼지 사육이 기하급수적으로 늘어났다. 1970년 112만 마리였던 사육 돼지가 1976년에는 195만 마리, 1979년에는 284만 마리로 폭발적으로 증가했다.

삼겹살은 이 과정에서 만들어졌다는 견해가 일반적이다. 수출하지 못하는 비계를 재활용하기 위해 궁리하다 발견한 부위가 삼겹살이다. 이후 삼겹살은 값싸게 유통되면서 국민고기가 됐다. 삼겹살은 돼지고기 수출의 부산물이 만든 공전의 히트작이다.

장쑤성 사람은 매울까 두려워 하고,
후난성 사람은 매운 것을 겁내지 않으며,
쓰촨성 사람은 맵지 않을까 겁을 낸다.
_중국속담

찌꺼기에서 피워낸 어머니의 손맛

비지

엄마의 손맛이 밴 평범한 음식의 힘

우리나라 속담 중에 '비지국 먹고 용트림 한다'는 말이 있다. 1913년에 나온 우리나라 최초의 국문 속담 사전인 《조선이언(朝鮮俚言)》에는 마치 용이 토(吐)하는 것처럼 어머어마한 소리를 내는 트림이라고 풀이해놓았다. 상상하건대 거의 천둥소리에 가깝지 않을까 싶다. 헌데 가장 형편없는 비지를 먹고는 엄청난 음식을 먹은 것처럼 트림을 해대니 그 허세가 보통이 아니다. 속된 말로 쥐뿔도 없으면서 거드름 피운다는 말이다.

'비지 먹은 배는 연약과(軟藥果)도 싫다고 한다'는 속담도 있다. 비지와 같은 하찮은 음식이라도 배불리 먹고 난 후에는 연약과처럼 아무리 맛있고 좋은 음식도 먹지 못한다는 소리다. 쓸데없는 것에 집착해 진짜 좋은 것을 놓친다는 뜻이다. 연약과는 부드럽고 말랑말랑한 약과다. 크게 비싸지도 않은 한과, 제사상에 주로 놓은 약과 하나 못 먹는 것 가지고 웬

호들갑이냐 싶겠지만 옛날 약과는 보통 식품이 아니었다. 조선시대에는 지나치게 사치스러운 식품이라며 수시로 함부로 만들지 못하도록 규제를 받았다. 심지어 약과를 함부로 만들면 곤장 80대를 때린다는 처벌 조항까지 있었을 정도다. 조선시대를 기준으로 보면 약과는 비지 따위로 포기할 식품이 아니었다. 가장 좋은 식품과 제일 형편없는 음식의 양극단에 연약과와 비지를 놓았던 것이다.

중국도 비지에 대한 이미지는 부정적이다. '형편없는 것'의 대명사다. 중국에서는 그래서 부실공사를 아예 비지공사(豆腐渣工程)라고 부른다.

비지공사라는 말이 나오게 된 데는 배경이 있다. 1998년 양자강에 대홍수가 발생했다. 엄청난 폭우가 쏟아지면서 양자강과 지류 하천이 여덟 차례나 범람했다. 대홍수로 인해 사망한 사람의 숫자만 4150명이었고, 농경지 손실을 비롯한 경제적 손실은 이루 헤아릴 수 없을 정도로 컸다.

홍수 피해의 원인은 부실공사 때문이었다. 범람을 막기 위해 쌓은 콘크리트 제방이 모래성과 다름없었다. 시멘트를 얼마나 적게 썼는지 콘크리트 강도가 너무 약해서 만지기만 해도 비지처럼 부서질 정도였다. 홍수 현장을 돌아보던 당시 주룽지 중국 총리가 엉터리 제방을 보고는 무슨 이따위 비지공사가 다 있냐며 불같이 화를 냈다. 총리의 말이 유행하면서 부실공사의 대명사로 비지공사라는 말이 생겨났다.

중년 남성들이 실없는 농담을 할 때도 비지가 등장한다. 중국 남자들은 남자 나이 마흔은 한 떨기 꽃이고, 여자 나이 마흔은 비지 한 그릇이라는 소리를 한다. 비지는 두부를 만들려고 콩물을 빼고 남은 찌꺼기이니 영양가가 하나도 없다는 소리다.

비지에 관한 이야기가 부정적이기는 일본도 예외가 아니다. 일본에서 비지는 운이 나쁘다, 재수가 없다는 뜻으로 통하는 경우가 있다. 특히 연극을 비롯해 공연장에서 주로 나쁜 이미지로 받아들여진다고 하는데 비지라는 말 때문이다. 일본말로 비지는 오가라(おから)라고 한다. 그런데 이 말이 텅 비었다는 뜻의 가라(空, から)와 발음이 비슷하다. 그러니 객석이 텅 비었다는 뜻으로 해석해 운이 없고 재수가 없다는 뜻으로 쓰이게 됐다는 것이다. 사실 말장난이지 진짜 비지와는 전혀 관계가 없다.

비지에 대한 한중일 세 나라의 인식이 모두 바람직하지 못한데 비지를 가장 부정적으로 보는 나라는 어디일까?

어쨌거나 비지는 세 나라에서 공히 서민음식의 대명사다. 지금도 두부 전문 음식점에 가면 비지는 먹을 만큼 가져가라고 공짜로 주는데 옛날에도 마찬가지였다. 조선 후기인 순조 때의 시인 윤기가 가난한 집이라는 뜻의 '빈가행'(貧家行)이라는 시를 남겼다. "만약에 우연히 한두 푼을 얻었다면 무엇을 사 먹을까? 하얀 두부를 빚고 남은 비지를 사 먹지"라는 내용이다. 찢어지게 가난한 사람이 어렵사리 푼돈을 구했는데 이 돈으로 배불리 먹을 수 있는 것은 비지뿐이었다. 궁색한 살림살이가 눈에 선하게 그려지는데 이런 비지를 어떻게 해야 제일 맛있게 먹을 수 있을까?

아무리 형편없는 재료라도 잘만 활용하면 훌륭한 요리가 될 수 있다. 조선 후기의 실학자 이익이 진작부터 《성호사설(星湖僿說)》에 비지 예찬론을 펼쳤다. 콩은 오곡 중 하나로 매우 좋은 작물이지만 너무나 흔해서 오히려 귀하게 여기지를 않는다며, 맷돌에 갈아 핵심으로는 두부를 만들고 남은 찌꺼기만으로 국을 끓여도 구수한 맛이 먹음직스럽다는 것이다.

군이 《성호사설》의 이야기가 아니더라도 비지찌개만큼 맛있는 음식은 찾아보기 쉽지 않다. 송송 썬 김치에 돼지고기나 새우젓 넣고 끓인 비지찌개는 밥도둑에 가깝다. 맛도 맛이지만 무엇보다 어머니의 손맛이 배어 있어 비지찌개는 그리움을 불러일으키는 '소울푸드'가 된다.

흥미로운 사실이 있다. 비지찌개를 먹는다고 이야기하면 중국 사람이나 일본 사람 모두 비슷한 반응을 보인다. "너희도 먹냐? 우리만 먹는 줄 알았는데"라는 눈빛이다.

사실 비지만큼 토속적이고 어머니 손맛이 배어 있는 느낌이 드는 음식도 드물다. 때문에 다른 나라 사람들은 먹지 않고 우리나라에서만 먹을 것 같다. 우리가 우리 입장에서 생각하듯 중국 사람이나 일본 사람 모두 비지만큼은 자기네만 먹는 토속음식이라고 생각하는 것이다. 조금만 생각해보면 두부를 만들어 먹는 나라에서는 콩비지가 나오기 마련이어서 비지로 요리를 해 먹는 것은 당연하다. 하지만 워낙 서민적인 음식이다 보니 그 나라 뒷골목에 가보지 않으면 먹기가 힘들다. 그래서 한중일 삼국에서 모두 비지만큼은 자기네 토속음식이라고 여기게 된 것이 아닐까 싶다.

형편없고, 쓸데없는 비지의 화려한 변신

비지로 만든 음식은 알게 모르게 종류가 많다. 우리나라에서 가장 대표적인 음식으로는 비지찌개를 꼽을 수 있고, 비지떡이라고도 하는 콩비지 부침에, 콩비지 감자탕도 있다. 비지도 어떻게 만드느냐에 따라 종류가 다양해진다. 일반적으로 되비지와 속비지 그리고 흔히 말하는 보통의 비지를 꼽을 수 있다. 되비지는 날콩을 물에 불려 갈아서 콩물을 만든 것이다. 두부를 따로 뽑지 않고 콩물을 그대로 끓인 것이어서 콩의 영양소가 고스란히 남아 있다. 두부나 속비지에 비해 식감이 거칠지만 비지찌개는 그 맛이 핵심이다. 되비지에 돼지고기를 넣고 약한 불에 넘지 않고 눋지도 않도록 천천히 끓여서 푸짐한 양념장을 풀어 먹으면 그 맛이 일품이다. 우리가 흔히 먹는 비지찌개다. 속비지는 콩의 겉껍질을 벗겨 내고 속콩만을 물에 불려 갈아 그대로 끓인 것을 말한다. 되비지에 비해 섬유질이 적고 부드러워 맛이나 영양이 풍부하다. 일반 비지는 옛날부터 만든 것으로 두부를 만들기 위해서 두유를 여과할 때 나오는 부산물이다.

일본에도 비지로 만든 음식이 적지 않다. 가장 많이 먹는 것은 콩비지 볶음이라고 한다. 우리가 어렸을 때 먹었던 비지찌개에서 어머니 손맛을 기억하는 것처럼 일본 사람들은 우노하나(卯の花)라는 콩비지볶음에서 어렸을 때의 향수를 느낀다. 콩비지볶음은 물기를 쏙 뺀 콩비지에 유부와 버섯, 당근 등의 재료를 넣고 양념과 함께 볶아서 먹는 음식이다. 고소하면서 채소가 많이 들어가 씹히는 맛이 있을 뿐만 아니라 비지의 구수한 맛이 색다르다.

우노하나는 비지볶음이라는 음식이면서 동시에 비지라는 뜻도 있다. 우노(卯)라는 나무의 꽃(花)이라는 뜻인데, 우노는 우리말로는 병꽃나무다. 작고 하얀 꽃이 피는데 초여름에 만개한다. 옛날 일본에서는 이 꽃이 음력 4월을 대표하는 꽃이었다고 한다. 그래서 옛날 도쿄에서는 음력 4월 8일의 석가탄신일이면 집집마다 부처님 꽃이라며 이 꽃으로 장식했다고 한다. 소담스럽게 모여서 핀 꽃이 마치 하얀 비지를 닮았다고 해서 이러한 이름이 붙여졌다.

일본에도 우리처럼 비지찌개가 있다. 우리는 비지찌개를 끓일 때 주로 돼지고기와 신 김치를 송송 썰어 넣고 끓이는 반면 일본은 돼지고기 대신에 생선 머리를 넣고 끓인다고 한다. 또 김치 대신 무와 유부 등을 넣는다. 같은 비지찌개라도 우리와는 맛에서 상당한 차이가 있다.

중국도 비지요리가 많다. 콩비지로 탕을 끓이거나 볶아서 먹는데 다양한 재료를 넣어 다양한 요리를 만들어 먹는다. 콩비지 죽도 있고 카레를 섞은 콩비지 카레, 비지를 발효시킨 발효 콩비지에 콩비지 계란빵, 콩비지 갈비찜, 콩비지 만두 등등 중국에서는 비지가 다양한 요리로 변신한다.

옛 문헌에는 아예 요리로 올라 있는 비지도 있다. 서민들이 두부를 만들고 난 부산물을 재활용해 먹은 것이 아니라 맛과 영양을 강조해 요리한 음식이다. 청나라 때인 1861년에 발행된 요리책이자 의학서인《수식거음식보(隨息居飮食譜)》에 실린 설화채(雪花菜)라는 이름의 요리다. 이름으로 풀어보면 '눈꽃으로 만든 요리'라는 뜻인데, 하얀 콩비지 알갱이가 몽글몽글 뭉쳐 있는 것이 마치 눈꽃처럼 보였는지 이름이 낭만적이다. 생비지를 볶아서 먹는 요리라고 나오는데 현재에는 생비지를 원료로 표고버섯과 갓을 비롯한 각종 채소를 된장을 넣고 끓이는 콩비지탕을 말한다.

설화채를 소개한《수식거음식보》는 단순한 요리책이 아니다. 몸에 좋은(養生) 음식을 선별해 수록해놓았다. 기록하기를 두부를 만들고 난 부산물인 비지가 몸에 좋다는 것이다. 자주 회자되는 '약식동원(藥食同源)'이라는 말은 음식과 약은 뿌리가 같고 모든 음식이 약이 될 수 있는 의미인데, 비지도 당연히 이 범주 안에 든다. 《본초습유(本草拾遺)》라는 청나라 때 의학서에는 비지가 염증과 몸의 붓기를 빼는 데 좋다고 나온다. 《본초습유》는 명나라 의학서인 《본초강목》에 나오지 않는 민간요법을 주로 수록한 책으로, 정통 의학이라기보다는 민간요법이라는 뜻이다.

어쨌거나 옛날에는 영양분이 빠진 싸구려 음식재료로 취급받던 비지가 요즘은 건강과 미용에 좋은 다이어트 음식으로 다시 각광을 받는 걸 보면 옛날 말이 그른 것은 아니다. 우리나라도 그렇지만 특히 일본에서는 최근 비지로 만든 다양한 다이어트 음식이 주목을 받고 있다. 비지로 만든 쿠키도 있고, 비지 케이크에다 심지어 비지 도넛까지 등장했다. 영양이 차고 넘쳐서 문제가 되는 현대적 관점에서 보면 콩물을 뺀 비지건 콩물을 빼지 않은 비지건 모두 건강에 도움이 되는 것은 틀림없다. 사실 콩물을 뺀 비지도 영양이 전혀 없는 것은 아니다. 두부를 만들고 난 부산물로 만들어도 단백질이 26퍼센트에 식물성 지방이 13퍼센트, 탄수화물 30퍼센트 정도라고 하니 두부에 비해 단백질 함량이 낮은 반면 상대적으로 식이섬유의 함량은 높다. 일부러 식이섬유 음료도 사서 마실 정도니 이만한 다이어트 음식이 없다.

그리고 보면 한국과 중국, 일본 세 나라 모두에서 속담처럼 비지를 놓고 그렇게 심하게 뒷담화할 일이 아니다.

굶주림이란 공포의 응급처치

고구마

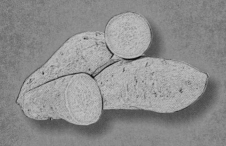

기근을 막고, 인구 증가에 톡톡한 역할을 한 식량자원

고구마는 식민지 확장 경쟁을 벌이던 포르투갈과 스페인이 아시아에 가져온 작물이다. 스페인은 1571년 필리핀을 점령하면서 식민지로 삼고, 부족한 식량을 메우기 위해 고구마를 심었다. 중국은 필리핀을 통해 고구마 종자를 처음 들여오는데, 고려 말 문익점이 붓 뚜껑에 목화씨를 숨겨서 들여왔던 것만큼이나 과정이 아슬아슬하다. 청나라 사람 천쓰위안(陳世元)이 쓴 《금서전습록(金薯傳習錄)》에 고구마 전래과정이 실려 있다.

16세기 말, 명나라 신종 무렵에 중국의 남쪽 푸젠성에 천쩐롱(陳振龍)이라는 사람이 살았다. 중산층 집안이지만 양반이 아닌 탓에 벼슬길로 나서기가 쉽지 않았던 그는 공부 대신 당시 푸젠성에서는 유행하는 장사를 배웠다. 푸젠성은 바다를 통해 해외로 나가는 관문이었기에 천쩐롱 역시 필리핀을 오가며 무역에 종사했다.

필리핀에서 고구마를 처음 본 천쩐룽은 이 낯선 작물을 고향으로 가져가면 돈이 될 것이라고 직감했다. 식량난으로 허덕이는 사람들에게 메마른 땅에서도 쉽게 잘 자라는 고구마를 심어 팔면 큰돈을 벌 수 있을 것이라고 판단했다.

하지만 당시 필리핀의 스페인 관리들은 고구마 종자가 외국으로 새어나가는 것을 엄격하게 금지했다. 지금의 육종 산업처럼 옛날에도 종자는 그 자체가 소중한 자원이었다. 스페인 관리의 눈을 피하기 위해 천쩐룽이 꾀를 냈다. 고구마 줄기를 밧줄처럼 엮은 다음 그 속에다 고구마 종자를 몰래 숨겼다. 얼핏 보면 고구마 줄기를 꼬아 만든 밧줄처럼 보일 뿐 그 안에 고구마 종자가 매달려 있을 줄은 꿈에도 알 수 없었다. 이렇게 필리핀 루손 섬을 떠난 천쩐룽은 7일 동안의 항해를 거쳐 고향인 푸젠성으로 무사히 돌아왔다. 그리고 고향 땅에 고구마를 심었다. 혹시나 종자가 잘 자라지 않으면 어쩌나 했던 염려는 기우에 불과했다. 푸젠성의 기후와 토양에 맞았는지 고구마는 잘 자랐다. 기록에 따르면 이때가 명나라 신종 때인 만력 21년으로 서기 1593년이다.

천쩐룽이 필리핀에서 고구마를 가져온 지 얼마 지나지 않아 푸젠성에 큰 기근이 들었다. 이 무렵 고구마는 천쩐룽 가문 주변에서만 심었을 뿐 푸젠성 전체로 널리 퍼지지는 못했다. 그런데 기근이 들자 푸젠성의 성장(城將) 정도에 해당하는 순무(巡撫) 진쉐정(金學曾)이 천쩐룽 집안의 도움을 받아 고구마 종자를 퍼트려 기근으로 굶주리는 백성을 구했다. 덕분에 푸젠성 전체로 고구마가 전파되었다. 백성들이 진쉐정에게 고마움을 표시하기 위해 고구마를 진씨 성을 따서 한자로 금(金), 마 서(薯)자를 써서 금서(金薯)라고 불렀다는 것이다. 청나라 때 고구마 재배 서적인 《금서전습록》에서 고구마를 금서로 표시한 이유다. 그리고 이 책의 저자인 천쓰위안은 천쩐롱의 6대 손이다.

고구마가 중국 전역으로 퍼진 것은 18세기 중반 이후인 청나라 건륭황제 무렵이다. 북경을 비롯한 산둥성과 허난성 등 중북부 지역에 기근이 들어 식량이 부족해지자 가뭄에 잘 자라는 고구마를 심어 구황 식량으로 삼았다. 하지만 고구마는 더운 지방에서 싹을 틔우기 때문에 종자를 매번 푸젠성에서 가져와야 해서 번식이 어렵고, 경제적으로도 재배가 쉽지 않았다. 80세 노인이었던 천쓰위안은 푸젠성에서 고구마 종자를 가져와 재배법인 《금서전습록》을 지어 고구마 보급에 나섰다. 건륭황제는 천쓰위안에게 전폭적으로 지원을 해주었다. 그 결과 중국 북방에도 고구마가 널리 퍼졌다.

고구마는 옛날 기근에 대비한 구황작물이었다. 가뭄이 들었을 때 굶주린 백성을 구했을 뿐만 아니라 중국의 인구 증가에도 기여했다는 평가를 받는다. 명나라 후반부터 청나라 중반까지 인구증가로 인한 식량 악화를 해결하는 데 때마침 전해진 고구마가 역할을 했다.

예를 들어 1587년의 푸젠성 인구는 173만 명이었는데 200년 후인 1834년 푸젠성 인구는 1500만 명으로 열 배가 증가했다. 식량난이 해결되면서 인구가 크게 늘어나는 데 고구마가 한 역할을 했다는 것이다.

일본어로 고구마는 사츠마이모(さつまいも)다. 사츠마는 일본 남부 규슈 지방의 옛날 지명으로 지금의 가고시마 현에 해당하는 지역이다. 이모는 토란이나 마 종류의 식물을 일컫는 말이다. 고구마를 뜻하는 사츠마이모의 어원은 사츠마에서 자라는 토란이라는 뜻이다. 일본에서 고구마가 남부 사츠마를 통해 보급되었음을 짐작할 수 있는 이름이다. 사츠마는 일본에서 처음 고구마가 들어온 곳도 아닌데, 왜 고구마를 사츠마이모라고 했을까?

고구마는 중국과 오키나와를 통해 일본에 전해졌다. 오키나와에 처음 고구마를 가져온 해는 1597년으로 본다. 일본에게 병합되기 전인 류큐(琉球) 왕국 시절이다. 류큐 왕국의 관리가 궁궐이 있는 오키나와 본섬의 수리(首里)성을 떠나 오키나와 제도의 또 다른 섬인 미야코 섬으로 가다 풍랑을 만나 표류 끝에 중국 푸젠성에 도착했다. 그곳에서 고구마를 본 관리는 종자를 얻어 미야코 섬으로 가져가 퍼트렸다. 이후 미야코 섬에서는 고구마가 주식이 될 정도로 널리 보급되었고, 종자를 얻어 온 관리는 고구마의 신으로 받들어졌다. 하지만 류큐 왕국 왕궁이 있는 오키나와 본섬에는 전해지지 않았다. 오키나와 본섬에 고구마가 전해진 것은 1604년으로 명나라로 보내는 조공선 책임자가 돌아오는 길에 역시 푸젠성에서 고구마 종자를 얻어와 오키나와 섬에 심었다.

일본에 고구마가 전해진 것은 1698년이다. 옛날 사츠마의 남쪽 다네가(種子島) 영주가 구황작물에 관심을 가지면서 류큐 왕국의 왕으로부터 고구마 한 바구니를 얻어왔다. 그리고 가신에게 고구마 재배법을 연구해 심으라고 지시해 고구마 재배에 성공했다. 덕분에 다네가 섬에는 일본 최초의 고구마 재배지라는 비석이 있다.

사츠마 본토에서는 1705년에 처음 고구마를 심었다. 사츠마의 어부가 류큐에서 고구마를 가져와 가라이모(からいも)라고 부르면서 재배를 시 작했다. 가라이모(唐薯)는 당나라, 즉 중국의 토란이라는 뜻이 아니라 외 국에서 전해진 토란이라는 의미다.

우리에게 별 의미도 없는 일본의 고구마 전래과정을 자세하게 기술하 는 이유는 고구마가 전해지는 과정에 특징이 있기 때문이다. 일본은 당 시 류큐 왕국인 오키나와를 포함해 다양한 경로를 통해 고구마가 들어온 다. 하지만 처음 전해진 곳을 떠나 다른 지역으로 퍼지지 않았다. 당시 일본이 봉건시대였기 때문인 것으로 해석된다. 한 지역을 다스리는 영주 가 백성들의 양식을 해결할 수 있는 작물이면서 동시에 전쟁이 났을 때 중요한 군량으로 쓰일 수 있는 고구마가 다른 지역으로 퍼지는 것을 막 았기 때문이다.

사츠마이모라는 이름의 어원이 된 사츠마 번도 마찬가지였다. 고구마 는 사츠마 지역 이외에는 반출이 금지된 작물이었다. 그런데 1711년 전 국의 절을 순례하던 아사미기초로(下見吉十郎)라는 승려가 머물던 농부 의 집에서 고구마라는 존재를 알게 됐다. 번외 반출금지령이 있었지만 "여러 사람을 위한 일이라면 나라의 법을 어기는 것쯤 두렵지 않다"며 목숨을 걸고 고구마를 몰래 숨겨 고향으로 가지고 돌아왔다. 이어 1732

년 일본에 대기근이 들었을 때 다른 곳에서는 수천 명이 굶어죽었지만 고구마를 심은 곳에서는 아사자가 나오지 않으면서 고구마의 유용성에 대한 소문이 널리 퍼졌다.

농민들은 보리를 수확한 후 그 자리에 고구마를 심었다. 그 덕에 식량 사정이 좋아지면서 기근이 들었을 때 가난한 농촌에서 식구를 줄이기 위해 부모가 갓난아이를 죽이는 '마비키(間引き)'의 악습이 사라지게 됐다고 한다.

쇼군 도쿠가와 요시무네(德川吉宗) 시대에는 사츠마에서 모종을 가져다 지금의 도쿄인 에도의 마을에 심고 도쿠가와의 식물원에도 고구마를 시험 재배했다. 이후 고구마는 일본 전역으로 널리 퍼졌다. 일본 역시 근세 후기 고구마의 주요 재배지역인 서남 지역 인구증가율이 전국 평균을 웃돌았던 이유로 고구마 재배에 따른 식량증산을 원인 중 하나로 보기도 한다.

구황작물 개발로 애민정신을 실천한 조선 실학자들의 집념

한반도에서 고구마를 재배한 시기는 '공식적(?)'으로 조선 영조 때인 1763년 이후부터다. 조선통신사로 일본을 다녀온 조엄이 대마도에서 고구마 종자를 구입해 부산으로 가져온 것이 고구마 재배의 시작이다.

조엄이 쓴 〈해사일기(海槎日記)〉에 고구마 전래과정이 상세히 나오는데, 요약하면 "맛은 밤과 비슷하다. 날로도 먹고 구워도 먹으며 삶아도 먹고 곡식과 함께 죽을 끓여도 되고 과자인 정과(正果)와 떡도 만들 수 있고, 밥으로도 먹을 수 있어 구황작물로 좋다"고 했다. 이어 "육지에도 고구마가 있지만 대마도에 특히 많다. 작년 초 고구마를 보고 부산진으로 보냈는데 돌아가는 길에 또 구해서 동래에 심을 예정이다. 듣자니 제주도 땅이 대마도와 비슷해 옮겨 심으면 풍성하게 열릴 것이다"는 내용이다. 〈해사일기〉 1764년 6월 18일자 기록인데, 우리나라의 고구마 도입 시기를 1763년으로 보는 근거를 이 책에 "작년에 고구마를 부산으로 보냈다"는 내용으로 삼고 있다.

이렇게 들어온 고구마는 조선 후기 뜻 있는 실학자들의 노력으로 전국적인 재배가 가능하게 됐다. 그중에는 벼슬도 마다하고 백성을 구제하기 위해, 혹은 학문적인 연구에 힘을 쓴 학자들의 노력이 숨어 있다. 이들 덕분에 고구마 재배기술이 전국으로 보급됐다.

조엄(1719~1777)은 고구마를 가장 먼저 국내에 들여온 것으로 공식기록에 올라 있는 인물인데, 고구마를 실질적으로 키우고 전국적으로 보급하는 데 앞장선 이는 강필리이다. 1764년 동래부사로 있을 때 그는 조엄이 대마도에서 가져온 고구마에 관심을 갖고 이에 대한 재배법을 연구하고 지도해 고구마 보급에 앞장섰다. 영조 42년(1766년) 《감저보(甘藷譜)》를 저술했고 "작년에 일본에서 구입한 씨 고구마를 동래부에 심어 성공하기도 하고 실패하기도 했다"고 재배 과정을 기록했다. 동래부사 강필리가 고구마 재배에 열을 올린 것은 이광려에게 자극을 받았기 때문이라고 한다.

이광려(1720~1783)는 문장이 뛰어나고 학식이 높아 당시 사림의 제1인자였다고 한다. 높은 덕행으로 천거를 받아 참봉이 되었다. 일본과 교류가 많았던 당시 책을 통해 고구마에 대한 폭넓은 지식을 습득했고, 조엄이 대마도에서 고구마를 들여오자 동래부사 강필리에게 종자를 얻어 재배에 착수했다. 결과적으로 실패했지만, 덕망 높은 이광려의 이런 노력이 동래부사 강필리 등에게 깊은 영향을 주었다고 한다.

고구마 재배를 기호지방으로 확대한 인물이 있다. 김장순이라는 사람인데, 그는 구황작물인 고구마가 영남지방에서만 재배되는 것을 보고 전국적으로 보급할 수 있는 방안을 찾는다. 그러다 전남 보성에서 수년 동안 고구마 재배를 연구한 선종한을 만나 서울 등지에서 함께 시험 재배를 했다. 그가 재배에 성공하면서 그동안 남부지방에서만 키울 수 있었던 고구마는 경기도에서도 재배할 수 있게 되었다. 그 결과로 나온 저서가 순조 13년(1813년)의 《감저신보(甘藷新譜)》다.

《감저신보》는 중국 재배법을 중심으로 소개한 《감저보》와 달리 우리나라에서 재배한 경험을 토대로 이루어진 토종 재배기술을 저술해놓았다. 이 책에는 아직 전래되지 않은 감자(北藷)에 대해서도 언급해놓았다.

벼슬도 하지 않았고 고구마를 재배할 땅도 없었지만, 오직 고구마 재배 연구에 일생을 바친 사람이 있다. 서경창이라는 실학자인데, 그는 순조 13년(1813년) 《종저방(種藷方)》을 저술했다. 그는 재배 기술을 연구하여 북쪽지방의 백성들도 고구마의 혜택을 입을 수 있도록 하자고 주장하였다.

《임원경제지(林園經濟志)》의 저자로 잘 알려진 서유구 또한 고구마 보급에 힘썼다. 그의 할아버지는 대제학 서명응(徐命膺)이며 아버지는 이조 판서 호수(浩修)로 집안 대대로 농학에 큰 업적을 남겼다. 순조 34년(1834년) 전라도감찰사로 있을 때 가뭄으로 흉년을 당해 농토를 버리고 떠도는 농민을 구제하기 위해 고구마를 재배하는 마을에서 '씨 고구마'를 구해 모든 고을에 재배하도록 했다. 이 과정에서 강필리의 《감저보》, 김장순의 《감저신보》와 중국, 일본 등의 농학서적을 참고해 고구마 재배 및 이용 기술을 집대성한 《종저보(種藷譜)》를 저술했다. 고구마는 이런 노력을 통해 20세기, 1900년대에 이르러서는 우리나라에서도 전국적인 재배가 이뤄지게 됐다.

다만 한국과 중국, 일본 세 나라 중에서 '왜 우리나라만 유독 고구마가 늦게 전해 졌을까' 하는 궁금증이 인다. 중국은 1593년, 일본은 오키나와를 제외하고라도 1698년에 다네가 섬에서 처음 고구마를 접했는데, 조선은 왜 1763년에야 고구마를 들여오게 됐을까?

고종 때 영의정을 지낸 이유원도 《임하필기(林下筆記)》라는 문집에서 고구마는 채소, 과일 중 가장 늦게 나온 것으로 중국은 푸젠성과 광둥성을 시작으로 천하에 거의 다 퍼졌는데, 유독 우리나라만 늦게 일본에서 종자를 구입해 해안 몇몇 고을에서만 서로 전하여 심게 되었다면서 고구마 전파가 늦어진 이유를 궁금해하고 있다.

조엄이 대마도에서 고구마 종자를 보내기 전까지 우리나라에서 고구마라는 작물을 아예 구경도 하지 못했던 것도 아니다. 현종 4년에 남해 사람 김려휘 등이 류큐에 표류했을 때 새로운 작물인 고구마를 구경했다. 돌아와 처음 본 작물에 대한 정보를 알렸는데 "이름은 소꼬리(牛尾)라고 하는데 껍질은 붉고 속은 하얗다. 쪄서 먹는데 맛은 산마와 비슷하며 먹으면 오랫동안 배가 고프지 않다. 많이 먹어도 탈이 나지 않는다"고 전했다. 현종 4년이면 서기 1663년이다. 일본 다네가 섬에서 고구마를 처음 재배했을 때보다 빠르다. 다만 종자를 구해와 재배하지 못했을 뿐이다.

참고로 순수한 우리말일 것 같은 '고구마'는 알고 보면 작물과 함께 전해진 일본말이다. '빵'이 일본을 통해 들어온 포르투갈 말인 것처럼 고구마라는 말 역시 일본어에서 고구마가 우리나라에 전해질 때 함께 들어왔다. 조엄이 고구마 종자를 들여오는 과정을 적은 〈해사일기〉에 고구마 이름의 유래도 나온다. 이름은 감저(甘藷)라고 하며 효자마(孝子麻)라고도 부르는데 왜(倭)의 발음으로는 고귀위마(高貴爲麻)라고 부른다고 적었다. 효자마의 일본어 발음 고우시마(こうしま)를 한자로 표기한 것이다. 그러니까 고구마는 대마도에서 별명으로 부른 효자마(孝子麻), 즉 고우시마에서 나온 이름이라고 볼 수 있다. 일본말로 고구마는 사츠마이모(さつま いも)인데 왜 대마도에서는 엉뚱하게 효자마(孝子麻), 고우시마라고 불렀을까? 기근이 들었을 때 효자가 고구마를 심어 늙은 부모를 봉양했기에 생긴 이름이라고 한다.

중국의 옛 고구마 이름은 푸젠성 백성을 굶주림에서 구한 복건 순무 진쉐정(金學曾), 즉 김학증의 이름을 따서 금서(金薯)가 됐고, 일본 이름 사츠마이모는 사츠마에서 나온 토란 같은 작물이 대기근 때 일본인을 기아에서 구했기에 생긴 이름이다. 고구마 역시 효자들이 심는 토란(마)을 가져와 심은 것에서 비롯됐으니 한중일의 고구마 이름 유래에 모두 사연이 깊다.

단어가 생성, 발달, 소멸하듯이
음식 또한 시대에 따라 태어나고 발달하며
새롭게 변화하기도 했다.
새로운 음식은 새로운 문화의 탄생을
의미하는 것이기도 했다.
세련되고 독특한 미각을 지닌
한중일, 삼국은 오랜 역사 속에서
개성 있는 문화를 켜켜이 만들어냈다.

Part 6

맛의 발견 문화의 탄생

시대의 변화에 적응한 덮밥의 화려한 변신

돈부리

소원을 담아서 먹는 경건한 음식

맛의 세계는 오묘하다. 같은 음식이라도 먹는 방법에 따라 맛이 다르다. 김이 모락모락 나는 따뜻한 밥에 반찬을 얹어서 먹는 덮밥은 일상적으로 밥 따로, 반찬 따로 먹는 보통 밥과는 또 다른 맛이다.

그 때문인지 '밥 문화권'인 한국과 중국, 일본에서는 모두 덮밥이 별도로 발달했다. 우리나라만 해도 제육덮밥을 비롯해 오징어덮밥, 버섯덮밥 등 다양한 덮밥이 있다. 일본 역시 장어덮밥, 계란덮밥 등 여러 종류의 돈부리(どんぶり)가 있으며, 중국에도 '까이판(盖飯)'이라는 덮밥이 있다. 우리나라에서 볼 수 있는 마파두부덮밥 같은 것이 그 예다.

이 중 눈여겨볼 만한 것이 일본의 덮밥이다. 일본의 덮밥은 한국, 중국과는 조금 다르다. 일본의 덮밥은 패스트푸드로 발달했지만, 한국과 중국은 요리가 기본이다. 중국 덮밥은 황제가 먹으면서 널리 퍼졌다. 한국 덮밥은 제사음식인 음복음식이 바탕이다. 일본 덮밥과는 근본부터 다르다.

그렇다면 덮밥은 어떻게 해서 나라마다 발달의 양상이 달랐을까? 덮밥 따위에 무슨 역사가 있겠냐고 생각하기 쉽지만 그렇지 않다. 한국과 중국, 일본의 덮밥에는 뿌리 깊은 역사와 문화적인 의미가 있다.

먼 옛날부터 사람들은 특별한 날에 소원을 빌면서 덮밥을 먹었다. 예전에는 사일(社日)이라는 날이 있었다. 이규경은 《오주연문장전산고(五洲衍文長箋散稿)》에서 사(社)는 토지의 신으로 입춘과 입추 후 닷새째 되는 날, 풍년의 기원과 수확에 대한 감사의 마음으로 땅의 신께 제사를 지내는 날이라고 했다.

사람들은 이날 떡과 술 그리고 음식을 장만해 차례를 지내고 서로 나눠 먹었다. 갖가지 고기와 각종 채소로 조화를 이뤄서 밥을 덮는데 이렇게 먹는 밥을 사반(社飯)이라 한다고 적었다.

보다 자세한 내용이 12세기 중국 송나라 때 맹원로가 쓴 《동경몽화록(東京夢華錄)》에 보인다. "돼지고기, 양고기나 염통, 가슴살, 창자, 폐 또는 오이와 생강 등을 바둑알 모양으로 잘라서 맛있게 양념을 한 후 밥에 덮는다(鋪於飯上). 그리고 손님을 초청해 나누어 먹는다"고 기록되어 있다. 사반이라는 음식의 기본구조를 보면 지금의 제육덮밥을 비롯한 각종 덮밥과 크게 다를 것이 없다.

사반과 같은 고기덮밥은 옛 문헌 중에서도 송나라 때 기록에 집중적으로 보인다. 《속자치통감(續資治通鑑)》에는 11세기 북송 철종 때 수렴청정을 하던 태황태후가 병이 들어 신하들이 병문안을 왔는데, 그날이 마침 사일이어서 사반을 하사했다는 기록이 있다. 13세기 남송의 수도인 지금의 항저우 도시 풍경을 묘사해놓은 《무림구사(武林舊事)》라는 책이 있는데 여기에도 '사일이면 사람들이 사반을 나누어 먹는다'는 내용이 있다. 사일(社日)은 토지 신께 제사를 지내는 날이지만, 부수적으로 관리들에게 보너스로 고기를 나눠 주었던 모양이다.

이규경은 《오주연문장전산고》에서 한나라의 건국공신으로 재상인 진평(陳平)이 이날 관리들에게 고기를 분배해주었으며 한 무제 때의 재상인 동방삭(東方朔)도 '사일에 고기를 나누었다'고 적었다. 그러니까 고기를 나눠 주면서 고기덮밥을 만들어 먹었던 것이 아닌가 싶다. 고기덮밥인 사반을 먹는 풍습은 송나라 때 정착해 퍼졌다고 한다.

따지고 보면 고기덮밥의 뿌리는 깊다. 우리는 조선 초기부터 고기덮밥이라고 할 수 있는 사반에 관한 기록이 보인다. 일본은 덮밥인 돈부리 중에서도 장어덮밥이 19세기 때 등장했고, 쇠고기덮밥은 메이지시대 때부터 보인다고 한다. 이를 통해 보면 일본의 덮밥은 근대에 발달한 것으로 보이지만, 그 뿌리를 추적해 보면 14~16세기인 무로마치시대 때 덮밥 비슷한 음식(芳飯)이 있었다고 한다.

중국에는 7세기 당나라 때 사람인 위거원이 쓴 《식보(食譜)》에 "계란과 돼지고기를 가늘게 썰어 밥 위에 덮으면 맛이 특별하다"는 기록이 있다. 진작부터 밥 위에 갖가지 음식 재료를 얹어 먹었던 것이다.

사반(社飯)이라는 음식이 덮밥의 원조이고 기원이라고 단정할 수는 없다. 그렇지만 덮밥의 발달이 사반과 무관한 것 같지는 않다. 덮밥이 지금 생각하는 것처럼 먹다 남은 반찬을 데워서 밥에 대충 얹어 먹은 음식에서 발달한 것만은 아닌 것 같다. 특별한 날, 소원을 담아서 먹는 경건한 음식에서 비롯됐다고 할 수 있다.

21세기형 패스트푸드로 발전한 덮밥

일본 덮밥인 돈부리가 발달한 배경은 조금 다르다. 중세 이전에도 일본에 덮밥이 있었다고 한다. 하지만 지금의 돈부리는 일본이 근대화되고, 산업화를 이루는 과정에서 부수적으로 발달한 음식이다.

돈부리의 기원은 18세기 중반, 지금의 도쿄인 에도 시장에서 그릇에다 밥을 담아 반찬 몇 가지를 얹어 파는 간이 밥집에서 비롯됐다고 한다. 시장 상인들이 주로 이용했던 식당으로 돈부리라는 말도 이곳에서 밥을 담았던 그릇, 돈부리바치(どんぶりばち)의 준말이 어원이라는 것이다. 우리 음식에 비유하면 국에다 밥을 말아 김치, 깍두기 몇 조각 얹어 먹는 시장의 국밥과 크게 다르지 않다.

역사가 짧은 탓에 전통 일본 덮밥의 대부분은 19세기 중반 이후에야 선을 보였다. 예를 들어 튀김인 덴뿌라를 얹어 먹는 튀김덮밥, 덴동과 장어 덮밥인 우나동은 19세기 초반에 먹기 시작한 음식이다. 쇠고기덮밥인 규동은 19세기 중반에, 닭고기와 계란을 풀어 함께 먹는 오야코동은 19세기 말에 음식점 메뉴에 등장했다. 돈가스를 밥에 얹어 먹는 가츠동은 20세기 초반에야 나왔는데 일본 사람들이 돼지고기를 뒤늦게 먹었기 때문이다.

앞서 열거한 돈부리들은 우리한테도 많이 알려진 일본의 전통 덮밥들인데, 한 가지 공통점이 있다. 모두 밥에 고기반찬을 얹어 먹는 육류 중심의 덮밥이라는 점이다. 고기가 아니더라도 생선이나 채소를 기름에 튀겼거나 장어처럼 기름진 생선을 얹은 고열량 덮밥이다. 일본 덮밥은 왜 이런 고열량 음식으로 발달했던 것일까?

일본은 아시아에서 제일 먼저 서구의 문명을 받아들인 나라로, 19세기에 벌써 서구열강과 함께 산업화를 추진하면서 경제가 초고속으로 성장했다. 공장은 24시간 쉬지 않고 돌아갔고, 경제가 활기를 띠면서 가게마다 문전성시를 이루며 상업이 발달했다.

공장에서 일하는 노동자들이나 상점에서 물건을 파는 종업원들은 느긋하게 앉아서 밥 먹을 시간적인 여유도 없었고, 또 그럴 만한 여윳돈도 없었다. 때문에 비교적 값이 싼 음식으로 급하게 배를 채우고, 재빨리 자리로 돌아가 일을 해야만 했다. 이럴 때 따뜻한 밥에다 고기 몇 점, 채소 몇 조각을 얹어서 후다닥 먹을 수 있는 일본의 덮밥, 돈부리는 노동자들에게 안성맞춤의 패스트푸드였다.

이때부터 돈부리는 일본의 대표적인 패스트푸드로 자리를 잡았다. 고기 중심의 덮밥이 인기를 끌었던 이유가 단순히 영양 많고 빨리 먹을 수 있기 때문만은 아니었다. 패스트푸드는 빨리 먹을 수 있어야 하기도 하지만, 값도 싸야 하고 무엇보다 열량이 높아야 한다. 힘든 육체노동을 하려면 충분한 에너지를 얻을 수 있는 고칼로리의 음식을 먹어야 하기 때문이다. 대표적인 음식이 햄버거다.

햄버거는 19세기 미국에서 산업이 급성장할 때 가난한 독일 출신의 이민 노동자들이 만들어낸 음식이다. 돈이 없으니 싸구려 고기를 사야 했고, 질이 떨어져 스테이크로 먹을 수 없는 고기에 양념을 넣고 갈아서 구운 다음 빵에 끼워 먹었다. 원초적으로 정크푸드가 될 수밖에 없었던 음식이다.

돈부리 역시 햄버거와 마찬가지였다. 서기 675년, 덴무 일왕이 최초로 육식금지령을 내린 이후 19세기 중반까지 무려 1200년 동안 고기를 먹지 않은 일본인에게 고기는 기피음식이었다. 메이지유신을 전후해 쇠고기 식용을 장려하고, 개화파 인사들이 고기를 먹어야 진정한 문명인이라며 쇠고기 식용을 미화했지만, 일반인들은 여전히 육식을 싫어했다. 당시 일본에서는 쇠고기 자체가 쓰레기식품인 정크푸드였다. 수요가 적었으니 당연히 쇠고기 값도 비싸지 않았다. 때문에 채식 중심의 일본에서 육류 중심의 돈부리가 간편하고 값도 싸며, 고열량의 패스트푸드로 발전할 수 있었던 것이다.

돈부리는 일본 음식의 유행을 따라 세계적으로 널리 퍼지고 있다. 돈부리가 퍼지는 이유도 돈부리가 발달했던 배경에서 찾을 수 있다.

일본인에게 과거 고기덮밥은 값싸고 고열량의 정크푸드인 간편 음식이었다. 하지만 서양의 패스트푸드와 비교하면 이야기가 또 달라진다. 돈부리는 햄버거와 비교하면 칼로리도 낮을뿐더러 정체불명의 고기를 쓰는 햄버거 패티와는 달리 양질의 육류를 사용했다. 그렇기에 여전히 정신없이 바쁘게 살고 있지만, 19세기 노동자에 비해 경제적으로 여유 있고, 또 육체노동보다는 주로 정신노동에 종사하는 21세기 노동자들에게 적정한 가격에 품질 높은 패스트푸드인 일본 덮밥, 돈부리가 어필하는 것이 아닌가 싶다. 음식조차도 시대가 요구하는 조건에 적응해야 살아남고, 발전할 수 있는 것 같다.

'쌀밥 문화권'에서 벌어진 극명한 차이

주먹밥

고난과 역경으로 똘똘 뭉친 밥 덩어리

한국인에게 주먹밥은 고난의 음식이다. 기본적으로 어려운 상황에 놓였을 때, 비상시에 먹는 밥이다. 전쟁터에서 밥 지어 먹을 여유가 없을 때, 피난길에 허기를 면하려고 먹었던 끼니거리였다. 혹은 먼 길 떠날 때 휴대했던 밥이다.

우리가 언제부터 주먹밥을 먹었는지는 모른다. 주먹밥은 기원이 알려져 있지 않다. 밥을 손으로 움켜쥐어 주먹처럼 뭉쳐놓은 것이 주먹밥이니 특별히 기원이 있을 것 같지도 않다.

현존하는 우리나라 문헌 중에서 주먹밥으로 보이는 음식에 관한 가장 빠른 기록은 《삼국유사》 〈제5권 효선(孝善)편〉이 아닐까 싶다. 진정법사(眞定法師)에 관한 일화다.

진정법사는 신라 사람으로 젊었을 때 집이 가난해 장가도 들지 못했는데, 군에 있을 때에도 품을 팔아서 홀어머니를 봉양할 정도로 효자였다. 불심도 지극했다. 어느 날 한 스님이 절을 지을 때 필요한 쇠붙이를 구하러 다니다가 진정법사의 집에 들렀다. 스님의 사연을 들은 어머니는 하나밖에 없는 솥을 시주했다. 아들이 이를 보고 부처님과 관련된 일에 시주하는 것보다 좋은 일이 어디 있겠냐며 기뻐했다.

그러면서 어머니께 효도를 마치면 머리를 깎고 의상법사에게 가서 도를 닦겠다고 했다. 그러자 어머니는 기다릴 것 없이 당장 떠나라고 독촉했다. 집에 있는 쌀을 모두 털어 보니 일곱 되가 나왔다. 어머니는 그 쌀로 밥을 해놓고는 뜨거운 밥을 먹으면 더디 갈 것이니 한 그릇은 내가 보는 여기서 먹고, 나머지 여섯 그릇은 전대에 넣고 가면서 먹으라고 말했다.

《삼국유사》에서 전대에 넣어 갔다는 밥은 한자로 전대 탁(橐)자에 밥 반(飯)자를 쓴 탁반(橐飯)이다. 탁반이 정확하게 어떤 모양으로 생긴 밥인지는 알 수 없지만, 옛날 전대에 넣어 가지고 다니는 밥이라면 주먹밥이었을 확률이 높다.

전쟁이 나면 임금과 왕비도 별수 없이 주먹밥을 먹으며 피난길을 떠났다. 선조 때 사람인 이식의 《택당집(澤堂集)》에 임진왜란으로 피난길을 떠난 중전의 고난이 기록되어 있다. 어느 마을에 이르렀는데 온전한 초가집 한 채를 찾아볼 수 없을 정도로 모조리 파괴되어 있었다. 하는 수 없이 중전마저 점심을 거르게 되었는데, 여러 신하들이 상의하여 보따리에서 주먹밥을 꺼내어 올렸다고 한다. 피난길에 반드시 챙겨야 할 음식이자 배가 고프면 임금이나 중전 아니라 누구라도 달게 먹었던 것이 주먹밥이었다.

이재민을 구제할 때 준비한 음식도 주먹밥이었다.《조선왕조실록》'선조 26년'의 기록에는 정무경이라는 사람이 콩을 삶아서 주먹밥(裹飯)을 만들어 길거리의 굶주린 사람들에게 나누어 구제를 했다는 기록이 보인다. 전쟁이 일어나 세상이 온통 난리가 난 상황에서도 불쌍한 사람을 구제할 마음을 품었으니 마땅히 포상하여 다른 사람들에게 권장해야 한다는 내용이다.

따지고 보면 어려울 때 먹었던 주먹밥은 우리에게 호랑이 담배 피우던 시절의 먼 옛날이야기가 아니다. 일제강점기와 6 · 25전쟁을 겪으면서 먹었던 현재의 이야기다.

동부이촌동은 부자들이 사는 동네지만, 옛날에는 여름이면 한강이 넘쳐 이재민이 생겼다. 1925년 7월에도 큰 물난리가 났는지 주먹밥 600인분을 만들어 동 · 서부이촌동의 수재민에게 보냈다는 신문기사가 보인다. 사진 아래에는 피난민들이 간신히 주먹밥을 얻어먹고 있다는 내용이 쓰여 있다. 6 · 25전쟁 때 군인들이 참호 속에서 뜯어 먹었던 밥도 주먹밥이었다. 당시 육군 참모총장이었던 정일권 장군은 "남자는 물론 여자도 행주치마 졸라매고 하루에 세 끼 먹던 밥을 두 끼로 줄여 주먹밥을 날라야할 것"이라는 담화를 발표한다. 우리에게 주먹밥은 이렇게 눈물 젖은 밥과 다름 없었다.

요즘은 주먹밥도 온갖 재료를 넣고 모양을 내어 예쁘게 만든다. 간단하게는 김치주먹밥에서부터 볶음주먹밥, 과일을 넣은 과일주먹밥, 달걀말이주먹밥, 채소쌈주먹밥, 멸치주먹밥 등등 소고기와 채소 등 갖가지 재료를 곁들이고, 갖은 양념까지 해서 보기 좋게 여러 가지로 모양을 낸 주먹밥이 집에서는 물론 식당의 정식 메뉴로까지 등장한다.

옛날에는 지금과 같은 주먹밥이 없었을까? 우리 조상들은 전쟁 중에, 혹은 피난길에, 혹은 먼 길을 떠날 때만 주먹밥을 먹었을까? 반드시 그렇지만은 않았다.

난리가 나거나 먼 길 떠날 때도 주먹밥을 먹었지만 평상시에도 주먹밥을 먹었다. 그것도 양반들이 별식으로 먹었던 것으로 보인다. 양반의 음식이었으니만큼 요즘 엄마들이 아이 간식으로 만들어줄 때처럼 갖가지 재료로 정성을 들여 온갖 모양으로 만들었다.

조선 후기의 실학자 이규경의 《오주연문장전산고》에 '제함반법(製餡飯法)'이 보인다. 바로 주먹밥 뭉치는 법이다. 작단(作團)이라고 표현한 것을 보면 작은 경단 모양으로 빚었을 수도 있고, 주먹밥이 단반(團飯)이니 보통 크기의 주먹밥이었을 수도 있다.

이규경이 소개한 주먹밥을 보면 멥쌀로 밥을 지어 고명을 넣고 뭉치는데 고명의 특성에 따라 각각 다른 맛을 낸다고 하면서 다양한 주먹밥을 소개했다. 채소를 익혀서 현란하게 찧어 둥글게 빚는 주먹밥도 있고 콩과 녹두, 팥의 껍질을 벗긴 후 꿀이나 사탕과 함께 끓여 둥글게 뭉치기도 하고, 대추나 잣가루 꿀과 계피가루, 석이버섯 가루를 섞어 둥글게 만들기도 하고, 생선살을 빻아 즙에다 담근 후 기름에 부쳐서 둥글게 빚는다고도 했다. 밥이 들어갔다고는 하지만, 주먹밥이라기보다는 어묵과 비슷하다. 또 고추장에 담그거나 고추를 볶아서 둥글게 빚으며 게장으로도 빚고 새우 알, 전복이나 볶은 홍합, 대하가루로 빚고 기름소금에 김을 구워 가루로도 빚으며, 회와 겨자 장을 섞어서 주먹밥을 만들어 접시에 담아 먹는다고 했다. 이렇게 먹으면 피난길에 먹는 밥이 아니라 훌륭한 요리가 된다.

찹쌀로 주먹밥을 만들기도 했다는데, 아마 약식을 주먹밥처럼 만들었던 것 같다. 고려 말 목은 이색의 시에 찹쌀로 주먹밥을 만들었다는 대목이 있다. 그는 "끈끈한 찹쌀밥을 둥글게 똘똘 뭉쳐서 꿀로 버무리면 빛깔이 알록달록하고 여기에 다시 대추와 밤, 잣을 곁들이면 입에 달고 맛이 한층 더 좋다"고 노래했다. 그러면서 이것은 동방의 풍속을 읊은 것이어서 중국 친구들이 읽어도 알 수가 없을 것이라고 했으니 정월대보름에 먹는 약식을 주먹밥처럼 뭉쳐서 먹었던 것으로 보인다. 이 정도면 고난의 음식이 아니라 고급요리다.

혼이 담긴 일본의 소울푸드, 오니기리

일본은 주먹밥 천국이다. 편의점에는 놀랄 정도로 많은 종류의 주먹밥이 진열돼 있다. 일본인 스스로도 주먹밥을 자기네들의 소울푸드라고 말한다. 어머니의 손맛을 느끼는 음식, 어려서부터 줄곧 먹고 자란 음식이라는 뜻이다. 실제로 일본 총무성의 가계조사에 따르면 2008년부터 2010년 사이 도쿄 주민이 연간 평균 40개의 주먹밥을 구입했다는 통계가 있다. 한 달에 3.3개의 주먹밥을 먹는다는 것이니 일주일에 평균 한 끼는 주먹밥으로 식사를 대신한다는 소리다.

주먹밥을 좋아하고 즐겨 먹는 것까지는 그렇다고 치더라도 옛날 일본인들은 주먹밥을 신성시하는 경향까지 있었다. 신들이 보내준 음식 혹은 신과 관련이 있는 음식으로 신격화했다.

일본 주먹밥을 오무스비(おむすび) 혹은 오니기리(おにぎり)라고 한다. 도쿄가 중심인 관동지방에서는 오니기리, 오사카가 중심이 되는 관서지방에서는 오무스비라고 부른다는 말도 있고, 오무스비는 삼감김밥처럼 삼각형, 오니기리는 그냥 주먹으로 쥐어 만든 주먹밥을 일컫는 용어라고도 한다. 혹은 반대로 오니기리가 삼각형, 오무스비는 원통형이라고 한다. 밥으로 지어서 주먹으로 뭉친 것을 오니기리, 떡을 할 때처럼 쌀을 쪄서 뭉친 것을 오무스비라고 한다. 어쨌거나 일본인들도 오니기리와 오무스비를 확실하고 명확하게 구분 짓지는 못하는 것 같다.

일본에서는 오무스비가 고문헌인 〈고사기(古事記)〉에 나오는 신, 무스비노가미(むすびのかみ)에서 비롯된 이름이라고도 한다. 무스비노가미는 천지만물을 낳은 신령, 남녀 사이의 인연을 맺어주는 신으로 주먹밥을 삼각형으로 만드는 것은 산의 형태로 만들어 신에게 다가서고 교감을 하기 위해서였다고 한다. 주먹밥 하나를 놓고 엄청난 의미를 부여한 것이 신기하다.

오니기리라는 주먹밥에도 비슷한 의미를 부여하기도 한다. 오니기리라는 말이 귀신인 '오니(おに)를 자른다(きる-切る)'는 말과 발음이 같기 때문에 귀신을 물리친다는 뜻에서 부적과 같은 효과가 있다는 설도 있고, 귀신을 물리치기 위해 쌀밥을 주먹으로 잡아 던졌다는 민화에서 비롯되었다는 설도 있다. 민간에서 구전으로 전해지는 속설이지만, 일본인들이 민속적으로 주먹밥을 신성시하는 측면이 있음을 여실히 알 수 있다. 일본에서는 왜 이렇게 주먹밥을 신 혹은 귀신을 쫓은 영험한 음식으로 신격화한 것일까?

일본인들이 주장하는 주먹밥의 기원과 깊은 관련이 있기 때문이 아닌가 싶다. 주먹밥이 일본에서 언제 등장했는지에 대해서는 여러 설이 있다. 기원전 4세기 무렵인 야요이시대의 유적에서 밥을 주먹 쥔 형태의 탄화미가 발견됐다며 주먹밥이 기원전부터 있었다는 주장도 있지만, 대체적으로 주먹밥과 같은 형태의 음식이 등장한 것은 우리나라 통일신라부터 고려 초기까지인 헤이안시대로 보는 것이 일반적이다.

다만 우리나라에서는 《삼국사기》에 주먹밥이 멀리 길 떠나는 사람의 휴대용 식량으로 등장하는 것과 달리 일본에서는 이 무렵 주먹밥, 오니기리가 궁중에서 쓰이는 제물용 음식이었다고 한다. 주먹밥인 오무스비의 어원을 《고사기(古事記)》에 나오는 신, 무스비노가미에서 찾는 것이나 오니기리를 귀신을 물리치는 효과가 있다고 풀이하는 것이나 모두 처음 주먹밥이 신에게 바치는 제물에서 비롯된 것과 관련이 있기 때문이 아닌가 추정된다.

신전에 놓는 제물이었던 주먹밥이 이후 전쟁이 잦았던 일본에서 무사들의 휴대용 전투식량으로 발전하고, 임진왜란 이후인 에도시대에는 평화로운 시기가 지속되면서 가부키와 같은 연극을 보면서 먹는 음식, 즉 도시락으로 발전하게 됐다는 것이다. 일본에서 주먹밥이 다양한 형태로 발전하면서 일본이 '주먹밥 천국'이 된 배경이다.

일본에는 여러 종류의 주먹밥이 있다. 하지만 주먹으로 꽁꽁 뭉친 우리 주먹밥과 비교해 일본 주먹밥의 가장 큰 특징은 삼각김밥과 같은 삼각형이라는 점이다. 왜 일본 주먹밥이 삼각형인지에 대해서는 주먹밥을 신격화해서 신과 소통할 수 있는 산처럼 만들었다는 설도 있지만, 또 다른 이유로는 주먹밥이 무사들의 휴대용 전투식량이었기 때문이라는 설도 있다.

병사들이 먹을 수 있도록 많은 양의 주먹밥을 만들 때는 삼각형이 적합하기 때문이다. 주먹처럼 둥근 형태나 원통 형태로 만들면 용기에 담을 때 빈 공간이 많이 생겨 많이 담을 수도 없고, 쌓아놓은 주먹밥이 무너질 수도 있어 운반에도 불편하다. 반대로 삼각형의 김밥은 빈틈없이 수납할 수 있고, 세웠을 때도 안정감이 좋다. 때문에 대량의 주먹밥이 필요한 군용 전투식량에 어울리는 형상이다. 일본 주먹밥 하나에 이렇게 갖가지 다양한 문화요소가 녹아 있다.

'요리천국' 중국에서 주먹밥이 대접받지 못한 까닭

한국에서는 옛날부터 지금까지 주먹밥을 많이 볼 수 있고, 일본에서는

주먹밥이 다양한 의미를 띠면서 식품으로까지 승화했다. 반면 중국에서
는 주먹밥에 관한 기록이 별로 보이지 않는다.

《국수록(國壽錄)》이라는 서적에 《삼국유사》에 나오는 것과 같은 주먹
밥인 탁반(橐飯)이 나온다. 산둥 사람으로 명나라 때 농민을 이끌고 반란
을 일으킨 서홍유(徐鴻儒)의 민병들이 머리에 붉은 두건을 두르고 자루에
다 주먹밥을 싸 넣고 반란에 참여했다고 한다. 서홍유가 일으킨 반란은
명나라 말기에 일어난 최초의 민란으로 꼽힌다.

또 청나라 때 황숙경이 쓴 《대해사차록(臺海使槎錄)》에는 중국 남방의
소수민족이 죽통(竹筒)에 찹쌀을 넣어 솥에 쪄서 익히고 매일 주먹밥을
만들어 먹으며, 따뜻하게 데우지 않은 주먹밥은 외출할 때 허리의 죽통
에 넣어 갖고 다닌다고 적어놓았다. 아마 찹쌀 문화권에 사는 소수민족
의 전통으로 주먹밥과 나뭇잎에 밥을 싼 쫑즈와의 연관성을 보여주는 것
같다.

중국에서 주먹밥이 발달하지 않은 이유는 중국의 음식문화와 관련이
있다. 중국 북방은 밥이 아닌 밀가루가 중심이 되는 분식문화다. 휴대에
편리한 만두 등이 있기 때문에 옛날 기준으로 잘 먹지도 않는 밥으로 만
든 주먹밥을 만들 이유가 없다. 또 중국의 쌀은 한국이나 일본처럼 찰기
가 많지 않아 잘 뭉쳐지지도 않는다.

밥을 주로 먹는 입식 문화권인 화동지방과 화남지방에서는 기온이 높
기 때문에 주먹밥을 만들어 장기간 휴대하며 보관하기가 불편하다. 게다
가 이들 지역은 찹쌀이 발달한 지역이다. 때문에 주먹밥 대신 찹쌀을 나

뭇잎으로 싼 쫑즈와 같은 음식이 발달했다.

쫑즈는 역사가 무척 오래된 것으로 보인다. 석기시대 사람들이 땅을 파고 그 속에 나뭇잎이나 짐승가죽으로 음식을 싸서 넣은 후 물을 부어 데운 것에서 비롯되었다는 주장도 있다. 뉴기니와 같은 열대지방에서 볼 수 있는 요리법이다.

문헌상으로도 쫑즈 관련 기록은 오래전부터 보인다. 후한 때 허신이 쓴 사전인 《설문해자(說文解字)》에 쫑(粽)은 나뭇잎으로 밥을 쌌다는 뜻이라고 풀이해놓았다.

《설문해자》보다 약간 늦은 3세기 무렵 서진(西晉) 때 사람인 주처(周處)의 《풍토기(風土記)》에도 쫑즈에 관련된 기록이 보인다. 《풍토기》는 진나라 때 특정 지역의 산물과 특징을 적은 글인데 여기에 단오가 되면 오리를 삶고 각서(角黍)를 찐다고 했다. 여기서 각서가 바로 쫑즈다.

5~6세기 무렵 남북조시대 때는 쫑즈가 다양한 형태로 발전한다. 찹쌀에 고기와 밤, 대추, 팥 등 다양한 고물을 넣어 만들었고, 또 예물용 음식으로 쫑즈를 만들었다고 하는데, 오늘날의 모습과 조금은 더 비슷하다. 명나라 때 이시진이 쓴 의학서인 《본초강목》에도 쫑즈에 관한 설명이 있다. 옛날 사람들이 잎사귀에 기장쌀을 넣고 쪄서 뾰족한 뿔 모양으로 만들었다고 했으니 각서(角黍)를 다시 설명해놓은 것이다. 중국에서는 쫑즈를 주로 대나무 잎사귀로 싸지만 동남아 등지에서는 바나나잎이나 연잎, 종려나무잎 등 현지 상황에 따라 다양한 잎사귀로 찹쌀밥을 싸서 먹는다.

별것 아닌 주먹밥 하나가 발달하는 과정에도 한국과 일본, 중국이라는 나라에 따른 기후와 풍토 그리고 음식의 종류 등 다양한 문화가 작용한다.

흉측하지만 맛있는 물고기의 '어생역전'

아귀

전쟁이 낳은 뜻밖의 유산, 아귀의 재발견

"못생겨도 맛은 좋아"라는 말이 실감 날 만큼 맛있는 생선이 아귀다. 깊은 바다에서 사는 심해성의 흰 살 생선이기 때문에 그 특성상 지방과 콜레스테롤이 적어 저칼로리 고급 어종으로 인기를 누리고 있다. 하지만 불과 얼마 전까지만 해도 아귀는 못생겨서 죄송했던 생선이다.

얼마나 흉측하다고 느꼈는지 이름마저 '배고픈 귀신'이다. 몸통에 바로 붙은 큰 입이 마치 귀신이 배고파 울부짖는 것 같아 아귀어(餓鬼魚)가 됐다. 아귀(餓鬼)는 굶주린 귀신이다. 지나치게 욕심을 부리다 지옥에 떨어졌는데 배는 산더미처럼 불룩하고 크지만 목구멍은 바늘구멍만 해서 음식을 삼킬 수가 없기 때문에 언제나 배가 고파서 괴로워해야만 하는 벌을 받았다. 옛날 사람들은 물고기의 몰골에서 이러한 이미지를 연상했을 정도였다. 그들은 아귀를 잡아도 먹을 생각조차 하지 않았다. 그래서 바닷가에서는 아귀를 '물텀벙이'라고 불렀다. 잡으면 재수 없다고 바로 바다에 던졌는데 이때 "텀벙" 소리가 나며 떨어졌다고 해서 생긴 이름이다. 어부들이 아예 생선 축에 끼어주지도 않았으니 어찌 보면 못생겼다는 구박보다 더 서럽다. 아귀 구박의 역사는 생각보다 뿌리가 깊고 광범위하다. 동서양 대부분 나라에서 아귀를 못마땅하게 여겼다. 이유는 오로지 못생긴 외모 때문이다.

우리가 아귀를 제대로 먹지 않고 구박한 역사는 꽤 깊다. 멀리 200년 전 기록에서도 찾아볼 수 있다. 조선 후기 정조 때의 문인 이학규가 영남 지방을 여행하며 현지의 음식을 소개했다.

영남 바닷가 마을에서는 별 괴상한 생선을 다 먹는다며 몇몇 종류의 생선 이름을 적었는데 여기에 아귀도 포함되어 있다. 커다란 입이 몸뚱이에 바로 붙어 있으며 이름은 아귀어(餓鬼魚)이고 현지에서는 물꿩(水雉)이라고 부른다고 적었다. 그러면서 "먹는 음식치고는 참 구차하다"고 표현했다. 아귀가 얼마나 바람직하지 못한 생선 취급을 받았는지 짐작할 수 있다.

이런 아귀가 전국적으로 알려진 것은 아귀찜이 퍼지기 시작한 1970년대 무렵이다. 아귀찜의 원조에 대해서는 여러 이야기가 있지만 대체로 마산에서 아귀를 이용해 북어찜처럼 콩나물과 미나리, 마늘, 고춧가루 등의 양념과 함께 찜으로 요리한 것이 시초로 알려져 있다.

하지만 아귀라는 생선이 전국적으로 알려지기 전에 사람들이 아귀를 본격적으로 먹기 시작한 것은 바로 한국전쟁 무렵이다. 이전까지만 해도 아귀는 어촌마을에서도 즐겨 먹는 생선이 아니었다. 그런데 한국전쟁이 아귀의 위상을 바꾸어놓았다. 한국전쟁 때 부산은 최대의 피난지였다. 엄청난 사람들이 부산으로 몰려들었다. 전쟁 직전인 1949년, 부산 인구는 약 47만 명이었다. 전쟁 이듬해인 1951년에는 인구가 84만 명으로 만 1년 사이에 두 배 정도가 늘었다. 전쟁 와중에 집계한 공식 통계 숫자가 이 정도니까 실제 부산으로 피난 와서 머물고 있는 실거주 인구는 훨씬 많았을 것이다. 그러니 부산의 인구 증가율은 2배가 아니라 3~4배 이상으로 늘었다고 봐도 무리가 아니다.

갑자기 엄청나게 불어난 인구가 먹고 살길이 막막했다. 한국전쟁은 준비된 전쟁이 아니라 기습공격을 받아 시작된 전쟁이니 비상상황에 대비한 비축물량이 충분히 있었던 것도 아니다. 원조물자가 들어오기는 했지만 순식간에 증가한 피난민까지 먹여 살리기에는 턱없이 부족했다. 그러니 살아남기 위해서 사람들은 예전에는 거들떠보지도 않았던 것까지 먹었다. 그중 하나가 아귀였다는 것이다.

처음 이야기한 것처럼 어부들조차 잡히면 먹기는커녕 재수 없다고 다시 물속으로 던져 버릴 정도였던 생선이지만, 전쟁 통에는 그나마도 없어서 먹지 못했다. 이때 담백한 맛을 발견하면서 아귀가 맛있는 식용 생선으로 인식이 바뀌었다. 그리고 1970년대 이후에는 아귀찜을 통해 전국적으로 사랑받는 생선이 됐다.

아귀의 인생역전 아닌 어생역전(魚生逆轉)은 우리나라에서 벌어진 일만도 아니다. 서양에서도 마찬가지여서 예전 영국에서는 아귀를 '가난한 사람이 먹는 바닷가재(poor man's lobster)'라고 불렀다. 바닷가재처럼 맛있지만 부자들은 먹지 않는 생선이라는 것이다. 얼핏 봐도 입맛 떨어질 정도로 못생겼기에 부자들은 먹지 않았지만, 돈 없는 서민들이 사 먹었기에 생긴 별명이다.

그런데 제2차 세계대전을 계기로 영국에서도 아귀의 대접이 달라졌다. 전쟁 중 대서양은 특히 독일의 잠수함 유보트가 활개를 치고 다녔기에 감히 바다에 나가서 제대로 어업을 할 수가 없었다. 신선한 생선이 절대적으로 부족해지자 사람들은 아귀를 먹기 시작했다. 먹다 보니 생긴 것과는 달리 맛의 진가를 발견한 모양이다. 제2차 세계대전이 끝난 후에도 아귀의 인기는 식을 줄 모르게 되었다. 지금 런던에서는 아귀 소금구이가 바닷가재보다 더 비싸게 대접받는다. 배고픈 귀신 아귀가 지옥에서 천당의 천사로 승천한 셈이다.

참고로 중국에서도 아귀는 잘 먹지 않는다. 아귀가 많이 잡히지 않기 때문으로 짐작되는데, 어찌되었든 아귀의 이름도 변변치 없다. 현대 중국어에서는 일반적으로 아귀를 안캉(鮟鱇)이라고 부른다. 한자 종주국인 중국에서 만든 이름이 아니라 일본에서 만든 이름을 빌린 것이다. 많이 잡히지도 않고, 별 인기도 없다는 소리다. 정식 명칭은 그렇지만 일반인들은 아귀를 하마어(蛤蟆魚)라고 부른다. '하마(蛤蟆)'는 중국말로 두꺼비라는 뜻이다. 물속에 웅크린 아귀의 모습이 마치 두꺼비가 웅크리고 있는 것처럼 보였던 모양이다. 아무리 특이한 보양식을 좋아하는 중국 사람이라지만 웅크린 두꺼비를 보고 입맛을 다시지는 못했을 것 같다.

일본인들의 지극한 아귀 사랑

"동짓달 아귀는 그림을 그려서라도 맛봐야……."

예전 아귀는 적지 않은 나라에서 생김새 때문에 그다지 환영받지 못했다. 하지만 일본은 조금 다르다. 옛날부터 아귀를 좋아했다. "서쪽은 복어, 동쪽은 아귀"라는 말이 있을 정도로 도쿄가 중심이 되는 관동지방에서는 아귀가 귀한 생선으로 대접 받았다.

아귀는 특히 11월부터 2월까지의 추운 겨울철에 맛있다. 일본에서도 겨울 아귀를 최고로 친다. 심지어 동짓달 아귀는 그림을 그려서라도 맛본다는 말이 있을 정도다. 지금도 일본 사람들이 겨울이 되면 가장 먹고 싶어 하는 음식으로 아귀나베(なべ)라고 하는 아귀탕을 꼽는다.

일본 사람의 '아귀 사랑'은 뿌리가 깊다. 17세기 말의 에도시대에도 아귀는 고급 생선으로 사랑받았다. 에도시대에는 3조2어(三鳥二魚), 세 종류의 새와 두 종류의 생선을 맛있는 음식으로 꼽았다. 진미로 꼽히는 새가 두루미와 종다리 그리고 뜸부기 과에 속하는 쇠물닭이라는 물새였다. 일본은 오랜 세월 소고기와 닭고기를 먹지 못하게 했기 때문에 대신 야생의 철새를 즐겨 먹었던 것 같다. 유럽에서도 중세시대에는 닭고기 대신 철새를 좋아했으니 서로 통하는 부분이 없지 않다.

생선은 도미와 아귀를 일품으로 꼽았다. 일본 사람들이 제일 좋아하는 생선이 도미다. 우리 속담에 썩어도 준치라는 말이 있는 것처럼 일본인들은 썩어도 도미라고 할 정도로 도미를 최고의 생선으로 여겼다. 아귀 역시 도미에 버금가는 생선으로 대접했다.

일본 사람들이 좋아하는 일본식 아귀탕(あんこうなべ)이 별미로 발달한 것도 17세기 후반이다. 이 무렵 일본은 상업이 발달하면서 경제가 성장한 시기여서 맛있는 음식을 찾는 수요 또한 늘었다. 일본식 아귀탕이 발달한 이유로 짐작된다.

일본인들은 아귀를 보고 먹지 못하는 부위가 없다고 말한다. 그만큼 아귀를 구석구석까지 발라서 요리하는데, 그중에서도 일곱 가지 부위를 맛있다고 꼽는다. 지느러미는 쫄깃해서 식감이 좋고, 흰색의 볼살은 담백하며, 껍질은 콜라겐이 풍부한데 초무침으로 먹으면 맛있다. 아가미는 전골로 끓여 먹고, 위도 요리해 먹으며, 난소는 일품으로 꼽는다. 난소가 없는 아귀 수컷은 상품가치가 떨어질 정도다.

아가미에서 지느러미, 위까지를 별미로 꼽는 걸 보면 먹지 않은 부위가 없고 맛있지 않은 부위가 없다는 말인데, 그중에서도 최고로 꼽는 것은 간(肝)이다. 이제는 세계적으로도 일본말 안키모(あんきも)로 알려진 아귀 간은 프랑스의 3대 진미라는 거위 간 푸아그라와 맞먹을 정도다. '바다의 푸아그라'라고 불릴 만큼 맛있는 음식으로 꼽는다. 맛도 마치 비단을 만지는 것처럼 입안에서 부드럽게 사르르 녹는 맛이 푸아그라와 비슷하다. 다만 푸아그라를 얻기 위해 멀쩡한 거위에게 강제로 먹이를 먹여 지방간을 만드는 것이 문제가 되는 것처럼 아귀 간, 안키모의 수요가 늘면서 아귀의 남획에 대한 우려의 목소리도 높아지고 있다.

일본인의 아귀 사랑은 어찌나 유별난지 아귀를 해체하는 모습까지도 상품화할 정도다. 아귀를 거꾸로 매달아놓고 요리사가 능숙한 솜씨로 분

해하는 모습을 보여주는 것인데, 17세기 말 일본의 농업서인 《본조식감
(本朝食鑑)》에도 소개되어 있을 정도니 300년 이상의 전통을 자랑하는 셈
이다.

　다른 나라에서는 생김새 때문에 아귀를 혐오스럽게 바라본 것과는 달
리 일본에서는 왜 오래전부터 아귀를 별미의 고급 음식재료로 꼽았을
까? 한 나라의 음식문화를 한두 가지 사실로 단정해 설명할 수는 없지
만, 아귀가 지나치지 않을 정도로 적당히 그리고 많이 잡혔기 때문이 아
닐까 싶다. 아귀는 보통 수심 50미터 이하의 깊은 바다, 모래밭에서 사는
심해어다. 때문에 어업기술이 발달하지 못했던 옛날에는 많이 잡히는 생
선이 아니었다. 우리나라는 주로 남해에서 아귀가 많이 잡히는데, 일본
은 태평양 쪽 근해에서 많이 잡힌다고 한다. 기본적으로 아귀는 못생겼
어도 맛있는 데다 넘치지도 모자라지도 않을 정도로 잡혔으니 일본에서
서쪽은 복어, 동쪽은 아귀라는 말이 나온 것이 아닌가 싶다.

금지된 욕망을 대처하는 자세

소고기

시성(詩聖)의 아이러니한 죽음

"기분 좋다고 소고기 사 묵겠지."

한때 어른 아이 가릴 것 없이 수많은 대한민국 사람들이 유행어 덕분에 웃었다. 그때는 무지하게 웃겼는데 지금 와서 딱 떼어놓고 보면 별것도 아니다. 그럼에도 웃음의 공감대가 형성됐다는 것은 무엇인가 정서적으로 통하는 부분이 있었기 때문일 것이다.

우리는 기분 좋으면 소고기 사 먹는다. 보통 한턱 크게 쏠 때 삼겹살 대신 이왕이면 꽃등심을 먹는다. 좋은 일 있을 때 소고기 먹는 이유는 물론 맛있고 또 비싸기 때문이다. 하지만 그게 전부는 아닐 것이다. 그 정도 이유로 웃음의 공감대가 만들어지지는 않는다.

분명 또 다른 무엇이 있을 것인데, 혹시 기분 좋다고 소고기 사 먹을 것이라는 말에 번지는 웃음 속에는 우리 모두가 금지된 욕망을 깬다는 쾌감을 정서적으로 공유하고 있기 때문은 아닐까? 우리 의식은 모르는, 무의식에만 내재돼 있는 그런 비밀스러운 쾌감 말이다.

개그를 다큐로 풀어보면 역사적으로는 소고기를 먹는다는 것 자체가 금지된 욕망의 추구였다. 옛날에는 우리나라를 비롯해 중국과 일본, 동양 삼국에서는 모두 소고기를 먹지 못하게 했다. 농사를 짓거나 물건을 나르는 데 쓰는 귀중한 가축이었기 때문이다.

물론 정도의 차이는 있었다. 그리고 "위에서 정책을 세우면 아래에서는 대책을 마련한다(上有政策 下有對策)"라는 중국 속담처럼 소고기 금지에 대처하는 각 나라의 자세도 서로 달랐다.

소고기를 놓고 개그 아닌 희극이 시작됐다. 굳이 개그라는 표현 대신 희극이라고 한 까닭은 코미디는 바탕에 페이소스(pathos)가 깔려 있기 때문이다. 소고기에 대처하는 옛날 동양 사람들의 자세 역시 따지고 보면 무척이나 슬프면서도 희극적이다. 그중 하나가 이태백과 쌍벽을 이루며 당나라, 나아가 한시를 대표하는 시인이었던 두보의 죽음이다.

나라는 파괴됐어도 산하는 그대로(國破山河在)
성에도 봄은 오고 초목은 우거졌네(城春草木深)
시절을 느끼어 꽃도 눈물 흩뿌리고(感時花濺淚)
이별이 한스러워 새소리에도 놀란 마음(恨別鳥驚心)……

대표작 '봄을 바라보며(春望)'라는 시의 전반부다. 난리 속에서 헤어진 가족을 그리워하며 쓴 시로 어지러운 세상을 사는 아픔이 그대로 녹아 있다. 시에서 엿볼 수 있는 것처럼 두보는 낭만주의자였던 이태백과는 또 다른 현실주의자였다. 때문에 59세를 일기로 세상을 떠난 두보의 죽음은 어딘가 비장했어야 할 것 같지만 현실은 정반대였다. 그저 소고기를 과식해 사망했을 뿐이다.

두보가 후난성을 돌아다닐 때 뇌양현의 호수에 있는 사당으로 구경을 갔다. 그런데 마침 그때 폭우가 내려 섬 안에 갇혀 열흘 동안 아무것도 먹지를 못했다. 현령이 두보가 고립됐다는 사실을 알고 배에 소고기와 술을 실어 보냈는데 두보가 이를 먹고 사망했다. 두보의 사망 원인에 대해서는 설왕설래 말이 많은데, 당나라 역사를 기록한 정사인《신당서(新唐書)》와《구당서(舊唐書)》에서는 모두 열흘 동안 굶주린 두보가 갑자기 소고기와 독한 술을 마셔서 몸에 무리가 갔다고 기록해놓았다.

시선(詩仙)이면서 동시에 주선(酒仙)으로 불렸던 이태백이라면 모를까, 현실을 비판하며 고향에 두고 온 가족을 걱정했던 시인 두보가 술에 취해 소고기를 과식하다 사망했다는 사실은 도대체 어울리지 않는다. 게다가 방랑하며 지친 몸에 열흘을 굶다가 맛있는 소고기를 먹게 됐으니 제대로 씹지도 않고 허겁지겁 삼켰을 것이다. 사망 원인은 희극적이지만 그 이면에는 이렇게 페이소스가 짙게 깔려 있다.

소고기 과식이 두보의 사망원인이 됐지만 소고기를 대하는 중국의 자세는 지극히 개인적이다. 역사적으로 중국에도 소 도축 금지령이 있었다. 하지만 소고기 소비에 큰 영향을 주지는 않았던 것 같다.

농사지을 때 소가 절대적이지도 않았고, 중국에서는 소고기가 가장 선호하는 고기도 아니었다. 북쪽은 양고기, 남쪽은 돼지고기 중심이었으니 소고기 역시 여러 종류의 고기 중 하나였을 뿐이다.

자기 욕망에 은근히 충실한 한국 사람들

소고기를 대하는 한국의 태도 역시 희극적이다. 하지만 동시에 호방한 측면이 있다. 그 일면을 고려 때의 문인 이규보에게서 찾을 수 있다. 당나라에 이태백이 있다면 고려에는 이규보가 있다고 할 정도로 이규보는 당시 명문장가로 이름을 날렸다. 그런 그가 지금 담배 끊은 사람이 금연 성공기를 쓴 것처럼 '소고기를 끊다(斷牛肉)'라는 시를 남겼다.

먼저 시의 서문에서부터 지극한 소고기 사랑이 느껴진다. 그는 왕년에 다섯 가지 향신료 채소를 끊고 나서 시를 한 수 지은 적이 있었는데, 그때에 소고기도 아울러 끊었지만 마음으로만 끊었을 뿐 고기를 눈으로 보고서는 먹지 않고 견딜 수가 없었기에 시에서는 언급을 하지 못했다고 했다. 하지만 지금은 고기를 보고도 먹지 않을 수 있기에 시를 짓는다고 설명했다.

얼마나 소고기를 좋아했는지 금단현상까지 겪었던 모양이다. 그런데 왜 굳이 소고기를 먹지 않겠다고 결심을 했는지는 분명치 않다. 소 도축 금지령 때문이었을 수도 있고, 종교적 영향이었을 수도 있다. 이규보가 활동하던 13세기 초반은 아직 몽골의 영향을 받지 않았을 때이니 불교의 영향으로 육식을 꺼리는 시기였을 것이다. 그럼에도 소고기를 끊지 못하고 먹다가 마침내 금식에 성공하고 시까지 지은 것을 보면 맛있는 음식의 유혹이 정부 방침이나 종교 계율 혹은 개인적 결심을 훨씬 능가했던 것으로 보인다.

그러니 주변 사람들에게 비밀스럽게 좋은 일 생겼으니 소고기 먹으러 가자며 속삭였을 것 같고, 다른 사람들도 음모에 동참했을 것 같은 분위기다. 더 웃기는 것은 이규보가 지은 시의 내용이다.

소는 큰 밭 가는 데 능하여
많은 곡식 가꾼다네
곡식 없으면 사람이 어찌 살랴
사람 목숨 모두 여기 달렸네
게다가 무거운 짐까지 운반하여
모자란 인력 보충해준다네
이름이 비록 소지만
천한 가축으로 보면 안 된다네
어찌 차마 그 고기를 먹고
불룩한 배를 채우랴
가소롭다, 두보가
죽는 날 배불리 소고기 먹은 것이

오리발도 이런 오리발이 없다. 소고기를 실컷 먹다가 간신히 끊어놓고는 소고기 먹는 사람을 인정도 없고 기본이 안 된 사람처럼 몰아세우고, 급기야 소고기 먹고 죽은 두보를 비웃기까지 했다. "기분 좋다고 소고기 사 묵겠지"라는 말에 웃을 수 있는 한국인의 웃음코드가 여기서부터 축적된 것이 아닌가 싶다.

한국인은 성격이 호탕한 것인지 아니면 다소 반항적인 기질이 있는지, 내가 옳다고 믿지 않으면 아무리 나랏일이라도 잘 따르지 않는 경향이 있는 듯하다. 적어도 소고기 먹는 모습을 보면 그렇다.

조선시대에는 소를 함부로 잡지 못하게 했다. 특히 여름 농사철에는 도축을 엄격하게 금지했다. 하지만 도통 지켜지지 않았던 모양이다. 조선 중기인 중종 3년(1508년) 8월의 기록이다. 〈중종실록〉에 평안도에서는 손님을 맞을 때 소를 잡아 그 고기로 대접하는 것이 풍속이 되어버렸고, 의주 같은 고을에서는 한양으로 오가는 사신 일행을 대접할 때는 소를 잡는 것이 아예 닭을 잡는 것과 다름없을 정도이니 엄격하게 금지해야 한다는 상소가 보인다. 나라에서 무엇이라고 하든 맛있는 소고기 먹기를 중단할 수는 없었던 모양이다. 옛날 불고기, 어복쟁반을 비롯한 소고기 요리가 평안도에서 발달한 것도 이와 관련이 있을 듯싶다.

조선시대 소고기는 최고의 인기였다. 조선 후기 실학자 이수광은《지봉유설(芝峯類說)》에서 소고기 예찬론을 펼쳤다. 소고기는 사람에게 가장 이로운 고기이니 판중추부사 원혼 같은 이는 평생 소고기를 즐겨 먹었는데 93세까지 살았다고 한다. 소는 풀을 생으로 먹으니 독이 있을 수 있는데, 좌의정을 지낸 이헌국은 이를 감안해 4월부터 8월까지는 소고기를 먹지 않고 80세까지 살았으니 섭생을 하는 사람은 반드시 알아둘 일이라고도 했다. 농사에도 필요하고 몸에도 좋으니 도대체 소고기를 먹으라는 것인지 말라는 것인지 헷갈린다.

약에서 식품으로, 1200년의 관습이 하루아침에 바뀌어버린 사연

일본인들은 "기분 좋다고 소고기 사 묵겠지"라는 말에 웃지 않을 것 같다. 소고기를 대하는 일본의 시각 또한 희극적이지만 한편으로는 엽기적(?)이었기 때문이다. 남의 나라 문화에 함부로 쓸 수 있는 표현은 아니지만 생각하기에 따라서는 틀린 말도 아니다.

일본인은 무려 1200년 동안 소고기를 먹지 않았다. 서기 675년, 덴무(天武) 일왕이 가축을 도축도 하지 말고, 먹지도 말라는 금지령을 선포했기 때문이다.

"소, 말, 개, 원숭이, 닭을 먹으면 안 된다. 그 밖의 동물은 금지하지 않는다. 어기는 자는 처벌한다."

《일본서기(日本書紀)》에 나오는 내용이다. 표면적인 이유는 살생을 금지한 불교의 영향 때문이지만 실제로 소는 농업, 말과 개는 군사적 이유 그리고 원숭이와 닭은 민속신앙 때문이었다. 덴무 일왕 이후에도 몇 차례 추가로 금지령이 내려지면서 처벌이 강화되었다. 법을 어기고 고기를 먹은 자는 먼 섬으로 귀양까지 보냈다.

이랬던 일본에서 1871년, 메이지(明治) 일왕이 돌연 육식금지령을 해제했다. 고기를 먹어도 좋다는 정도가 아니라 소고기를 먹으라고 장려했다. 심지어 왕이 솔선수범해 공개적으로 소고기를 먹었다.

메이지유신으로 아시아를 벗어나 유럽을 지향하는 탈아입구(脫亞入歐)를 선언하면서 키가 작아 왜(倭)라고 불렸던 일본인의 체형을 서양 사람들처럼 소고기를 먹어 개선하겠다는 것이었다. 그러면서 소고기를 먹지 않으면 문명 개화인이 아니라고 몰아세웠다. 덕분에 처음 소고기를 거부했던 일본인들은 전통 생선요리인 스키야키에 생선 대신 슬쩍 소고기를 넣고 1200년 만에 다시 고기를 먹기 시작했다.

그러다 보니 일본에는 소고기를 놓고 이해하기 힘든 사건, 사고도 많았다. 1872년 2월 18일, 열 명의 자객이 메이지 일왕이 살고 있는 궁중에 침입하다 발각돼 네 명은 현장에서 사살됐고, 한 명은 중상을 입었고, 다섯 명은 생포됐다. 사로잡힌 자객을 심문한 결과 궁중에 침입한 이유가 밝혀졌다.

그들은 서양 오랑캐의 영향을 받아 일본 사람들이 고기를 먹게 되면서 신성한 일본 땅이 더럽혀지고 더 이상 신들이 머물 공간이 사라졌다며, 일본 정신을 지키기 위해 궁중에 침입했다는 것이다. 그해 1월 24일 일반인이 아닌 일왕이 최초로 소고기를 먹은 직후에 벌어진 사건이다.

부모에게 물려받은 머리카락을 자를 수 없다며 단발령에 반발했던 조선의 선비들처럼, 일본의 수구파 사무라이들 역시 먹어서는 안 되는 고기를 먹으라고 한다며 일왕을 암살하려 했던 것이다. 일본인의 육식기피 전통이 얼마나 뿌리 깊은지 미루어 짐작할 수 있다.

그렇다면 옛날 일본인들은 소고기를 전혀 먹지 않았을까? 평소에는 먹지 않았지만 예외적으로 아픈 환자들에게는 먹는 것을 허락했다. 즉 식품으로 먹을 수는 없었지만, 약으로는 복용할 수 있었다.

때문에 일본에서는 소고기가 약으로 유행을 했다. 이름하여 우육환(牛肉丸)으로, 글자 그대로 소고기를 둥글게 뭉쳐서 약이라고 한 것이다. 얼핏 이름은 진짜 약 같지만 우리의 소고기 완자나 서양의 미트볼과 크게 다를 것 없다. 말린 소고기는 간우환(干牛丸)이라는 이름으로 판매했는데, 역시 육포와 다를 것이 없다. 1865년 도쿄에 최초로 문을 연 일본식 소고기 전골인 규나베 음식점 역시 간판에 '보양식품 소고기'라고 써서 광고를 했다. 전통적으로 일본인들은 소고기를 약으로 인식했다.

2006년 박근혜 한나라당 대표가 테러를 당해 병원에 입원했을 때 당시 관방장관이었던 아베 총리가 소고기를 선물로 보낸 적이 있다. 환자에게 소고기로 문병하는 것이 일본의 관습인데, 소고기를 약으로 여겼던 것에서 비롯된 전통이다.

소고기 하나를 놓고 이렇게 먹지 마라, 먹어라 간섭도 심했던 일본이다. 희극적이면서 엽기적으로 느껴지는 이유다.

"기분 좋다고 소고기 사 묵겠지"라며 웃자고 한 개그에도 이렇듯 문화적 배경이 담겨 있다.

최고 전통 음식들의 우연한 결합

김치볶음밥

김치볶음밥을 전통 음식이라고 말하기가 망설여지는 이유

한 끼 식사를 간단하게 해결해야 할 때 김치볶음밥만큼 쉽고 익숙한 음식이 또 있을까? 김치볶음밥은 다른 나라에서는 찾아볼 수 없지만, 한국인이라면 누구나 좋아하는 국민음식이다. 그런데 조금 이상한 점이 있다. 한국인 모두 사랑하는 고유의 음식이지만, 김치볶음밥을 전통 음식이라고 말하지는 않는다.

비빔밥이 우리 고유의 전통 음식이라는 사실은 누구도 부정하지 않는다. 하지만 김치와 김칫국물에 비벼서 볶은 김치볶음밥을 한국 고유의 음식이라고는 말할지언정 한국의 전통 음식이라고는 선뜻 강조하지 않는다.

김치볶음밥은 왜 우리 전통 음식이 아닐까? 사전적 의미로 전통은 시대를 이어서 내려오는 사상이나 관습, 행동을 의미한다. 오랜 세월 여러 세대를 거치면서 전해지는 것이 전통인데, 그런 의미에서 김치볶음밥은 만들어 먹은 역사가 길지 않다. 물론 오랜 세월에 걸쳐서 형성되는 음식의 역사를 기준 삼아 하는 이야기다.

또 하나는 김치볶음밥의 기본 특성에서 찾을 수 있다. 김치볶음밥의 기본 구조는 밥을 김치와 김칫국물에 비빈 다음 다시 볶는다는 것이다. 다시 말해 비빔밥과 볶음밥이 합쳐진 것이 김치볶음밥이다.

비빔밥은 우리 고유의 전통 음식이지만, 볶음밥은 외래 음식이다. 밥을 다시 조리해 비비거나 볶는 조리법으로 한국에서는 비빔밥이 발달한 반면에 볶음밥은 중국과 동남아 등지에서 주로 발달했다.

그렇더라도 밥을 기름에 넣고 볶으면 그만인 비교적 간단한 요리법인 볶음밥을 우리나라에서는 먹지 않았다는 사실이 얼핏 이해 가지 않는다. 하지만 조선시대 각종 문헌에서는 볶음밥에 관한 기록을 찾아볼 수 없다. 뿐만 아니라 근대의 여러 기록에서도 볶음밥을 중국풍 요리라고 소개한 것을 보면 우리나라 사람들이 볶음밥을 먹은 역사는 그다지 길지 않은 것으로 보인다.

일제강점기 때인 1939년 10월 19일자 〈동아일보〉를 보면 '가을철에 좋은 중국요리. 볶음밥 몇 가지'라는 제목으로 "된밥을 해 먹는 집에서는 남은 찬밥을 모았다가 참으로 맛있는 밥을 중국식으로 해 먹을 수 있다"는 내용의 기사가 나온다. 제목과 내용으로 짐작해 봤을 때 1939년 무렵만 해도 볶음밥을 중국 음식으로 여겼던 것으로 추정된다.

이보다 앞서 1925년 《해동죽지(海東竹枝)》라는 조선 민속을 적은 책에는 해주비빔밥에 관한 이야기가 나온다. 해주비빔밥은 밥을 볶아서 비비는 것이 특징이다. 그런데 저자인 최영년은 "기이한 맛이 일품(奇品)이다"라고 평을 했으니 볶아놓은 밥맛에 익숙하지 않았던 것으로 보인다.

우리나라에서 볶음밥이 발달하지 않은 것에는 다양하고 복합적인 이유가 있겠지만, 볶음밥을 널리 먹게 된 시기가 생각보다 많이 짧다는 사실이 의외다. 그러니 김치볶음밥도 한국의 요리법인 김치비빔밥과 중국풍의 볶음밥이 결합된 한중 퓨전음식이라고 할 수 있겠다.

서민들은 만들어 먹을 생각조차 할 수 없었던 비빔밥

비빔밥은 어떻게 만들어진 음식일까? 요즘 비빔밥을 먹으며 엄청나게 비싼 고급요리라고 생각하는 사람은 없다. 물론 종류와 재료 나름이겠지만, 일반적으로 비빔밥은 평범한 음식에 불과하다. 음식점에서도 대중적으로 사 먹을 수 있고, 집에서도 찬밥에 남은 반찬 넣고 비비면 끝이다.

옛날에도 비빔밥을 이렇게 쉽게 먹을 수 있었을까? 음식의 발달사를 보면 비빔밥은 그렇게 만만하게 먹을 수 있었던 음식은 아니었던 것 같다.

조선 영조 무렵에는 초호화 비빔밥까지 보인다. 영조 때 사람인 이학규가 쓴 《낙하생집(落下生集)》에 "허리띠 값이 부자가 여름에 먹는 골동반(비빔밥) 한 그릇과 같은 가격으로 값이 600전에 이른다"는 기록이 있다.

600전이 당시 화폐 가치로 어느 정도의 구매력을 갖는지는 정확히 알 수 없다. 조선시대 화폐 가치는 시대에 따라 들쑥날쑥이어서 파악이 어렵다. 하지만 문맥으로 봐서는 엄청 비싼 가격이었을 것으로 짐작된다.

물론 이학규가 기록한 비빔밥이 일반 상식의 범위를 벗어난 비정상적으로 비싼 양반들의 초호화 음식일 수도 있다. 기록으로 보면 비빔밥에 대해서는 비싼 음식이라는 의식이 깔려 있었던 것 같다. 아무나 먹을 수 있었던 음식은 아니었던 것으로 짐작된다.

김치와 나물만 넣어도 훌륭한 비빔밥이 되는데 왜 고급음식이냐고 반문할 수 있겠지만, 옛날 기준으로 생각해보면 비빔밥이 그렇게 만만한 음식이 아닐 수 있다. 예컨대 꽁보리밥에 고추장만 넣어도 훌륭한 비빔밥이 된다고 하겠지만 고추장이 문헌에 처음 보이는 것은 1715년의 《산림경제(山林經濟)》다. 일반 서민이 고추장을 먹기 시작한 것은 빨라야 이때 이후다. 그 전의 (고)초장은 산초나 후추로 담갔다.

후추 한 알이 같은 크기의 금값에 버금갔다는 서양만큼은 아니지만, 우리나라에서도 후추는 엄청나게 비쌌다. 보통 사람이 후추나 산초로 만든 장을 넣고 비빔밥을 먹을 수는 없었다. 간장을 넣고 비비면 된다고 할 수도 있겠지만, 진간장이 없던 시절이었다. 조선간장으로 밥을 비비면 제맛이 나지 않는다. 그렇다고 된장은 쌈을 싸 먹을 때 알맞지 비벼 먹기에는 어울리지 않는다.

나물이나 김치 같은 부재료도 마찬가지다. 고춧가루가 없었던 조선 중엽만 하더라도 서민들이 먹던 김치는 지금과는 다른 짠지 형태였고, 나물도 부잣집이 아니면 제대로 양념을 하지 못했다. 그러니 밥에 반찬을 얹어놓고 먹을지언정 비벼 먹기는 쉽지가 않았다.

결국 비빔밥은 음식이 풍부했던 명절이나 제사 때 혹은 잔칫날처럼 특별한 경우에 먹는 음식이었다. 부자가 아닌 보통사람들은 평소에 먹기가 힘들었던 음식이었을 것이다.

기록을 봐도 비빔밥은 특별한 날 먹었던 특별한 음식인 경우가 많다. 아무 때고 먹는 음식이 아니라 특별히 준비한 경우에만 먹을 수 있었던 음식이다.

정조 때 실학자 이덕무는 《청장관전서(靑莊館全書)》에 "친척 제사에 참석해 골동반(비빔밥)을 먹고 변소에 예닐곱 차례를 들락거렸다"고 적었다. 비빔밥이 제사를 지내고 난 후 먹는 음복(飮福)이었음을 보여주는데, 양반집 제사는 일 년 중에서 가장 좋은 음식을 준비하는 날이다.

섣달그믐 저녁에 한 해를 마감하며 남은 음식으로 비빔밥을 만들었다는 설도 현대적 관점의 이야기일 뿐이다. 다음 날이 설날이고 전날이 납일(臘日)이었으니 장만해놓은 음식이 풍부했을 것이다.

비빔밥이 요즘처럼 흔한 음식이 아니었다는 것은 세조 때의 공신인 홍윤성의 일화에서 엿볼 수 있다. 인조 때 문신인 박동량의 《기재잡기(寄齋雜記)》에 홍윤성과 비빔밥 이야기가 나온다. 세조 때 포도대장 전림이 도적을 잡으려고 밤에 순찰을 도는데, 밤길을 돌아다니던 홍윤성 집의 하인 대여섯과 시비가 벌어졌다. 전림이 잡아 가두자 하인들은 "우리가 누구네 집 사람인 줄 아느냐"며 마구 욕지거리를 했다. 전림은 대꾸조차 하지 않고 더더욱 심하게 결박했다가 날이 밝자마자 하인들을 홍윤성 앞으로 끌고 갔다.

그러고는 "하인 놈들이 대감의 권세를 믿고 망령된 행동을 하는데 공에게 누가 미칠까 두렵다"며 이후로 단속을 잘해달라는 말과 함께 하인들을 홍윤성에게 넘겼다. 홍윤성이 전림을 보고는 인재를 만났다며 술과 밥을 차려오라고 시켰다. 곧 밥 한 그릇에 생선과 채소를 섞어 내오니 전림은 세상에서 말하는 골동반(비빔밥)같이 만들어 두어 숟갈에 먹어 치웠다. 대감이 아랫사람에게 식사 한 끼 먹여 보낸 것이 아니라 귀한 손님을 접대한 것처럼 보인다. 비빔밥이 아무렇게나 만들어 먹었던 음식이 아닌 것을 보여주는 사례다.

최고와 최고가 만난 하이브리드 음식

볶음밥은 언제, 어떻게 만들어졌을까? 볶음밥에도 여러 종류가 있지만 아시아의 볶음밥 중에서 가장 보편적이고 기본적인 것은 계란볶음밥이다. 계란을 이용해 밥을 볶는 조리법은 옛날부터 발달했던 것 같다. 6세기 전반 중국 북위 때 나온 농업서 및 요리서인 《제민요술(齊民要術)》에 이미 계란을 넣고 밥을 볶는 계란볶음밥에 관한 요리법이 보인다.

세상의 많고 많은 계란볶음밥 중에서도 역사적으로 가장 의미가 있는 볶음밥은 중국 장쑤성 양주의 볶음밥이라고 할 수 있다. 양주 볶음밥은 동서양 모두에서 즐겨 먹는 계란볶음밥의 원조가 되는 볶음밥이다. 중국 황제도 즐겨 먹었을 정도로 역사적으로 유명하다.

양주는 중국 장쑤성에 있는 역사적인 도시로, 상하이에서 고속도로를 타고 자동차로 약 1시간 30분 정도 걸리는 북쪽에 있다. 옛날부터 양자강을 중심으로 운하의 도시로 발전하면서 교통의 요지였으며, 정치·문화의 중심지였다.

양주가 왜 볶음밥의 고장으로 발전했는지 그 기원에 대해서는 알 수 없다. 하지만 6세기 무렵 이미 양주볶음밥은 중국에서 명성을 떨쳤다.

'금가루를 뿌려 놓은 밥.'

고대 황제의 호사스러운 요리나 어느 정신 나간 졸부의 밥상 같지만 역사적으로 유명하고 가장 맛있다는 볶음밥을 일컫는 말이다.

"금가루를 부숴 뿌린 것 같다"고 해서 부술 쇄(碎), 금 금(金), 밥 반(飯)을 써서 쇄금반(碎金飯)이라고 한다. 밥알이 서로 달라붙지 않게 볶은 밥으로 달걀노른자를 넣고 볶아서 황금색으로 보이며, 볶을 때 사용한 기름 때문에 밥알이 금가루처럼 반짝여서 지은 이름이다. 쇄금반(碎金飯)은 6세기 말 중국을 통일한 수나라 양제가 양주에 들러 먹어보고는 찬탄해 마지 않았다고 한다.

알려진 것처럼 수양제는 고구려와의 전쟁에서 패했던 인물이다. 그는 황제에 오르자 당시 수도였던 장안을 떠나 양자강 이남인 강남으로 순시 여행을 떠났다가 도중에 양주에 들러서 쇄금반을 먹었다고 한다.

수양제의 요리책임자였던 사풍이 쓴 《식경(食經)》에 나오는 이야기로 수양제의 신하였던 월국공 양소가 황제를 수행하면서 양주에서 만들어 바쳤다고 한다.

계란볶음밥을 맛있게 볶아봤자 거기서 거기라고 반박할 수 있겠지만, 중국 현지에서 잘 볶은 양주볶음밥을 마주하면 정말 금가루를 뿌려 놓았다고 할 만큼 먹음직스러워 보이고 맛 역시 독특한 풍미가 느껴진다.

한국의 비빔밥과 중국의 볶음밥이 결합한 김치볶음밥은 우리나라 사람은 물론, 한국을 찾는 외국인들도 한번 맛보면 반하는 음식이다. 김치볶음밥이 국제적으로 사랑받는 이유는 역사적으로 우리나라의 고급 음식이었던 비빔밥과 중국의 금가루 뿌렸다는 볶음밥이 결합했기 때문이 아닐까? 김치볶음밥이야말로 최고와 최고의 결합으로 만들어진 하이브리드 음식이기 때문이 아닐까?

밥은 봄같이 먹고,
국은 여름같이 먹고,
장은 가을같이 먹고,
술은 겨울같이 먹어라
_우리속담

뜨거운 교육열이 빚어낸 달콤한 합격 기원의 맛

찹쌀떡

합격의 희열을 미리 맛보라는 덕담을 음식에 담는다면?

전통적인 우리나라 합격 기원 선물은 엿이다. 시험에 붙었다 떨어졌다는 말도 엿과 관련이 있다고 해석한다. 국립국어원의 한국문화기초용어사전에는 붙었다 떨어졌다는 표현이 엿의 성질을 합격에 비유한 데서 비롯됐다고 한다.

예전에는 엿과 함께 찹쌀떡을 선물했지만 지금은 합격 기원 선물이 훨씬 더 다양해졌다. 시험의 형식이나 사정 방식이 시대와 상황에 따라 변해왔으니 합격을 비는 선물도 바뀔 수밖에 없다. 그래서 시험문제가 오지선다형으로 출제되는 요즘은 문제 잘 찍으라고 도끼처럼 생긴 볼펜이나 포크 모양의 케이크, 열쇠고리를 선물하기도 한다. 혹은 문제 잘 풀라는 뜻에서 두루마리 휴지를 합격 기원 선물로 주기도 한다. 아니면 빨간 동그라미 많이 받으라는 뜻에서 빨간색 원형의 사과를 선물한다. 문제 잘 찍으라는 도끼에서부터 합격 사과까지 모든 선물에는 나름의 이유가 있다.

그런데 가장 대표적인 합격기원 음식인 엿에는 어떤 의미가 있을까? 사실 수험생에게 먹이는 엿의 의미를 모르는 사람은 없다. 엿이 끈적끈적하니까 엿처럼 시험에 철썩 붙으라는 뜻으로 알고 있다. 접착력을 강조하다 보니 절대 떨어지지 말라는 뜻에서 심지어 접착제를 선물하는 경우까지 있다. 과연 접착력이 있는 엿의 물성 때문에 엿이 합격 기원 선물이 된 것일까?

엿이 끈끈하니까 엿처럼 시험에 붙으라는 설명이 황당하다고 느껴졌는지 과학적인 해석을 덧붙이기도 한다. 엿을 먹으면 혈액 속의 혈당이 높아져 두뇌회전이 빨라진다며 시험 잘 보라는 뜻에서 수험생에게 엿을 먹였다는 것이다. 어쨌거나 엿을 먹어서 합격할 수 있다고 믿는다면 수험생의 심리적 안정에 엿이 도움이 되는 것만은 분명하다.

하지만 조상 대대로 내려오는 엿에 관한 우리의 전통 풍속을 살펴보면 엿이 끈끈해서 시험에 합격할 것이라는 단순하고 표면적인 이유보다 훨씬 더 깊은 배경을 발견할 수 있다. 과학이 발달하지 못했던 옛날에 조상들이 믿었던 미신 때문에 생긴 풍속이 아니라 당시에는 나름대로 합리적인 이유가 있었다.

옛날에는 엿이 기쁨을 부르는 환희의 음식이었다. 엿을 뜻하는 한자에 그런 의미가 담겨 있다. 엿을 뜻하는 한자는 여럿이 있지만 가장 대표적인 글자가 엿 이(飴)자다. 이 글자를 풀어보면 먹을 식(食)변에 기쁠

태(台)자로 이뤄져 있다. 태(台)라는 글자는 세모처럼 생긴 글자인 厶아래에 입 구(口)로 구성된 글자로 입(口)을 방실거리며(厶) 기뻐한다는 뜻이다.

한나라 때 한자 사전인 《설문해자(說文解字)》에서는 태(台)라는 글자를 기쁘다는 뜻의 이(怡)자와 열(悅)자로 해석을 했으니 보통 즐거운 것이 아니라 희열(喜悅)을 느낄 정도로 좋다는 뜻이라고 풀이한다. 먹으면 입을 방긋거리며 웃음이 나오고 희열을 느낄 정도로 좋은 음식이 바로 엿(飴)이라는 음식이다.

엿을 먹으면 왜 웃음이 절로 나온다는 것일까? 지금은 엿이 특별할 것이 없다. 한때는 사탕에 밀려 불량식품 취급을 받았던 적도 있다. 하지만 옛날에는 달랐다. 엿은 기본적으로 곡식에다 엿기름을 넣고 끓인 후달이고 달여야 만들어진다. 그것도 곡식의 에센스만 얻는 것이기 때문에 많은 양의 곡식을 달여야 소량의 엿을 만들 수 있다. 엿은 아무 때나 먹는 식품이 아니라 명절날을 비롯해 특별한 날 먹을 수 있었다. 함부로 맛볼 수 없을 만큼 귀한 데다 좋은 날 먹었으니 엿은 곧 기쁨을 주는 음식이었던 것이다.

시험을 앞둔 수험생에게 엿을 선물하는 이유는 엿이 끈끈하니까 엿처럼 붙으라는 뜻만이 아니라 엿을 먹고 기쁨을 미리 맛보라는 심오한 뜻이 담겨 있다. 다시 말해 수험생에게 엿을 먹고 합격의 희열을 만끽하라는 속 깊은 뜻이 있었던 것이다. 설날 세배를 하면 어른들이 덕담을 하는 것처럼 엿에는 합격의 기쁨을 누리라는 덕담의 의미가 담겨 있다.

물론 한자풀이 하나 가지고 엿을 기쁨의 음식이라 해석하고, 더 나아가 미리 합격의 기쁨을 누리라는 뜻으로 엿을 먹었다는 풀이가 너무 자의적이라고 생각할 수 있다. 하지만 전통적으로 우리가 엿을 좋은 날 먹는 음식, 기쁨을 주는 음식이라고 여긴 것은 분명하다.

예전에는 설날이 되면 새해 음식으로 반드시 엿을 고았다. 강정을 비롯해서 새해 음식을 장만하려는 뜻도 있지만, 웃음이 날 정도로 좋은 음식이니까 일 년 내내 웃을 일만 생기라는 의미가 있다.

현대에도 이런 풍습이 남아 있다. 지금도 결혼할 때 이바지 음식이나 폐백 음식으로 엿을 준비하는 경우가 많다. 이 역시 결혼의 기쁨을 누린다는 의미를 담고 있다. 우리나라뿐만 아니라 중국이나 일본도 결혼식 때 엿을 준비하는 것이나 수험생에게 엿을 먹이는 것이 비슷하다. 이렇듯 동양에서 공통으로 기쁨을 상징하는 엿에 우리 조상들은 수험생이 먹고 합격의 기쁨을 누리라는 소망을 담았던 것이다.

일본 수험생이 소화하기 힘든 돈가스를 꼭 먹어야 하는 사연

합격 엿과 함께 가장 많이 먹는 음식이 찹쌀떡이다. 찹쌀떡에도 합격 엿과 마찬가지로 덕담의 의미가 있다. 찹쌀이 멥쌀보다 끈끈하고 찰기가 좋으니까 찹쌀처럼 시험에 붙으라는 뜻이 들어 있다고 흔히들 생각한다. 어떻게 생각하느냐는 믿는 사람 마음대로겠지만 찹쌀이 멥쌀보다 찰기가 있어 합격을 기원하는 음식이 됐다는 추측은 잘못 알려졌다. 그렇다면 시험 잘 보기를 기원하며 왜 찹쌀떡을 먹는 것일까?

찹쌀떡의 의미를 알아보기 전에 먼저 짚고 넘어가야 할 부분이 있다. 수험생에게 주는 찹쌀떡은 우리나라 전통 떡인 인절미 종류가 아니다. 찹쌀로 만든 떡 속에 단팥을 넣고 겉에는 밀가루를 묻힌 찹쌀떡은 일본에서 건너온 떡이다. 우리가 일본말로 흔히 모찌(もち)라고 부르는 떡이다. 하지만 모찌는 일본말로 떡을 뜻하는 보통명사다. 단팥이 들어 있는 하얀 떡은 이름이 따로 있다. 다이후쿠 모찌라고 한다. 일본말로 다이후쿠(だいふく)라고 하면 특별한 의미로 다가오지 않지만 한자로 풀이하면 뜻이 명확해진다.

다이후쿠는 클 대(大)와 복 복(福)자를 써서 대복(大福)이라는 뜻이다. 원래는 소로 단팥을 넣어 배가 불룩하다는 뜻에서 복 복(福)자 대신에 배 복(腹)자를 써서 배불뚝이 떡이라는 뜻으로 다이후쿠라고 했지만, 언제부터인가 복 복자로 대체됐다.

이때부터 일본에서 찹쌀떡이 상징적인 의미를 띠게 됐다. 찹쌀떡을 먹는다는 것 자체가 큰 복을 먹는다는 의미가 된 것이다.

우리가 수험생에게 엿을 선물하며 합격의 기쁨을 맛보라고 하는 것처럼 일본에서도 수험생에게 다이후쿠 모찌를 선물하며 합격을 기원하는 것이 풍속이다. 합격이라는 큰 복을 누리라는 응원인데 일본의 풍속이 우리나라에 전해지면서 합격 엿과 함께 찹쌀떡도 합격 기원 음식이 됐다.

시험을 볼 때 일본에서는 찹쌀떡을 먹기도 하지만 돈가스를 먹기도 한다. 돈가스를 먹는 이유는 이름 때문이다. 돈가스는 돼지 돈(豚)자와 커틀릿의 일본식 표기인 가츠(かつ)의 합성어다. 일본말에서는 이기다, 승

리하다는 뜻의 승(勝)자도 '가츠'라고 발음한다. 그래서 시험을 볼 때나 시합을 앞두고 돈가스를 먹는 풍속이 생겼다. 돈가스를 먹고 시험을 보면 시험지와 싸워서 이길 수 있으니까 시험에 떨어지지 않는다는 것이다. 시험을 앞두고 떨리는 심정이 수험생이 먹는 돈가스에 고스란히 녹아 있다.

우리나라에서도 최근에는 시험 잘 보기를 빌며 '합격'이라고 새겨진 사과를 선물한다. 문제를 잘 맞혀서 사과처럼 생긴 빨간 동그라미를 많이 받으라는 뜻이라고 하지만 사실은 내막이 있다. 합격 사과는 일본에서 시작된 풍속으로 퍼진 지 얼마 되지 않았다. 1991년 태풍이 강하게 불었는데 이때 일본의 대표적인 사과재배 단지인 아오모리 현의 사과가 심한 바람을 견디지 못하고 대부분이 나무에서 떨어졌다. 일 년 과수 농사를 망쳐 낙담한 아오모리 현 농부가 마케팅 아이디어를 냈다. 태풍을 견디며 나무에서 떨어지지 않은 사과를 수험생용으로 개발했다. 태풍이라는 강한 바람에도 떨어지지 않았을 정도니 이런 사과를 먹으면 절대로 시험에 떨어지지 않는다는 뜻에서 대입시험을 앞두고 '합격 사과'라는 이름으로 팔았다. 결과는 대박이었다. 이듬해부터 아예 사과에 '합격'이란 글자를 새겨 재배하면서 합격 기원 선물로 자리를 잡게 됐다.

중국 수험생은 찹쌀떡을 먹으며 굴원을 떠올린다

엿에서부터 찹쌀떡, 사과와 돈가스, 도끼와 포크 케이크까지 한국과 일본에는 다양한 합격 선물이 있는데 이렇게 합격을 기원하는 음식은 언제 생겨난 것일까?

언제부터 음식을 먹으며 합격을 기원했는지는 알 수 없다. 역사를 따지고 올라가면 시험으로 관리를 뽑는 과거시험 제도가 생긴 이후부터였을 것이다. 과거제도는 서기 607년 중국 수나라 때부터 있었으니 과거를 볼 때 합격기원 음식을 먹은 것도 수나라 이후부터일 것이다.

가장 빠른 합격 기원 음식은 수나라 때는 보이지 않고 수나라 멸망 이후 들어선 당나라 때로 확인된다. 최초의 합격 기원 음식은 엉뚱하게도 돼지족발이었다. 당나라 선비들은 과거를 실시한다는 방이 붙으면 돼지족발을 먹으며 장원급제를 꿈꿨다. 이 역시 이유가 있다.

당나라 때는 과거에 장원급제를 하면 붉은색 먹물로 장원급제를 한 사람의 이름과 시험문제 제목을 적어서 많은 사람이 보는 곳에 방을 붙였다. 이렇게 붙인 대자보를 붉은 글씨로 제목을 적었다는 뜻에서 붉을 주(朱)자와 제목 제(題)자를 써서 주제(朱題)라고 했다. 주제를 중국어 발음으로 읽으면 '쭈티(zhuti)'가 된다.

돼지족발은 한자로 돼지 저(猪)와 발굽 제(蹄)로 쓰는데, 우리말로는 '주제'라고 발음하고 중국말로는 '쭈티'로 발음한다. 당나라 때 장원급제 사실을 붙이는 대자보(쭈티)와 발음이 같다. 때문에 과거시험을 앞둔 선비들이 돼지족발을 먹으며 장원급제할 것을 축원해주었다는 것이다.

중국에서는 지금도 합격을 비는 음식으로 돼지족발을 먹을까? 1000년도 훨씬 전의 풍속이니까 지금은 이어지지 않고 다른 음식을 먹는다.

'가오카오(高考)'라고 하는 중국 대입시험은 6월 초 이틀에 걸쳐서 치러진다. 중국은 지역이 넓고 인구가 많아 경쟁이 한국이나 일본 못지않게 심하다. 때문에 합격을 기원하는 음식 역시 다양하게 발달했다.

가장 일반적인 것이 장원떡(狀元餅)이다. 옛날 과거시험에서 장원급제를 하듯 떡을 먹고 대학 입학시험에서도 합격하라는 뜻을 담았다. 사실 장원떡은 한국에서도 볼 수 있는 음식이다. 보통 대나무에 찹쌀을 넣어 찐 대통밥이나 찰밥을 나뭇잎으로 싼 쫑즈라는 음식이다. 같은 쫑즈라도 특히 입학시험을 앞두고 먹는 쫑즈는 장원쫑(狀元粽)이라는 이름으로 불티나게 팔린다.

왜 입시를 앞두고 찹쌀떡인 쫑즈를 먹는지에 대해서는 여러 가지 이야기가 있다. 쫑즈라는 찹쌀떡은 옛날부터 중국의 전통 명절인 단오에 먹는 음식이다. 지금도 단오절이면 춘추전국시대 때의 충신이며 시인이었던 굴원(屈原)을 기리며 먹는다. 중국에서는 역사적으로 유명한 인물을 신으로 섬기는 경우가 많다. 예를 들어 삼국지에 나오는 관우나 제갈량도 신으로 받든다. 굴원 역시 수험생들을 돕는 신으로 섬기는 것이다. 대학 입학시험이 치러지는 6월이 중국에서는 굴원 때문에 생겼다는 명절인 단오절과 겹치기 때문이다. 그래서 중국 사람들은 아들, 딸 대학입시에 합격하게 해달라고 굴원에게 기도하며 먹는 것이라고 한다.

수험생에게 찹쌀떡인 쫑즈를 먹이는 이유는 또 있다. 중국말로 시험에 붙거나 합격했다고 할 때 쓰는 동사가 가운데 중(中)자다. 중국어로는 쫑이라고 발음한다. 그런데 찹쌀떡을 의미하는 쫑즈의 '쫑'자와 합격하다고 할 때의 가운데 '중'자인 '쫑'의 발음이 같기 때문에 찹쌀떡인 쫑즈를 먹는 것이라고 풀이하기도 한다.

중국은 세계에서 네 번째로 영토가 넓은 나라이다 보니 지역마다 풍속이 다르다. 지역에 따라 다양한 합격 기원 음식을 먹기도 한다. 예를 들어 홍콩과 가까운 광둥성에서는 어느 선비가 쌀국수를 먹고 과거시험에 장원급제를 하자 쌀국수를 먹기도 하고, 또 시험 보는 날 많이 먹으면 위에 부담이 간다며 죽을 먹기도 한다. 물론 보통 죽이 아니라 '합격죽'이라는 이름을 붙인다.

수험생을 둔 부모는 어느 나라나 극성스러운 것 같다. 우스갯소리로 우리나라는 할아버지, 할머니의 재력과 어머니의 정보력, 아버지의 무관심이 합격을 좌우한다. 하지만 중국 부모들의 극성도 한국의 어머니들보다 앞서면 앞섰지 뒤쳐지지 않는 것 같다.

어느 정도 극성인지 합격 음식으로도 알 수 있다. 중국에서 최고 명문으로 꼽는 학교가 베이징 대학교와 칭화 대학교다. 두 대학 합격생들이 시험 전에 주로 무엇을 먹었는지를 알아내어 자녀에게 해 먹이는 것이 극성 부모의 관심사가 되기도 한다. 한국이나 일본이나 중국이나 입시를 앞둔 학생과 부모의 마음이 이렇게 간절하기 짝이 없다.

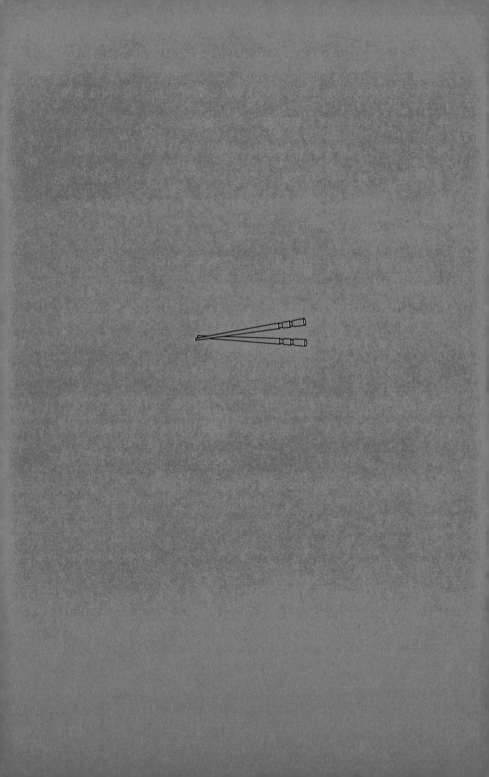